安徽省首批“十四五”高等职业教育规划教材

新编21世纪高等职业教育精品教材
经济贸易类

国际市场营销

（第二版）

主　编　张　颖　王　芸
副主编　金龙布　王　伟

中国人民大学出版社
·北京·

图书在版编目（CIP）数据

国际市场营销/张颖，王芸主编．--2 版．--北京：中国人民大学出版社，2025.1. --（新编 21 世纪高等职业教育精品教材）. -- ISBN 978-7-300-33353-3

Ⅰ. F740.2

中国国家版本馆 CIP 数据核字第 2024W7X511 号

安徽省首批“十四五”高等职业教育规划教材
新编 21 世纪高等职业教育精品教材 · 经济贸易类

国际市场营销（第二版）

主　编　张　颖　王　芸
副主编　金龙布　王　伟

Guoji Shichang Yingxiao

出版发行	中国人民大学出版社		
社　　址	北京中关村大街 31 号	**邮政编码**	100080
电　　话	010－62511242（总编室）		010－62511770（质管部）
	010－82501766（邮购部）		010－62514148（门市部）
	010－62515195（发行公司）		010－62515275（盗版举报）
网　　址	http://www.crup.com.cn		
经　　销	新华书店		
印　　刷	北京溢漾印刷有限公司	**版　　次**	2021 年 2 月第 1 版
开　　本	787 mm×1092 mm　1/16		2025 年 1 月第 2 版
印　　张	17.25	**印　　次**	2025 年 1 月第 1 次印刷
字　　数	380 000	**定　　价**	45.00 元

前言

Preface

“国际市场营销”作为经济贸易类专业的职业能力核心课程，其开设与前后续课程衔接得当，对学生职业能力和职业素养的形成起主要支撑作用。

本书遵循“适应形势发展，体现高职特色，着眼素能本位，精选教学内容”的原则，围绕外向型企业的需求，结合国际市场营销新动态进行编写；采取“任务先行、案例导入、知识拓展、技能训练”的模式设计教材体系；内容言之有物，案例翔实，贴近企业实际，突出前沿性和新颖性；理论联系实际，难易适度，深入浅出，突出对学生职业能力和职业素养的培养，符合高等职业教育人才培养目标要求和学生认知特点。

本次修订秉承“三个以”，即以贯彻落实党的二十大精神为指引、以深入推进高等职业教育“三教”改革为抓手、以“立德树人”为根本，在保持第一版教材特色的基础上，呈现以下特点：

（1）内容与形式与时俱进。编者结合当前经济发展特点及企业海外营销实际，及时更新教材内容，适时增设数字营销学习情境，调整优化相关案例，并以二维码形式增设“一睹为快”“国货出海”“小试牛刀”“趣味阅读”等素材资源。本书通过新媒体技术连接纸质教材和数字化教学资源，拓展学生学习的时空自由度和学习内容的延伸度。

（2）技能性和实践性突出。编者拥有多年的外贸营销岗位与实践教学经历，在编写本书时充分汲取外贸一线营销人员的宝贵经验。本书以项目为导向、任务为驱动，通过导入案例、小贴士、案例讨论、拓展训练等栏目真实呈现国际市场营销情境，技能性强，实践性突出，助力学生了解和掌握国际市场营销真谛。

（3）配套数字化资源丰富。本书同步配备大量的数字化线上教学资源，学生可以通过移动端实时完成相关教学视频、案例分析、互动讨论、在线测试等学习与训练。

（4）混合式教学易于开展。本书是安徽省大规模在线开放课程“国际市场营销”

配套教材。本书的在线学习资源包括教师团队拍摄的 MOOC 视频、配套 PPT、国际市场营销案例、习题库等。这些学习资源使教材建设与课程教学具有交互性，可供学生自主学习、教师课堂教学使用。在线学习平台网址：https://www. xueyinonline. com/detail/241095515。

本书是安徽省高水平高职教材、安徽省首批“十四五”高等职业教育规划教材，同时也是安徽省高等学校质量工程项目——高水平跨境电商专业群和跨境电商优秀教学团队的建设成果。安徽工商职业学院的张颖、王芸、金龙布、王伟参加了本书的编写工作。编者均为长期从事国际市场营销教学的一线教师，拥有多年外贸企业实战经验，具备双师素质。其中，张颖编写学习情境一、学习情境二和学习情境十；王芸编写学习情境五、学习情境七和学习情境九；金龙布编写学习情境六和学习情境八；王伟编写学习情境三和学习情境四。全书由张颖总纂和定稿，安徽广播影视职业技术学院蒋永忠教授主审。

本书既可作为全国高等职业院校经济贸易类专业的教材，又可作为各类成人教育、对外经贸企业培训从业人员的通用教材和参考读物，同时可供学生和社会企业经营人员自学、考证使用。在编写本书的过程中，编者得到了有关行业企业专家的大力支持，也借鉴、参考和引用了相关资料，在此谨向各位作者表示最衷心的感谢。欢迎广大读者提出宝贵意见、指出不足，我们一定加以改进。

编者

2025 年 1 月

目 录

Contents

学习情境一　走进国际市场营销

国货出海

睹为快

学习目标

【知识目标】

■ 了解国际市场营销的概念及企业开展国际市场营销的动因；厘清国际市场营销与国际贸易的关系；把握国际市场营销观念的演进以及国际市场营销人员应具备的素质。

【能力目标】

■ 能够结合企业实际分析国际市场营销观念的发展、变化；能够根据国际市场变化和需求状况，运用新的营销理念指导企业的国际市场营销活动。

【素养目标】

■ 国际市场营销人员应当树立人类命运共同体意识，准确把握经济全球化的脉络，凭借良好的团队沟通协作能力、创新能力和敏锐的市场洞察能力，推动中国产品更好地走向世界。

导入案例

加快培育具有全球竞争力的世界一流企业

我国是世界第二大经济体、第一大工业国、第一大货物贸易国、第一大外汇储备国，国家综合实力强劲。一批国有企业不仅在规模上达到了世界级水平，而且在技术、管理、国际化水平等方面也走在世界前列，国际竞争力显著增强，具备成为具有全球竞争力的世界一流企业的基础和条件。习近平总书记提出，加快建设世界一流企业。为实现这一目标，必须持续努力，不断深化国有企业改革，努力构建与市场经济相融合的体制机制。在这一历史进程中，国有企业应以更加开放的姿态，加强同国内民营企业和国际各类企业交流合作，实现互利共赢、共同发展。但我们要清醒地看到，我国国有企业同世界一流企业相比，无论是在管理、技术，还是在核心竞争力上，还有相当的差距，尚需在加快形成“三个一批”上狠下功夫。

一是形成一批在国际资源配置中占主导地位的领军企业。要抓住“一带一路”建设机遇，提升国际资源配置能力，在“一带一路”建设中实现资源的高水平跨国配置。加快融入国际分工、走向国际市场，建成面向全球的资源配置和生产服务系统，不断扩大海外经营规模，提高海外市场份额，优化全球布局结构，打造国际知名品牌，形成国际竞争新优势，在更大范围、更宽领域、更深层次配置资源，从而为企业赢得发展空间，让企业掌握主动权。

二是形成一批引领全球行业技术发展的领军企业。当前，全球科技创新迅猛发展，转化为生产力和经济效益的周期大大缩短，国有企业必须勇担创新重任，走在行业技术发展前列，在自主创新特别是原始创新上下功夫，着力突破战略性、前瞻性领域关键核心技术，下大力气培育一批能够支撑国家重大战略需求、引领未来科技变革方向、参与国际竞争合作的创新力量。积极倡导创新文化，大力弘扬创新精神、企业家精神、工匠精神，营造尊重劳动、尊重知识、尊重人才、尊重创造的良好风尚。

三是形成一批在全球产业发展中具有话语权和影响力的领军企业。在全球化大背景下，世界一流企业都把掌控产业链中技术含量高、增值幅度大、带动性强的重点环节作为战略发展重点。因此，国有企业要积极推动产业向价值链高端迈进，进一步深化供给侧结构性改革，积极占领未来产业发展的制高点。对事关我国产业发展全局和企业发展未来的重大关键领域和制高点要加强预见性、前瞻性，在这些领域迈出实质性的步伐，引领新兴产业集群的发展。要积极参与和影响国际产业标准制定，推动更多的中国产业技术标准成为全球通用标准，为未来赢得更大发展空间打下基础。

资料来源：加快形成“三个一批”，培育具有全球竞争力的世界一流企业［EB/OL］. 中证网.

请思考：

（1）企业实施国际化战略的动因及带来的影响。

（2）“国际化战略”与“国际市场营销”的联系与区别。

任务一 认识国际市场营销

任务概述

随着世界经济的发展，各国各地区之间的经济往来日益密切，越来越多的企业开始走向国际市场，进行国际市场营销。企业在进行国际市场营销之前，需要掌握国际市场营销的核心要义，抓住国际市场营销的实质问题。

通过阅读导入案例，请思考：企业在经历一定程度的发展之后为何会采取国际化战略？企业应秉承何种观念来开展国际市场营销活动？

知识储备

一、国际市场营销的概念

美国著名市场营销学家菲利浦·R. 凯特奥拉（Philip R. Cateora）在他的《国际市场营销学》一书中指出：国际市场营销是指对商品和劳务流入一个以上国家的消费者或用户手中的过程进行计划、定价、促销和引导，以便获取利润的活动。他强调了国际市场营销策略、手段与营销目标的高度协调与统一。由此可见，从满足其他国家消费者或用户需要作为企业生产经营目标，通过制定与组织、实施各项营销策略以保证组织既定目标实现的手段来看，国际市场营销与国内市场营销并无本质差别。因此，我们可以认为，国际市场营销是国内市场营销在空间上的扩展和延伸，是企业为满足国外消费者或用户需求而进行的跨越国界的市场营销活动，即企业进行的超越国界的生产经营与销售活动。

正确理解国际市场营销这个概念，需要把握好以下几点：

（一）国际市场营销是跨越国界的营销活动

商品和劳务只有销往国外才能算作国际市场营销，它既包括本国商品和劳务直接出口到国外市场，也包括跨国公司在目标市场国生产后就地销售或者再运往第三国市场销售。

（二）国际市场营销是国内市场营销向国际市场的扩展

国内市场营销的基本原理与方法也同样适用于国际市场营销业务，通过满足国外消费者或用户需求以实现企业经营目标，是国际营销企业的追求。

（三）国际市场营销是一个跨越国界的企业经营管理过程

它包括从商品制造前的国际市场调研、国际市场细分、商品制造、商品提供，到售后服务和信息反馈的一系列有计划、有组织和有目的的生产经营与管理过程。

二、企业开展国际市场营销的动因

在全球经济一体化的过程中，各国、各地区之间的经济往来日益密切，越来越多的企业开始走向国际市场，或进行直接投资，或从事出口贸易。在比较成本的优势下，越来越多的商品发生着跨国间的流入和流出，本国市场再也不是本国商品的专营场所，而是充斥着大量的外国商品。尽管从事国际市场营销需要面对复杂多变的国际环境和较高的经营风险，但是越来越多的企业还是意识到，要生存与发展，必须到国际市场寻找新的发展机会。目前，我国作为 WTO 的正式成员，必须进一步参与国际竞争，走国际化发展道路。通过积极参与国际市场营销，企业可以获取发展所需的关键技术、资金、人才、信息、市场和资源等，以不断增强自身的国际竞争能力。具体来说，企业开展国际市场营销的动因可以从内在动因和外在动因两个方面进行分析。

（一）内在动因

企业积极开展国际市场营销的内在动因源于企业内部的推动力量。它是企业成功走向国际市场的决定性因素。

1. 追求最大利益的需要

如果企业参与国际市场营销的收益大大高于其从事国内市场营销的收益，企业就会被吸引，从而积极进入国际市场。企业开展国际市场营销活动的根本目的是实现全球利益最大化，国际化企业可以通过开拓市场、利用国外的资源优势等取得更大的收益。

2. 实现规模经济效益的需要

任何一个企业，当投入一定时都面临着如何实现规模经济的问题。企业的产销量达不到一定的规模就意味着企业难以实现经济效益的最大化。一个国家的国内市场是有限的，而且市场迟早也会饱和，这严重制约了企业规模经济效益的实现。为了达到规模经济效益，维持企业的可持续发展，企业往往选择开拓国际市场的经营战略。这时，企业开展国际市场营销业务的主要动因就是参与国际竞争，开拓国际市场，扩大市场份额，实现规模经济效益。

3. 赚取最大利润的需要

由于各国的资源禀赋和经济发展水平差异较大，跨国公司可以利用一些发展中国家和地区的劳动力廉价、原材料便宜等成本优势，在国外直接投资生产，然后将商品销往本国市场或销往其他发达国家市场，从中谋取差别利益。对一些投入研发费用高、通用性强的项目，如计算机、汽车等，在满足国内需求的同时，不失时机地开拓国际市场，有助于短期内收回投资，赚取更多利润。许多跨国公司愿意不断增加海外投资，一个重要的原因就是海外投资的利润率远远高于其在国内投资的利润率。例如：若干年前，IBM 公司海外销售额只占其国内总销售额的 58.9%，但来自海外销售的利润却是其国内总利润的 109.3%，也就是说，IBM 公司国内部分基本上是亏损的。

4. 企业发展的需要

发展是企业永恒的主题。企业只有持续、快速地发展，才能焕发生机与活力，才能不断创造丰厚的利润，从而支持企业更长远的发展。在发达国家，绝大多数行业市场已经饱和，进一步拓展国内市场的潜力不大。在这种情况下，发达国家的企业主要通过资本扩张向发展中国家或地区输出过剩资本和技术，为企业发展寻找新的空间与出路。发展中国家的企业虽然在人才、技术、资金、管理经验和品牌价值等方面远不及发达国家的企业，但也有相对的竞争优势，如在低端产品市场上可以发挥劳动力廉价和原材料成本低的价格优势，将服装、鞋类等劳动密集型产品销往发达国家市场，或者进行直接的劳务输出，为本国经济发展换取宝贵的外汇收入。对于发展中国家的企业来说，熟悉国际市场营销业务，学习国外先进营销理念和管理经验，取得发达国家的企业的资金和技术支持，并不断增强自身竞争力，是其积极参与国际市场营销的重要动因。另外，与发达国家的企业一样，发展中国家的企业发展也面临着国内市场饱和的问题，到海外市场发展是企业进入国际市场的又一动因。综上所述，无论是发达国家的企业还是发展中国家的企业，进入国际市场的动因是多种多样的，但归根结底都是为了能够可持续发展。

5. 延长商品生命周期的需要

各国的科技进步与经济发展水平不同导致同一商品生命周期在不同国家的市场上出现的时间有所不同。一般而言，发达国家的企业率先研发出某种新商品，最初在本国内生产与销售，随后销往发展中国家；而一些发展中国家则先进口新商品进行消费，而后引进技术并经过消化吸收后实现本国生产，最后又利用成本优势将商品销往原产国。发达国家的企业可以利用上述国际商品生命周期现象，适时向发展中国家推荐其在国内已经进入成熟期或衰退期的商品，从而延长商品生命周期，获得最大的经济利益。而发展中国家的企业的商品发展滞后于发达国家的企业，这为发展中国家的企业的产品生产与出口提供了良好的机遇，促使其积极开拓国际市场。

（二）外在动因

企业从事国际市场营销活动，除了具备必需的内在动力，还有许多外部诱因强烈地吸引着企业积极投身国际市场营销业务。

1. 政府鼓励企业出口的优惠政策

无论是发展中国家还是发达国家，都会制定和实施鼓励、支持本国企业商品出口的优惠政策。这些优惠政策主要有减免税与出口退税政策、优惠信贷政策、政府担保政策、出口价格补贴政策，以及政府为出口企业提供的国际市场信息、外贸业务咨询与培训服务等。这些优惠政策既是驱使企业走向国际市场的巨大推动力量，也是企业积极参与国际市场营销活动的强大外部诱因。例如：日本政府为支持本国中小企业商品出口，不仅为企业提供了优惠税收政策、低息贷款，还为企业提供了国际市场供求信息和国际市场咨询服务。美国政府对出口到欧洲和其他一些国家或地区的农产品进行价格补贴，以提高美国农产品的国际竞争力。多年来，我国政府也对出口商品（如钢铁、煤炭等）实行出口退税政策，既增加了我国商品的对外出口，增强了商品的国际竞争力，又提高了出口企业的盈利能力。在优惠政策的支持下，越来越多的本国企业将积极投身国际市场。

2. 国外市场的诱惑与更加有利可图的投资环境的吸引

各国资源禀赋的差异是企业进入国际市场的重要外部因素。虽然发达国家的企业拥有先进的技术、雄厚的资金和先进的管理理念，但是发展中国家廉价的劳动力、丰富的自然资源和广阔的潜在市场依然对发达国家的企业具有强大的吸引力。发达国家的企业可以利用自己在资本、技术和管理等方面的优势，或者从发展中国家进口原材料和初级产品，加工后再以高价出口，或者到发展中国家直接投资建厂，就地加工后或销售或出口，从中赚取高额利润。发达国家的企业愿意到发展中国家直接投资的另一个重要原因是，一些发展中国家政府制定了一系列吸引外资进入的优惠政策，如减免税政策、优惠信贷政策、为外资自由进出提供的便利政策，以及在征用土地和配套设施方面提供的政府支持等。这些优惠政策为外资企业的发展提供了千载难逢的发展机会，创造了良好的营销环境，使外资企业在目标市场国能够取得比在本国投资多得多的投资收益和利润。例如：我国连续几年成为全球吸引外国投资最多的国家，这主要是因为我国稳定的对外开放政策、庞大的市场需求和稳定的国内政治等促成了良好的投资环境，对外资企业产生了强烈的吸引力。

3. 国内市场竞争的压力

国内市场竞争激烈，发展空间日益狭小，是许多企业走向国际市场的主要外在推动力量。在一定时期内，一个国家或地区的市场需求是有限的，它主要由消费者数量的多少、消费者的购买能力和购买动机来决定。如果一个国家或地区人口少，购买力旺盛，则对低端产品需求有限，高端产品的竞争会非常激烈。如果一个国家或地区人口多，购买力低下，则这样的市场没有多大开发潜力，对大多数企业来说缺乏吸引力。而只有人口众多、购买力较强且人均收入不断增加的市场，如中国、印度等发展中国家，才能形成广阔的市场，从而为企业带来巨大的商机。然而，近些年来，随着越来越多的产品发生着跨国的流入和流出，本国市场不再是本国产品的专营场所，而是充斥着大量的外国企业的产品。外国企业的大量涌入必然加剧本国市场的竞争强度，压缩本国企业的生存空间。企业为了生存与发展，走向国际市场就是必然的选择。正是由于国内竞争的压力，海尔等许多中国企业才走向国际市场，成为享誉全球的跨国公司。

小贴士☞

肯德基目前在全世界 150 个国家和地区拥有 30 000 多家门店，包括中国、美国、加拿大、澳大利亚、英国、法国、德国、日本、印度等。其海外市场销售额已占到总销售额的一半以上。在亚洲，肯德基已成为中国、韩国、马来西亚、泰国和印度尼西亚快餐业的“领头羊”。肯德基在国外每家店的平均收益为 1 200 万美元，比美国本土店多出大约 60%。

想一想：肯德基开拓国际市场的动因有哪些？对你有何启发？

三、国际市场营销学的发展

世界经济正势不可当地朝着全球市场一体化、企业生存数字化、商业竞争国际化的方向发展。现代国际市场营销学正是在这样一个高度竞争、瞬息万变的环境中发展起来的。

企业国际市场营销的发展同世界经济一体化及本国市场经济的发展是紧密相连的，其发展演变经历了一个过程，即国内市场营销→出口营销→国际市场营销→多国营销→全球营销。从现实看，众多国家的企业仍处于国际市场营销阶段，少数发达国家的跨国公司已进入全球营销阶段。

（一）国内市场营销

在第二次世界大战以前，即使是产品具有出口潜力的企业，也会在其成长过程中经历一段“纯国内营销”时期。国内市场营销（Domestic Marketing）是指国内市场为企业唯一的经营区域，企业经营的目光、焦点、导向及经营活动集中于国内消费者、国内供应商、国内竞争者。企业在国内从事营销活动既可能是有意识的、自觉的战略选择，也可能是无意识地、不自觉地想躲避国外竞争者的挑战，有时甚至是由于对外界环境的无知而产生“出口恐惧症”，对出口销售持消极态度。

（二）出口营销

出口营销（Export Marketing）时期一般指 20 世纪 40 年代至 60 年代。此阶段企业以出口产品为主组织国际市场营销活动，对国际市场调研、产品开发的自觉性还不够。这是企业进入国际市场的第一阶段，其目标市场是国外市场，企业在国内生产产品，到国外销售，满足国外市场需求。在这一阶段，产品与经验成为出口营销的关键。同时，出口营销人员要研究国际目标市场，使产品适应每个国家的特殊要求。

（三）国际市场营销

这是企业进入国际市场的第二阶段，国际市场营销（International Marketing）把国内市场营销策略和计划扩大到世界范围。在国际市场营销阶段，企业往往将重点集中于国内市场，实行本国导向，即不自觉地把本国的方法、途径、人员、实践和价值应用于国际市场。此时，国内市场营销始终是第一位的，产品出口只是国内剩余产品向国外的延伸，大多数的营销计划制订权集中于国内总公司，国外经营所采取的政策与国内相同。随着企业从事国际市场营销的经验日益丰富，国际市场营销人员日益重视研究国际市场，实行产品从国内发展到国外延伸的战略。

（四）多国营销

多国营销（Multinational Marketing）是企业进入国际市场的第三阶段。在这一阶段，企业的导向是多中心主义。多中心主义是假设世界市场是不同的、独特的，企业要获得营销的成功，必须对差异化和独特化市场实行适应战略。这一阶段的产品战略是适应各国市场的需求。

（五）全球营销

全球营销（Global Marketing）时期一般指 20 世纪 80 年代以后。这一时期，科技革命使产业结构发生深刻变化，这是企业跨国经营的最高阶段。它以全球为目标市场，将企业的资产、经验及产品集中于全球市场。全球营销是以全球文化的共同性及差异性为前提，主要侧重于文化的共同性，实行统一的营销战略，同时根据各国需求的差异性而实行地方化营销策略。全球营销以地理为中心导向，其产品战略是扩展、适应及创新的混合体。

需要注意的是，全球营销并不意味着进入世界上的每个国家。进入世界上多少国家主要取决于企业的资源、面临的机会及外部威胁的性质。

小贴士☞

日本潮流服装零售店优衣库在美国进行扩张营销时，为不断培育美国本土消费者购物兴趣，在年度品牌展览会上推出了一项在线营销活动，即将全美各个城市的名人头像印在衣服上。优衣库市场营销部主管说："这种营销活动会取得两种效果——一方面，提高特定产品的销量；另一方面，让时尚之都纽约重新认识这个品牌。"

想一想：优衣库处于哪种营销阶段？

四、国际市场营销观念的演进

国际市场营销观念是指导企业开展国际营销活动的指导思想、观念、态度、思维方式和商业哲学。企业营销观念随着跨国营销的演进而变化，经历了从"以生产为中心"到"以顾客为中心"，从"以产定销"到"以销定产"，从"国内营销"到"全球营销"的过程。在西方国家企业的营销活动中，五种营销观念先后出现，即生产观念、产品观念、推销观念、市场营销观念和社会市场营销观念。在市场国际化、全球化、竞争激烈化的发展形势下，国际市场营销新观念也应运而生。

（一）生产观念

生产观念（Production Concept）又称生产导向，是19世纪末20世纪初形成的古老的经营思想之一。这种观念是在卖方市场条件下产生的。在生产观念下，企业的经营哲学不是从消费者需求出发，而是从企业生产出发，其主要表现是"企业生产什么，就卖什么"。生产观念认为，消费者喜欢那些可以买得到和买得起的产品，企业经营管理的主要任务是改善生产技术，改进劳动组织，提高劳动生产率，降低成本，增加销售量。

小贴士☞

20世纪初，美国汽车市场处于快速发展阶段。作为福特汽车公司的创始人，亨利·福特秉持这样的生产观念——企业应该专注于生产，相信只要生产出来，消费者就会购买。福特这样说道："不管消费者需要什么颜色的汽车，我生产的汽车始终是黑色的。"

想一想：这种观念的利弊是什么？你如何看待这种观念？

（二）产品观念

产品观念（Product Concept）又称产品导向，它是从生产观念派生出来的一种古老的经营思想。产品观念认为，消费者喜欢购买高质量、优等的产品，只要产品质量上乘，具有其他产品所无法比拟的优点和特征，就会受到消费者的欢迎。在这种观念的指导下，企业往往把注意力集中在提高并不断改进产品质量上，而根本不去考虑市场上的消费者是否真正接受这种产品。这种观点最终会使企业感染上"市场营销近视症"，甚至导致经营的失败。所谓"市场营销近视症"，就是不适当地把主要注意力放在产品上，而不是放在市场的需要上，这必然导致企业丧失市场，失去竞争力。

小贴士

澳门工业第一人——祖籍浙江的贺田有一句经营名言："我没有推销员，却又有成千上万个推销员，因为每一件品质优良的产品都是我的推销员。"正是凭着过硬的产品质量，21世纪初，贺田的60多种充电电池在国际市场上十分走俏，一些国际知名的通信公司都是他的客户。

想一想： 贺田的经营名言是否"言之有理"？你是如何理解"酒香不怕巷子深"的含义的？

（三）推销观念

推销观念（Selling Concept）又称推销导向，是指通过销售的努力来促使消费者或用户大量购买的一种指导思想，是生产观念、产品观念的发展和延伸。这一经营哲学产生于20世纪20年代末至50年代初。当时，社会生产力有了巨大发展，市场趋势已由卖方市场向买方市场过渡，尤其是1929—1933年大萧条期间，大量产品销售不出去，迫使企业重视采用广告术与推销术去推销产品。推销观念表现为"企业卖什么，消费者就买什么"。这种观念虽然比前两种观念前进了一步，开始重视广告及推销手段的运用，但其实质仍然是以生产为中心。

（四）市场营销观念

市场营销观念（Marketing Concept）又称市场营销导向或消费者导向。这种观念认为，要达到企业目标，关键在于确定目标市场的需求，并比竞争者更有效能和效率地满足消费者的需求。可见，市场营销观念是以市场为出发点的，即"消费者需要什么，企业就生产什么"。这种观念产生于20世纪50年代以后，当时社会生产力迅速发展，市场趋势表现为供过于求的买方市场，同时广大居民个人收入迅速提高，有可能对产品进行选择，企业之间为实现产品价值的竞争加剧，许多企业开始认识到，只有转变经营哲学，才能求得生存和发展。

小贴士

日本本田汽车公司打算向美国推出雅阁新车。在设计新车前，公司派出工程技术人员专程到洛杉矶地区考察那里高速公路的情况，实地丈量路长、路宽，采集高速公路的柏油，拍摄进出口道路的设计。在工程技术人员回到日本后，公司专门修了一条高速公路，就连路标和告示牌都与美国公路上的一模一样。在设计行李舱时，设计人员产生了分歧，他们就到停车场看了一个下午，看人们如何放取行李，很快便统一了意见。最后，本田公司的雅阁汽车一投放美国市场就很畅销。

想一想： 日本本田汽车公司的雅阁新车畅销的根本原因何在？

市场营销观念的出现既使企业经营哲学发生了根本性变化，也使市场营销学发生了一次革命。市场营销观念同推销观念相比具有很大的区别：市场营销观念以市场为出发点，推销观念则以工厂为出发点；市场营销观念以消费者为中心，推销观念则以产品为中心；

市场营销观念以“4P”（产品、价格、渠道、促销）组合为手段，推销观念则以推销术和促销术为手段；市场营销观念通过满足消费者需求来获得利润，推销观念则通过销售量最大化来获得利润。可见，推销观念的四个支柱是工厂、推销导向、推销术和促销术、销售量最大化；市场营销观念的四个支柱是市场、消费者导向、“4P”组合、满足消费者需求。市场营销观念的形成被称为一次营销革命。推销观念与市场营销观念的区别如表1-1所示。

表1-1　推销观念和市场营销观念的区别

观念	比较项目			
	出发点	经营的中心	营销手段和方法	如何盈利
推销观念	工厂	产品	推销术和促销术	销售量最大化
市场营销观念	市场	消费者	“4P”组合	满足消费者需求

在现代市场营销观念指导下，企业致力于提高顾客满意度和顾客价值。顾客满意度是指企业提供的产品和服务能够给顾客的期望和欲望带来的满足。顾客价值是指顾客从给定产品和服务中得到的全部利益。顾客价值的最大化是顾客满意的前提，顾客满意是企业创造顾客忠诚的基础。

小贴士

迪士尼乐园里洋溢的快乐气氛如同空气一样无所不在。迪士尼在成立之初便明确了目标：乐园的产品不是米老鼠、唐老鸭，而是快乐，人们来到这里是享受快乐的。乐园提供的全是快乐，公司的每一个员工都要成为快乐的灵魂。游客无论向谁提出问题，员工都必须用“迪士尼礼节”回答，绝不能说“不知道”。因此游客一次又一次地重返这里，享受快乐。

想一想：迪士尼乐园能够吸引游客及回头客的根本原因是什么？

顾客购买产品时，总是希望花费最小的成本获得最多的实际利益，即获得最大的顾客让渡价值。顾客让渡价值是指顾客总价值与顾客总成本之间的差额。顾客总价值是指顾客购买某一产品和服务所期望获得的一组利益，包括产品价值、服务价值、人员价值和形象价值等。顾客总成本是指顾客为购买某一产品所消耗的时间、精神、体力及所支付的货币资金等，即顾客总成本包括时间成本、精神成本、体力成本和货币成本等。因此，企业要想在激烈的竞争中取胜，就必须向顾客提供比竞争对手具有更多顾客让渡价值的产品。

（五）社会市场营销观念

社会市场营销观念（Social Marketing Concept）又称社会市场营销导向，产生于20世纪70年代。当时的西方资本主义国家出现能源短缺、通货膨胀、失业增加、环境污染严重、消费者保护运动盛行的新形势。这种观念认为，企业的任务是确定目标市场需求、欲望和利益，并且在保持和增进消费者及社会福利的情况下，比竞争对手更有效率地使目标顾客满意。这不仅要求企业满足目标顾客的需求与欲望，而且要考虑消费者及社会的长远利益，即将企业利益、消费者利益与社会利益有机地结合起来。

小贴士

某年元旦前夕，沃尔玛在美国的一家分店进了很多蛋糕，结果剩余很多没有卖完，这些蛋糕按规定只能扔掉。沃尔玛是一个以“节约”为企业文化的公司，这家分店的经理认为这样做会造成不好的影响，于是想出了妙招。结果是：大批的顾客不仅带走了快乐，也带走了产品，卖场营业额达到前所未有的高度，各大报纸也将这件事作为次日的头条新闻传播到了千家万户。

想一想： 经理采取了何种妙招达到如此理想的效果？

必须指出的是，由于诸多因素的制约，当今国际市场上的企业并不都树立了市场营销观念和社会市场营销观念，事实上，还有许多企业仍然以产品观念及推销观念为导向。

小贴士

T公司是一家集研制、开发、生产、销售于一体的专业除雪车公司，其产品主要用于吹除机场跑道、高速公路、城市陆桥地面积雪，消除空气雾气，清除地面薄冰，清理公路沙尘等。T公司开发出新一代多功能喷气铲除雪车，该新产品具有较高科技含量，工作效率较之前的机械式除雪车要高很多，三台机器30分钟内能吹净一条机场跑道，并且不污染环境、不损伤地面，是真正的绿色环保车。

想一想： 社会市场营销观念与市场营销观念有何区别？

（六）国际市场营销新观念

在市场国际化、全球化、竞争激烈化的发展形势下，企业不应该停留在传统的市场营销观念上，而应以国际市场需求的变动为导向，树立全新的国际市场营销观念，以适应不断变化的国际市场营销环境，因地、因时和因人制宜地制定企业的国际市场营销战略和营销策略。

1. 国内市场延伸观念

国内市场延伸观念是企业力图将在国内销售的产品销售到国外市场。秉承这一观念开展国际市场营销活动的企业把开拓国际市场看作第二位的业务，视其为国内市场业务的延伸，主要目的是解决生产能力过剩而出现的国内市场销售问题。在制定企业市场营销战略和营销方案时，国内市场业务得到优先考虑，国外市场业务被视为国内市场业务有利可图的延伸。企业一般很少开展针对国际市场的调查和分析工作，也很少单独做出针对国际市场的详细的市场营销组合方案。企业的市场营销导向就是采用与国内市场同样的销售方式将产品销售给国外客户。在确定国际目标市场时，寻找与国内市场需求相似的国外市场，使产品更容易被市场接受，并以最小的成本获得最大的目标利润。

2. 国别市场营销观念

在国际市场业务不断扩大，企业意识到海外市场的重要性、差异性及海外业务的重要性时，跨国企业的营销观念可能转变为国别市场营销观念。以这一观念作为国际市场营销导向的企业，往往高度意识到不同国家的市场大不相同，只有对每一个国家制定几乎独立的市场营销计划，针对每一个国家分别采取不同的营销策略，才能取得销售成功。企业在制定国际市场营销计划和目标时，国内市场和海外每个国家的市场都有单独的营销组合方案，彼此之间几乎没有影响。企业在每个市场上调整产品、制定价格、确定销售渠道、开展促销活动（即市场营销活动当地化）时，不考虑与其他国家市场的协调问题，只注重当地市场的特殊性和营销计划、方案的个性化。企业针对不同国家市场上的子公司或分公司下放营销控制权，以创造企业在每个国家市场上营销活动的灵活性，争取企业在国际市场上最大的成功机会。

小贴士

丰田公司在全球范围内销售产品。面对不同国家和地区的文化差异、消费者偏好和市场需求，丰田公司始终坚持深入研究每个国别市场，并根据实际情况调整产品、定价、推广和服务策略。例如，丰田公司会根据不同国家和地区的道路条件、消费者喜好和法规要求，对汽车产品进行适应性调整。某些车型可能针对欧洲市场强调燃油经济性和环保性能而设计，而在美国市场则可能更注重车辆的尺寸和动力性能。

想一想：你是否认同丰田公司的这种做法？为什么？

3. 全球市场营销观念

全球市场营销与传统的多国营销不同，企业在全球性的营销活动中通过标准化产品创造和引导消费需求，进一步取得竞争优势。随着科技的进步、交通和通信的发展，各国之间的交往日益频繁，世界经济社会一体化趋势进一步加强，全球在众多方面具有越来越多的共同性，各国市场之间的需求也越来越具有相似性。就某些产品而言，各国市场之间的差异性甚至将完全消失。企业要想在激烈的优胜劣汰竞争中赢得生存和发展，就必须以世界市场为导向，采取全球市场营销战略。

以全球市场营销观念为导向的跨国企业通常称为全球公司，其营销活动是全球性的，市场范围是整个世界市场。实施全球营销策略的企业追求规模效益，开发具有可靠质量的标准化产品，以适中的价格销往全球市场，即采用相同的市场营销组合，以近乎相同的方式满足市场需求和欲望。比亚迪、可口可乐等公司可以称为全球公司。

全球市场营销观念把整个世界市场视为一个整体，把具有相似需求的潜在消费者群体归入一个全球细分市场，只要成本低、文化上可行，就可将产品标准化，制定标准化的市场营销计划，通过统一布局与协调，从而获得全球性竞争优势。但这并不意味着在全球任何一个国家市场上的营销策略没有一点区别，企业的全球营销计划应包括标准化的产品和因地而异的广告；或采用标准化的广告主题，但根据不同国家和地区的不同文化背景做一些形式上的调整；也可能采用标准化的品牌和形象，调整产品以满足特定国家消费者的需求等。也就是说，企业从全球市场营销的角度制订国际市场营销计划和营销组合方案，只要营销组合可行，就采用标准化的品牌和形象；只要有文化上的独特性要求，就调整产品和产品形象。总之，只要可行，企业就将其产品、工艺、包装、标识、大部分广告、店面装潢和布局等标准化。例如：为了迎合不同国家和地区消费者的口味和习俗，我们会看到在曼谷有猪肉汉堡、在新德里有蔬菜汉堡、在马尼拉有菲律宾风味的香辣汉堡等。

小贴士

日本汽车制造商通常在欧洲、北美都有自己的研发中心，而研发中心的设计人员则大多来自当地，并且居主导地位。日本的汽车制造商在全球范围内推出一新款车时，大多会同时推出至少两个版本，即北美版和欧洲版。本田公司已经将不同区域市场的消费差异准确、适度地体现在其产品上，以求最大限度地取悦目标市场的消费者。

想一想： 日本汽车制造商开发国际市场时通常以什么为导向？

全球化是一种观念，一种寻求市场共性的实行跨地区或跨国标准化的方式。全球营销战略集中表现在以下几种产品市场：一是全球有相似的消费需求的产品。许多工业品、消费品在所有市场存在相似的需求，如汽车、软饮料、农产品、化妆品等。二是某国生产具有优势的奢侈品。某些奢侈品的声誉是建立在某国生产的优势基础上的。如果不在原产国制造，如法国香槟、苏格兰花呢、瑞典家具，其魅力就会大减。三是技术标准化的产品。如电视机、收音机、录像机、音响等价格竞争激烈的产品，采用相同的技术标准就会大大降低生产和销售成本。四是研究开发成本高的技术密集型产品。这类产品必须实行全球标准化以补偿初期的巨额投入，如飞机、超级计算机、药品的研究开发成本一直在不断上涨。20 世纪 70 年代开发一种新药品大约需要 1 600 万美元，现在则增加到数十亿美元。尽管世界并没有成为一个大同市场，然而，确实有证据表明存在跨越国界、价值观、需求和行为方式相似的消费者群体。同时，当今各国市场之间仍然存在相当大的差异，企业在制定国际营销战略时也应对这些差异给予充分重视，但是采取统一的营销组合计划确实具有巨大的盈利潜力。如果产品具有世界性的吸引力，企业就应该尽量在各国市场上采取标准化营销组合。世界市场全球化的进程正在不断加快，全球营销是企业在国际市场中获取更多竞争优势并取得成功的一种战略性选择。

小贴士

字节跳动是一家拥有多款全球知名应用的互联网公司，如 TikTok（海外版抖音）、今日头条等。它通过全球化的产品布局和创新的算法技术，为全球用户提供了个性化的内容推荐服务。字节跳动注重用户体验和数据分析，通过精准的营销策略，成功吸引了全球用户的关注。

想一想： 字节跳动开发国际市场时是以什么为导向的？

任务二 理解国际市场营销内涵

任务概述

了解国际市场营销的特点是为了帮助我们进一步理解国际市场营销。请结合导入案例，分析企业开展国际市场营销活动的特点以及从事国际市场营销的人员应当具备的素质。

知识储备

国际市场经营的实质，关键不在于采用什么营销技巧，而在于分析和掌握国际市场多种多样的营销环境，并在此基础上采取各种有针对性的经营战略。国际市场营销与国内市场营销之间既有联系又有区别：联系体现在两者的基本理论、营销观念、营销过程和营销原则等方面具有相通性；区别体现在企业的国际市场营销活动是在本国以外的其他国家进行的。

一、国际市场营销的特点

（一）国际市场营销环境的差异性

由于世界各国的地理位置、资源状况、政治经济制度、法律法规、生产力发展水平以及文化背景等方面存在着较大的差别，因此国际市场营销的环境与国内市场营销的环境相比也就有较大的差异。这种差异至少带来了双重困难：一方面，由于母国与目标国家的市场环境不同，在国内市场营销中的一些可控因素到了国际市场营销中就可能成为不可控因素；另一方面，因为不同目标国家的市场环境有差异，所以适应某国环境的市场营销不一定能适应其他国家的环境。

（二）国际市场营销系统的复杂性

营销系统是指融入有组织交换活动的各种相互作用、相互影响的参加者、市场、流程或力量的总和。与国内营销系统相比，国际营销系统更加复杂。

（三）国际市场营销过程的风险性

由于国际市场营销比国内市场营销更复杂、更多变，因此，国际市场营销的风险要比国内市场营销大得多，这些风险主要包括政治风险、交易风险、运输风险、价格风险、汇率风险等。

（四）国际市场容量大，竞争激烈

在国际市场营销中，企业面对更多的国外消费者和来自全球的竞争者，由于各国的地理距离和文化差异等因素，加之企业难以及时了解和掌握竞争者的情况，因此企业面对的竞争更为激烈。

总之，国际市场营销的上述特点，要求国际市场营销人员甚至国内市场营销人员了解世界经济发展变化规律和发展方向，了解各国的文化，具有全球意识。

小贴士

在世界零售业市场竞争日趋激烈的今天，家乐福在其国际化战略中尤其注重本土化战略，善于因地制宜开拓国外市场。土耳其的家乐福是土耳其式的，巴西的家乐福是巴西式的……这是家乐福家族的一项基本政策，正如家乐福销售经理阿兰·蒂埃弗里指出

的那样："确认当地居民的需求和希望，推荐他们期待的产品和服务，乃是我们的办店理念和根本。"

想一想：家乐福实行的是何种营销观念？

二、国际市场营销与国际贸易的关系

国际市场营销是指跨越国界的市场营销活动，是一个企业的国内市场营销在国际市场的延伸。国际贸易是指世界各国之间的产品和服务的交换，它由各个国家的对外贸易组成，为一定时期内各国对外贸易的总和。国际市场是通过国际贸易联系起来的各国市场总体，因而国际市场营销与国际贸易存在密切联系。首先，二者具有依存关系。一个国家的对外贸易必然需要借助于企业一整套完整、科学和行之有效的国际市场营销策略的制定与实施。只有这样，企业才能卓有成效地实现国际贸易特定的任务和目标。其次，二者涉及的都是跨国界的贸易活动，从总体上看都属于国际贸易范畴，从企业运作看则都属于国际市场营销范畴。换言之，国际市场营销与国际贸易事实上是一个问题的两个方面，是从不同角度和视野上看跨国界的商品交易活动，二者之间既有共性，又有区别。

（一）国际市场营销与国际贸易的相同点

1. 目的相同

二者都是以获取利润为目的而进行的跨越国界的经营活动。

2. 交换的对象相同

二者都以商品和服务作为交换的对象。

3. 面对的环境相同

二者都以国际市场为活动场所，都面临着复杂的国际市场营销环境，如国际政治经济环境、国际社会文化环境和国际竞争环境等。

（二）国际市场营销与国际贸易的主要区别

1. 商品交换的主体不同

国际市场营销是企业与企业之间发生的商品和服务的交换，交换的主体主要是企业；国际贸易是国家之间进行的商品和服务的交换，交换的主体是国家，国家及相关管理部门是国际贸易活动的组织者和管理者。

2. 商品流通的形态不同

国际市场营销是指经济活动跨越国界，其商品流通形态是多样的，参与交换的商品和服务既可以跨越国界，也可以不跨越国界。例如：跨国公司在目标市场国既投资建厂生产，又销售商品，就属于国际营销活动，但因为商品的交换没有跨越国界，所以不计入国际贸易；国际贸易的商品流通形态必须是跨越国界的，即参与国际贸易的商品和服务必须真正从一个国家进入另外一个国家。

3. 作业流程不同

国际市场营销与国际贸易虽然都涉及产品出口、仓储和运输、实体分配及定价等问题，但是二者的作业流程侧重点差别较大。国际市场营销活动不仅包括产品销售、产品定价和实体分配，还包括国际市场调研、国际目标市场确定、新产品开发、国际销售渠道管理、国际市场促销以及国际售后服务与信息反馈等营销管理活动；国际贸易的业务流程主要有贸易磋商、合同签订、出口报价及交易核算、信用证审核、出口托运、出口报关、出口结汇等。可见，国际市场营销包含的作业流程比国际贸易更宽泛，它包含产品从生产者到国际消费者手中的全过程。

4. 行为动机不同

国际市场营销的原动力是对利润最大化目标的追求。企业为了实现这一目标，就必须使自己的产品和服务更好地满足国际目标市场的需求。这一切要通过企业树立正确的营销导向、制定并实施正确的国际市场营销战略来加以落实；国际贸易的原动力是比较利益，即每个国家一般都应积极生产成本相对较低的产品用于出口，而进口在本国需要大量昂贵的生产要素投入才能生产的产品。况且，有些国家政府还制定和实施一些鼓励本国企业商品出口的优惠政策，使企业在国际贸易中得到更大的实惠，于是企业愿意将更多的商品销往海外市场。

5. 主动性和创新性不同

国际市场营销不仅可以根据国际市场需求提供适销对路的产品和服务，而且可以通过不断开发新产品来调整广告促销策略，改变消费者或用户的消费习惯，创造新的市场需求。国际市场营销可以通过国际市场调查和市场细分方法为国际企业积极寻找新的商机，开拓新的国际目标市场。国际市场营销是集生产、交换和消费于一身的综合性经营活动，常常被看作一种富于主动性和创新性的工作。相比较而言，国际贸易的业务流程是相对固定的，出口业务从接到进口商订单开始，到把产品送达外国进口商手中或交货给国外中间商而终结，因而常常被认为有“坐等国外客户上门”之嫌。

6. 计算口径、实现方式和评价依据不同

从计算口径来看，国际市场营销主要涉及出口业务，而国际贸易涉及进出口业务，既包括出口额，也包括进口额。从实现方式来看，国际市场营销包括出口与国际经济合作（如直接投资、契约进入和国际工程承包等）方式，而国际贸易只有进出口方式。从对二者效果评价的依据来看，评价国际市场营销活动的依据是国际企业的营销记录和财务分析报表等，而评价国际贸易效果的依据是国际收支状况。

三、国际市场营销人员应具备的素质

国际市场营销人员应具备的素质主要有政治素质、品行与心理素质、业务素质、能力素质和身体素质等几个方面。

（一）政治素质

从事国际市场营销的人员应热爱祖国，有强烈的民族责任感，自觉维护国家和企业利益；认真贯彻执行国家的对外经济贸易方针、政策，关心国内外政治、经济形势；作风正派，艰苦朴素，有良好的个人修养，讲文明、有礼貌；对工作认真负责，忠于职守，有较强的进取心；努力学习，勇于实践。只有这样，国际市场营销人员才能保证自己在复杂的国际经济交往中，自觉维护国家和企业利益，使我国的经济实力不断增强。

（二）品行与心理素质

1. 诚实正直

诚实正直的人，言谈举止自然，心胸坦荡，人人愿意与之交往。在营销实战中，诚实正直能让国际市场营销人员赢得更多客户的信任，获得较好的销售业绩。客户对国际市场营销人员一般总有一种戒备心理，国际市场营销人员在宣传自己的产品和服务时，一定要客观，要重合同、守信用；要分清营销技巧与歪曲事实的界限；要在客户面前树立诚实正直的个人形象，从而真正赢得客户的信任。

2. 较强的自信心、远大的抱负和持之以恒的精神

坚强的自信心是成功的源泉，远大的抱负是获胜的基础。许多事业成功者的经历告诉我们，他们成功的原因不是他们会做什么或能做什么，而是他们想做什么或想做成什么。他们往往并不是那些体力、智力最优秀的人，而是那些有较强的自信心、胸怀大志、不达目的决不罢休的顽强者。特别是国际市场营销人员，在工作中遇到的困难和障碍更多。因此，国际市场营销人员要十分重视培养自己的自信心，只有这样，才能不怕困难、百折不挠、持之以恒，在激烈的国际竞争中找到自己的位置。

（三）业务素质

国际市场营销人员应熟悉我国对外经贸的方针、政策、法律法规以及有关国家、地区的政策；掌握国际贸易理论、进出口贸易的程序、进出口合同的履行、汇率变化分析，熟悉防范商业信用风险、价格风险和外汇风险的方法和措施；掌握进出口价格的计算技巧，掌握市场营销学及国际贸易法规（含知识产权法）和惯例等专业知识；了解与反倾销有关的概念，熟悉反倾销诉讼的一般程序，在出现经济纠纷时，懂得运用国际法律、国际仲裁这些重要手段和专业知识来解决问题；熟悉商检、海关、运输、保险等方面的有关业务程序；懂得商品学基本理论，熟悉主管商品的性能、品质、规格、标准、包装、用途、生产工艺和所用原材料等知识；了解主管商品目标市场国家或地区的政治、经济、文化、地理及风土人情、消费水平，以及有关出口方面的条例和规定；了解自己主管的商品在世界上的产销情况、贸易量、主要生产和进出口国家或地区的贸易差异及价格变动情况；能利用网络和其他信息技术独立开展国际市场营销活动。

（四）能力素质

1. 敏锐的洞察能力和较强的市场调研能力

市场营销人员的洞察能力，主要是指其根据消费者的穿着、言语和行动等去了解、分析、判断消费者购买心理的能力，即透过现象看本质的能力。因此，好的市场营销人员应具备较好的洞察力和心理分析能力。国际市场营销人员应具备运用市场调研、市场预测技术，利用一切途径捕捉市场信息，及时掌握市场变化和需求动态，搜集、整理、分析国际市场行情和客户情况，写出市场调研报告，提出经营建议等能力。

2. 机动灵活的应变能力

国际市场营销人员面临的市场环境是复杂多变的，经常会出现一些突发事件。这就要

求国际市场营销人员具有机动灵活的应变能力，在不失原则的前提下，做到机动灵活、应变有方，根据当时的场景和氛围迅速地做出反应，甚至不动声色地达到目的。机动灵活的应变能力取决于敏锐的洞察力和准确分析、判断的能力。国际市场营销人员应思维敏捷，能够及时察觉消费者需求的变化对营销效果的影响，并针对变化的情况，及时采取必要的应对措施。

3. 锐意改革的创新能力

现代营销工作是一项需要具有高度智慧的脑力劳动，既是一种综合性工作，也是一种创造性很强的工作。国际市场营销人员只有创造性地运用各种营销技术和手段、机会，进行营销策划、市场调研、市场开发、客户管理等，才会有出色的工作业绩。

4. 令人信服的影响能力

国际市场营销人员要学会激发他人的需求，要具有说服别人和影响别人的技巧。而要说服别人、影响别人，就必须做到换位思考，必须站到消费者的立场，学会理解消费者。

5. 机敏灵活的社交能力

从某种意义上说，国际市场营销人员是企业的“外交家”，需要同各种各样的人打交道，这就要求国际市场营销人员懂得公共关系学知识，善于同与业务有关的国内外厂商和业务部门建立、保持和发展良好关系，灵活运用各种正当的交际手段，广交朋友。

6. 娴熟的语言文字能力

国际市场营销人员要掌握一门以上的外语，能独立进行对外洽谈及有关业务活动；能准确起草有关合同、协议和处理日常业务函电；能较熟练地使用计算机，有较好的中文水平，能用正确的语言和文字表达思想、交流信息和独立处理业务文件。

（五）身体素质

国际市场营销人员要有健康的体魄。国际市场营销人员的营销工作既是对其的智力考验，也是一项艰苦的“抗疲劳测试”，这样的工作性质决定了其必须有强健的体魄作为保证。在实际的营销工作中，国际市场营销人员需要经常与各种各样的消费者打交道，经常出差，日夜兼程，劳动时间长；有时还得携带样品，甚至进行安装操作、维修等劳动。国际市场营销人员的劳动强度大，生活饮食很难有规律，因此，更需要有充沛的体力和精力，才能履行纷繁复杂的营销职责。

思考练习

一、简述题

1. 试区分国内市场营销、国际贸易与国际市场营销。

2. 试讨论国际市场营销学发展的不同阶段。

3. 试述几种国际市场营销观念的区别。

4. 你认为中国 500 强企业应如何开展跨国营销活动？

5. 企业应从哪些方面分析全球市场的发展趋势与分布状况？

小试牛刀一

趣味阅读一

二、案例讨论

优衣库：一切以消费者为中心，数据和技术都要服务于人

随着人们生活质量的提高，服装零售正变得越来越有难度。消费者在选购服装时，既在意品牌，又在意性价比，还在意服装的舒适度，更在意透过服装所传达的个性、爱好和生活态度。在这种“高难度”需求之下，服装零售企业如何洞察并满足消费者的新需求？作为“亚洲最会卖衣服的企业”，优衣库近年来不断推进数字化转型，成为最先“吃到智慧零售红利”的服装企业之一。

1. 从“流量触达”到“数字触点”

近些年在电商的冲击下，全球服装巨头GAP、ZARA等品牌业绩低迷，不得不通过收缩海外市场、减少库存、关店和裁员来平衡收支。优衣库则是一个“特例”。中国市场成为优衣库全球第二大市场。

近年来，优衣库母公司——迅销集团大力推动“有明计划”，这一计划的核心就是配合数字化及互联网时代，变革未来服装零售的消费模式，根据消费者在互联网时代的新变化，更快捷、更聪明、更好地去满足消费者的新需求。为此，迅销集团还在仓储、物流、AR技术、自动化等领域进行了先进的探索。

优衣库推出了“掌上旗舰店一键随心购”，消费者可以从优衣库的官网、官方App、微信小程序或线下扫码进行购买。通过“掌上旗舰店”，优衣库有机融合了线上线下的多个场景。消费者可以第一时间看到新品资讯、优惠信息和穿搭建议；第一时间预购设计师款，随时随地一键购买；在线下门店，通过“扫码购”，消费者不仅能了解商品的详细信息，还能查看门店、网店等全部渠道的所有商品库存、颜色与尺码；通过电商购买的消费者既可以选择“线上买、线下换”，也可以选择“线上下单/门店提货”或“A地下单/B地提货”；在社交朋友圈，消费者既可以自己分享，也能看到好友推荐的“心水好货”；如果注册优衣库会员，消费者还可以参加抽奖，享受定制数据线、视频网站会员、免费新品体验等会员好礼。

优衣库的“掌上旗舰店”打通了微信公众号粉丝、线下自有流量、商业流量和腾讯社交流量四大渠道。通过数据整合与分析，优衣库不仅能获取更加精细的用户画像，与消费者之间的关系也随之改变——从单向的“流量触达”转向立体的“数字触点”。后期，借助数字化运营工具，优衣库可以对“数字触点”进行交互式管理，协同门店、网店、平台等线上线下全场景、全渠道，为消费者提供优质的商品和服务，并不断优化用户体验。

此外，门店导购人员也与“掌上旗舰店”协同配合。例如：门店可以最快1小时内完成线下备货，为消费者提供当场试穿、更换颜色尺寸、免费修改裤长等服务。而结账时，对于消费者选择的衣服，收银员们都非常“懂行”，偶尔还会对其选择的设计师款热情赞扬一番。

2. 一切以消费者为中心

优衣库的品牌口碑一直让业界羡慕不已。从6岁到60岁的人似乎都是优衣库的潜在消费者；即使不做广告，线上似乎也都是优衣库的商品；更不用提消费者对其舒适度、质量和基础百搭的高度认同。

怎样能够赢得消费者的信任？优衣库始终坚持 LifeWear（服适人生）的品牌理念。这一理念也贯穿了优衣库的智慧零售实践——技术和数据很重要，但提升商品服务和用户体验才是根本。据优衣库零售市场调研报告，消费者在购物时呈现全新需求趋势，包括：超过50%的消费者会参考朋友或意见领袖建议，社交和口碑成为重要的决策参考；无论在线上还是线下，消费者都希望获得同样全面的信息，92%的消费者喜欢去实体店感受面料与穿着效果，而超过60%的消费者在购物前会在线搜索商品信息，90%的消费者会因为品质好而信任并持续购买某个品牌或商品。

为满足这些新的需求，优衣库的“掌上旗舰店”也进行了相应的设计和调整。查货功能在线下线上都能提供商品详细信息；分享功能方便消费者转发朋友圈，并获得更多好友评价；渠道统一可以提供无差异的商品和服务；预购服务则可以让“潮人”第一时间买到设计师款……可以说，优衣库一直都在改变，只不过它的改变与消费者的改变始终保持一致。而在设计层面，优衣库也是优先考虑消费者的个性化需求。很多时尚设计师设计的服装只能在时尚的场合穿，但优衣库的服装可以满足消费者在不同场景的不同需求。例如：针对中国南北的温度差异，优衣库 HEATTECH 系列推出了温暖、倍舒暖和高舒暖三种厚度；“感动裤”采用快干、吸汗、防皱的面料，既方便在球场运动，又可以满足高尔夫商务的需求；INES 系列的设计、剪裁都很讲究，适合商务人群；而在寒冬－15℃的室外，在西装外套或衬衫里悄悄套一个羽绒背心，既保暖又有范。

为了满足消费者多样化和个性化的需求，“掌上旗舰店”也做了很多设计。例如：消费者可以选择不同的穿衣场景，优衣库会根据季节做出穿搭推荐。另外，消费者还可以直接预约“门店试穿”。

试讨论：

（1）优衣库采用了何种市场营销观念？

（2）优衣库通过哪些方面来体现“一切以消费者为中心”的理念？

（3）优衣库的成功带给你什么启示？

三、拓展训练

1. 搜集我国海尔集团国际化之路的资料，试分析海尔集团在不同阶段的国际化策略有何不同。

2. 运用现代营销观念帮助某跨国企业分析其国际市场营销活动。

学习情境二　分析国际营销环境

国货出海二

一睹为快二

学习目标

【知识目标】

■ 了解不同的国际市场营销环境因素对营销的影响；掌握国际市场营销环境的构成；掌握文化的构成要素、文化环境对国际市场营销的影响。

【能力目标】

■ 能够对企业的国际目标市场营销环境进行分析，并采取恰当的市场营销策略和手段。

【素养目标】

■ 国际市场营销人员应当具有家国情怀，准确把握我国“两个一百年”奋斗目标赋予的使命，认识“逆全球化”“贸易保护主义”给国际贸易带来的挑战，树立民族自信心，强化责任与担当。

导入案例

海尔："一带一路"上的本土化探索

2023年10月18日，在中巴经济走廊海尔-鲁巴经济区，一台台海尔太阳能混合空调正从海尔巴基斯坦工厂的空调生产线上鱼贯下线。这是当年夏天巴基斯坦空调市场上的"爆款"产品，也是巴基斯坦首款太阳能混合空调。之所以深受当地家庭的喜爱，是因为这款搭载"中国科技"的产品可以在晴朗的白天直接利用太阳能，在阴天或夜间自动切换至电网供电，帮助巴基斯坦消费者在40℃的高温天气里实现节省电费、降低碳排放。

这是海尔深度参与共建"一带一路"的一个缩影。围绕共建国家需求，海尔推进本土化研发、本土化制造和本土化营销的"三位一体"本土化创牌。

分享"中国机遇"，构建共赢产业链。洗衣机能洗地毯，搭载集电控变频和快冷速冻技术的冰箱将制冰时间由6小时缩短至2小时……在巴基斯坦市场，海尔针对当地消费者的生活习惯进行了多款个性化的产品研发，引领家电行业向低能耗、环保冷媒、智能家电方向升级。巴基斯坦是海尔较早进行海外布局的市场之一。截至2022年，海尔在巴基斯坦连续8年位居当地白电品牌份额首位。

从地图上看，巴基斯坦地处亚欧交接区域。受制于过往薄弱的工业基础，当地家电产业本土制造、技术实力较弱，曾经高度依赖进口。随着共建"一带一路"的深入推进，中巴经济走廊建设取得显著成效，海尔-鲁巴经济区成为其中一股坚实力量。以海尔为龙头的中国企业的到来，改变着当地家电产业的格局和贸易结构，为地区繁荣增添强劲动力。

海尔-鲁巴经济区是中国在境外正式挂牌的首个经济贸易合作区，也是巴基斯坦政府批准建设的巴基斯坦中国经济特区。在这里，海尔担当的角色不仅是家电生产商，也是家电产业链平台运营商，带动了产业链配套企业和装备企业入驻园区，吸引更多中国企业来巴基斯坦投资兴业。海尔集团在巴基斯坦建立了海尔工业园，生产的家电不仅能满足巴基斯坦的需求，还能供应中东。

"海尔对本土化创牌的坚持带动着巴基斯坦整个家电行业的技术升级、标准输出和产业体系的升级，让当地的家电产业链具备造血能力。"据海尔巴基斯坦贸易公司总经理介绍，2020年海尔与巴基斯坦科技部共建空调实验室，协助巴基斯坦建立空调能效标准体系，推动其家电行业的升级。由巴基斯坦国家认证委员会（PNAC）认可的海尔焓差实验室发布的测试报告在全球范围内得到了70多个国家的认可，为巴基斯坦各企业出口业务打下了坚实的基础。

感受到"中国机遇"的不仅是当地的产业，还有身处产业链中的当地员工。在海尔泰国工厂，每月一次的创新项目例会，主角是当地的泰国员工。阿努蓬带领团队提交的一个叉车运行优化方案，在创新项目会上获得认可。在海尔"人单合一"模式引领下，阿努蓬带领团队实现项目落地，并从中获得增值分享。落地过程中所需资源，海尔都可以从全球资源库中为其调取。"我感受到的是海尔对创新的尊重、对自我价值实现的尊重。”从10年前进入海尔的菜鸟，到如今熟悉冰箱、空调全流程生产环节，并成为带领团队创新的管理者，阿努蓬的个人能力和价值，正在中国企业带来的管理新范式和发展新机遇中不断放大。

资料来源：杨光．海尔：“一带一路”上的本土化探索［N］．青岛日报，2023-10-20（1）．

请思考：

企业应如何适应目标市场国营销环境及满足当地消费者需求？

任务一　分析国际经济环境

任务概述

企业在进入目标市场国时应对该国的经济环境进行全面的了解，因为经济环境是决定一个国家市场规模进而影响一国市场吸引力的重要因素。分析目标市场国的经济环境，对企业选择目标市场、确定市场容量、决定产品结构、制定促销方案以及选择销售渠道都具有重要意义。与国际市场营销密切相关的经济环境主要包括：该国所处的经济发展阶段、该国的人口状况、国民收入状况等。假设你是TCL品牌家电的海外营销人员，现在打算进军美国市场，参照导入案例中海尔进入国际市场的经验，你应做出哪些营销决策来适应当今美国市场经济环境？

知识储备

国际经济环境是指各种直接或间接影响和制约国际市场营销活动的经济因素的集合，是跨国企业确定目标市场和制定营销策略首先要考虑的因素。对国际经济环境的认识和分析通常在两个层面上展开：一是国别层面的，即国际市场营销人员所进入的具体国家的经济环境；二是全球层面的，即整个世界的经济环境。这两个层面的环境是互相关联的，世界经济环境为国别经济环境提供了宏观经济背景，而国别经济环境的变化与发展也影响着世界经济环境的总体面貌。

一、目标市场国经济环境

（一）经济发展阶段

一国的经济发展阶段影响着其对外商的态度、对商品的需求、分销体系。1960年，美国经济学家华尔特·惠特曼·罗斯托（Walt Whitman Rostow）在《经济成长的阶段》中提出“经济成长阶段论”。他将一个国家的经济发展过程分为五个阶段，这五个阶段依次是传统社会阶段、起飞前夕阶段、起飞阶段、趋向成熟阶段和大众高消费阶段。每一个经济发展阶段都有一个与之相适应的生产体系、营销体系，企业面临的市场机遇和困难会因目标市场国处于不同经济发展阶段而大大不同。

1. 传统社会阶段

处于传统社会阶段的国家，生产力水平低，未能采用现代科技方法从事生产，人们的知识文化水平很低，大部分人为文盲或半文盲，甚至有些地方尚处在自给自足的经济状态中。非洲撒哈拉沙漠地区的一些国家至今还处在这一发展阶段。由于生产力水平和经济发展水平都比较低，整个社会的消费能力有限，因此人们更关心产品的实用价值。这是一个十分有限的国际营销市场，在这类市场开展营销活动的阻力较大。

2. 起飞前夕阶段

起飞前夕阶段是经济起飞阶段的过渡时期。在此阶段内，现代的科学技术知识开始应用在工农业生产方面，各种交通运输、通信及电力设施逐渐建立，人们的教育及保健亦受到重视，只是规模还小，未能普及。这些国家通常会出现收入和财富分配不均的情况，贫富悬殊，中产阶级不多，因此进口产品的种类和档次差异很大。

3. 起飞阶段

起飞阶段的经济大致已形成了经济成长的雏形，各种社会设施及人力资源的运用已能维持经济的稳定发展，农业及各项产业逐渐现代化。这类国家的工业发展具有一定规模，国民生产总值增长比较快，工业占国民生产总值的比重越来越大。这些国家往往需要进口先进的机器设备等来完善自己的工业体系，对工业制成品的进口限制呈减少趋势。

4. 趋向成熟阶段

在此阶段内，一国不但能维持经济的长足发展，而且将更现代化的科技手段应用于经济活动中。同时，在此阶段的国家都能多方面地参加国际市场营销活动。在这些国家中，消费者的购买动机强烈，注重产品的特性和质量，喜欢高质量、无须修理且高档定型的产品。这些国家进口各种各样的产品，包括原料、半成品、劳动密集型产品、奢侈品等，是国际营销规模较大的市场。

5. 大众高消费阶段

此阶段注重永久性消费产品及各项服务业的发展，个人收入猛增，公共设施、社会福利设施日益完善，整个经济呈现大量生产、大量消费状态。在这些国家中，整个社会“富有”和“贫穷”的人数极少，大多数消费者属“中产阶级”。消费者偏理智，极少情绪化，因此产品必须既经济又实用。

在上述五个阶段中，处于前三个阶段的国家被认为是发展中国家，而处于后两个阶段的国家被认为是发达国家。处在不同经济发展阶段的国家，市场容量、产品需求、消费结构、消费方式存在很大的差异。在工业品市场方面，发达国家偏重于使用资本、技术密集型的生产设备，而发展中国家则偏重于使用劳动密集型、节省资金的生产设备。在消费品市场方面，发达国家强调产品的款式、性能、特色，需要进行大规模的广告宣传及其他促销手段，质量竞争重于价格竞争；发展中国家则强调产品的功能及实用性，推广活动会受到文化水平低和传播媒体少的限制，价格因素重于产品质量。另外，经济发展阶段越高的国家，其分销途径越复杂、越广泛，专门商店、超级市场、百货公司等越发达。因此企业只有从全局掌握不同国家所处的经济发展阶段，才能准确确定目标市场，合理分配营销资源，使跨国营销活动有的放矢，事半功倍。

小贴士☞

联合国按人均国民收入划分一个国家所处的经济发展阶段。2019 年，人均国民收入低于 1 035 美元为低收入国家，人均国民收入在 1 036～4 045 美元为中等偏下收入国家，人均国民收入在 4 046～12 535 美元为中等偏上收入国家，人均国民收入高于 12 536 美元为高收入国家。

想一想：针对处于不同经济发展阶段的目标市场国，企业营销策略应考虑哪些因素？

（二）人口和收入

考察一个国家市场时，企业最关心的是市场规模及其经济发展趋势。因为市场是由持有货币且有购买欲望的人组成的，所以人口和收入是决定市场容量的重要因素。

小贴士☞

7-ELEVEN 作为全球最大的便利店连锁品牌之一，在中国市场的扩张过程中也充分考虑了人口分布的影响。7-ELEVEN 通常选择在人口密集、消费能力强的居民区、商业区和交通枢纽等地开设门店。这些地区的消费者对于便捷、快速的购物体验有较高需求，使得 7-ELEVEN 能够提供满足消费者所需。

想一想：人口规模与收入作为决定市场容量的重要因素对企业的营销策略有何影响？

1. 人口

在人口环境中，人口规模是需要首先考虑的。在一定的条件下，一个国家的人口越多，市场规模就越大。此外，人口增长率、人口地理分布、人口结构等对市场也会产生多方面的影响，企业进行营销决策时也需要考虑这些因素。

（1）人口规模。人口规模与市场容量有着密切的联系，在收入水平和购买力大体相同的条件下，人口规模直接决定了市场规模和市场发展的空间。世界上大部分商品的需求都是与人口数量直接相关的，如食品、药品、服装、交通工具、教育用品等。

（2）人口增长率。国际市场营销人员不仅要了解人口总量，还要了解该市场的发展趋势。人口增长率是预测市场规模增长的依据之一。一方面，人口增长意味着人类需求的增长、新家庭的增加和市场的扩大；另一方面，人口增长过快会导致人均收入的下降，市场吸引力降低，从而阻碍经济的发展。各国人口增长率差异很大，越是发达的国家，人口增长率越低，而发展中国家的人口则急剧膨胀。

（3）人口地理分布。由于各国自然环境和经济发展水平存在差异，世界人口的地理分布是不均衡的。世界人口密度最大的是亚洲，其中包括日本、朝鲜、中国东部、中南半岛、南亚次大陆、伊拉克南部、黎巴嫩、以色列、土耳其沿海地带；在欧洲，除北欧和俄罗斯的欧洲部分的东部地区以外，都属于人口密度较大的地区；在美洲主要是美国的东北部、巴西东南部，以及阿根廷和乌拉圭沿拉普拉塔河的河口地区人口密度较大；在非洲主要是尼罗河下游，非洲的西北、西南以及几内亚湾的沿海地区人口密度较大。

人口分布状况对产品需求、促销方式、分销渠道都会产生不同的影响，会直接影响企业的营销成本和销售量。人口密集的地方通常人均营销成本比较低，销售额也会比较大。例如：美国人口比较稠密的地方是大西洋沿岸、五大湖边缘和加利福尼亚沿海地区，这些地区对汽车的需求量明显高于其他地区，而且还是贵重皮货、化妆品和艺术品的集散地。

小贴士☞

美国制造的汽车体积较大，除了美国人普遍身材高大和汽油价格便宜等原因，土地广袤、道路宽阔、停车场地充裕也是美国制造大体积汽车的重要原因。美国厂家最初在日本推销其电冰箱时，销路很差，这是因为日本人的厨房一般很小，根本容不下美国制造的“庞然大物”。美国人口密度较小，住房普遍较宽敞，家具和家用电器等的尺寸较大；日本人口密度较大，住房一般较小，家具和家用电器等的尺寸也较小。

想一想：人口密度大小与人们的生活方式和消费模式有何关联？从事跨国营销的企业应该如何根据这种情况开展营销活动？

（4）人口结构。人口结构是指一定数量人口的内部构成比例，主要包括年龄结构、性别结构、受教育程度和家庭特点等，是细分市场的主要依据之一。人口结构往往决定市场产品结构、消费结构和产品需求类型。

小贴士☞

目前，世界人口年龄结构正呈现一个明显的趋势，即世界人口老龄化。据估计，到2050年，世界老龄人口会达到21亿。目前，许多国家已出现劳动力缺口的问题。

想一想：人口老龄化意味着市场需求会发生哪些变化？

2. 收入

收入是构成市场的重要因素，市场容量的大小归根到底取决于消费者购买力的大小，一个消费者的需求能否得到满足以及满足到何种程度也主要取决于其收入的多少。国际营销人员应着重分析与营销相关的收入因素，如国民收入、个人收入等。

（1）国民收入。国民收入是经济统计中衡量经济发展的一个十分重要的综合性指标。评估国民收入的一个有效方法就是比较各国的国民生产总值。国民生产总值是衡量一个国家经济实力和购买力的重要指标，从国民生产总值的增长幅度可以了解一个国家经济发展的状况和速度。一般而言，国民生产总值增长越快，对工业品的需求和购买力就越大。

（2）个人收入。个人收入是指从国民收入中减去公司所得税等间接税、公司盈余以及各种社会保险等的余额。一般而言，个人收入是以工资、红利、租金形式以及从其他来源所获得的总收入。个人收入决定了消费者个人和家庭购买力总量。要注意收入的分布情况，在许多国家，小部分人的收入大大高于全国平均数，而大部分人则低于全国平均数。在这些国家中，人均收入会引起一定的误解。在这种情况下，营销人员就必须做具体分析，而不能过分依赖人均收入这个指标。

小贴士

海尔家电针对海外目标市场推出了三种产品线。高端产品线：海尔针对高收入群体推出一系列高端家电产品，如智能冰箱、高端洗衣机等。这些产品在设计、功能和品质上都力求卓越，以满足高收入群体对品质生活的追求。中端产品线：海尔针对中等收入群体推出了性价比较高的家电产品，如经济型空调、入门级电视等。这些产品在保证品质的基础上，价格更加亲民，以满足中等收入群体的消费需求。低端产品线：海尔针对低收入群体推出了价格实惠的家电产品，如经济型电风扇、基础款微波炉等。这些产品以实用为主，价格低廉，以满足低收入群体的基本生活需求。

想一想：海尔的海外市场细分考虑了哪些因素?

（三）消费模式

消费模式是一国居民收入的支配方式或在消费方面所呈现的总体特征。一般而言，它是由一国的经济体制、收入水平与结构、风俗习惯和市场条件等因素决定的。消费模式在很大程度上影响着市场产品的供应和企业的营销。

用于考察消费支出和消费收入之间关系的最著名的定律就是恩格尔定律，该定律指出，随着收入的增加，食物支出在总支出中的比例下降。近几年，世界各国恩格尔系数以及与此有关的消费支出和消费结构呈现以下特点：

(1) 西欧、北欧、南欧、北美国家，以及日本、澳大利亚、中东石油富国的恩格尔系数显著下降，大多降到25%以下；而发展中国家的恩格尔系数几乎都超过45%，其购买力仍集中于食物消费。

(2) 发达国家消费者新建、改建住房，逐步加强室内现代化，这方面开支比重增加；发展中国家的住房建设、衣着开支也有所增加。

(3) 用于小汽车、奢侈品、旅游、娱乐等方面的支出，发达国家的增速高于发展中国家。

(4) 居民消费支出占国民生产总值和国民收入的比重上升，许多国家的消费者甚至大量提取个人存款或举债购物。

总之，世界范围内多层次的消费风潮此起彼伏，国际市场营销人员既要看准时机，积极拓展业务，又要未雨绸缪，把握国际市场的发展趋势。

（四）消费者储蓄

消费者收入通常分为两部分：一部分作为支付手段，用于当前开支；另一部分则暂不开支，作为储蓄。反映一个国家、地区或家庭储蓄状况的指标通常有三个：储蓄额、储蓄率和储蓄增长率。储蓄额是消费者储蓄的绝对数量，反映一定时期的储蓄水平；储蓄率是指储蓄额占消费者收入的比例；储蓄增长率则反映某一时期的储蓄增长速度。通过这三个指标可以分析一定时期消费与储蓄、消费者收入与支出的发展趋势，进而掌握消费者需求和消费水平的变化规律。

（五）消费者信贷

在国际市场上，消费者不仅可以以其个人收入购买他们需要的商品，而且可以通过信贷借款来购买商品。消费者信贷是指消费者凭信用先取得商品使用权，然后按期归还贷款，即消费者预先支出未来的收入提前消费。可见，消费者信贷可以直接创造新的购买力。

从贷款的偿还形式来看，消费者信贷有两类：分期付款和一次性偿还。其中，分期付款是国际上消费者信贷的主要形式。分期付款一般包括以下几项：（1）汽车分期付款；（2）高档消费品、奢侈品分期付款；（3）住宅分期付款；（4）还债、劳务分期付款；（5）信用卡信贷。

二、区域市场环境

界定区域性市场是将国家和地区归类的一种做法，这样做能使同类国家和地区内部的共性和不同类国家和地区之间的差异最大化。一种简单的归类方法是采用重要性和相关性标准进行判断，下面所简述的区域市场就是根据地理的邻近性来判断并归类的。

（一）西欧

西欧地区地理位置优越，水利资源丰富，但矿产资源贫乏，尤其是石油和有色金属等许多资源需要依靠进口。自 20 世纪 70 年代的世界能源危机后，西欧国家在核能源的开发和利用方面发展非常迅速。西欧地区的人口密度相对较大，可以说是人口稠密的地区之一。西欧包括欧洲西部濒临大西洋的地区和附近岛屿，包括英国、爱尔兰、荷兰、比利时、卢森堡、法国和摩纳哥等国家，这些国家大部分是发达国家。

西欧的人口增长率因国家和地区的不同而有所差异。以卢森堡为例，截至 2023 年，其人口增长率为 2.45%。然而，整个欧洲的人口增长率是负数。这些数据表明，虽然西欧某些国家的人口增长率可能较高，但整个欧洲的人口增长趋势不容乐观。这可能是生育率下降、人口老龄化以及人口迁移等多种因素共同作用的结果。

2022 年，法国、英国等西欧主要国家的国内生产总值也相对较高，分别为 2.78 兆美元、3.07 兆美元。这些国家的经济总量占据了欧洲 GDP 的近半数，显示了西欧地区经济的强大实力。但是，人均 GDP 只是一个平均数，不同国家和地区之间、不同社会群体之间可能存在较大的差距。

虽然人均 GDP 存在差距，语言文化也显著不同，但西欧国家正在变得惊人的相似，其家庭和工作模式虽有不同，但发展趋势是一致的。例如：在过去的三四十年中，西欧国家就业人口中 25～34 岁女性所占的比例增加了 1 倍。

（二）东欧和中欧

东欧和中欧国家的工资水平远远低于西欧国家，因而东欧和中欧市场对低成本制造业富有吸引力。对于东欧和中欧国家来说，营销无疑是促进经济发展的关键，但它们也许需要几十年的努力才能达到与西欧国家相近的营销水平。

东欧市场主要包括俄罗斯、乌克兰、白俄罗斯等国家。这些国家在过去几十年中经历了政治和经济的变革，市场潜力巨大。随着东欧国家的经济发展和市场的进一步开放，消费者对高品质产品和服务的需求也在不断增加。东欧市场的消费者注重性价比，对价格敏感，同时也关注产品的质量和性能。此外，东欧国家的互联网普及率也在不断提高，为跨境电商企业提供了更多的商机。

中欧市场则主要包括德国、奥地利等国家。这些国家经济发展水平较高，工业基础雄厚，技术水平先进。中欧市场的消费者注重生活品质，追求时尚和个性化，对高品质产品和服务有较高需求。同时，中欧国家之间的经济合作紧密，市场潜力巨大。

（三）北美

北美市场是指由美国、加拿大和墨西哥组成的市场，这个独特的世界区域市场在全球经济中占有极其重要的地位。美国作为一个超级大国，其市场具有人均收入水平高、地域辽阔、自然资源丰富等特点。同时，美国堪称全球性产业的领路人，在计算机、软件、航空、娱乐和医疗器械等行业均处于世界主导地位，其服务贸易总额均居世界各国之首。加拿大的出口占国民生产总值的25%以上，其主要出口产品是未经加工的自然资源，因而很容易受到来自低成本的拉丁美洲国家的竞争打击。目前，加拿大正在努力发展以创新为基础的竞争优势。加拿大和美国各自是对方最重要的贸易伙伴，因此，以美国和加拿大为主体的北美市场一直受到跨国企业的普遍关注。

（四）亚太地区

亚太地区是一个庞大的市场。亚洲开发银行的数据显示，亚太地区现已成为全球GDP最大贡献者，贡献率从2000年的26.3%跃升至2023年的35%。同时，亚太地区在全球投资和贸易中的影响力日益扩大。

（五）大洋洲

澳大利亚和新西兰是大洋洲的主要国家，这两个国家有特殊的关系。许多年来，两国密切合作，可是在世界观、文化和国民性格方面，两者还是有很大差异的。两国公民都可以自由出入另一个国家，两国贸易也不存在任何壁垒或限制。两国依靠本地丰富的矿产资源，经济发展水平都相对较高，2023年，澳大利亚人均GDP超过6万美元，新西兰人均GDP为4.7万美元，均居世界前列。

（六）拉丁美洲

美洲大陆除了美国和加拿大以外的部分，包括墨西哥及其以南的所有美洲国家和地区市场曾经被称作拉丁美洲市场，但墨西哥于1992年签署《北美自由贸易协定》（2020年被《美墨加协定》取代）以后一般就不再归入拉丁美洲市场的范围。拉美地区的人员组成复杂。该地区大部分人口分布在城市，且城市化进程仍在加快。自20世纪80年代以来，拉美国家的政治民主化进程加快，各国政局基本保持稳定。同时，各国政府都在积极推行以经济自由主义为中心的经济改革，颁布一系列政策和法律法规。改革的内容包括降低关税、改革外贸体制、调整税率、鼓励出口、吸引外资和鼓励经济特区的发展等。

（七）中东

中东地区包括连接欧、亚、非三大洲的整个西亚、北非地区，具体包括伊朗、伊拉克等约 23 个国家和地区，总面积约 1 500 万平方千米。中东的大部分人是阿拉伯人，波斯人也占较大比例，犹太人较少。阿拉伯人和波斯人有共同的宗教信仰，因此，在中东的总人口中，95%的人信仰伊斯兰教，5%的人信仰基督教或犹太教。尽管基督教和犹太教之间存在明显的同质性，但每个国家内部、每个宗教团体内部都具有差异。石油价格推动着中东的发展。石油收入也拉大了中东富国和穷国的差距，引发了该地区的政治和社会动荡。沙特阿拉伯一直是该地区最重要的市场。

（八）非洲

非洲大陆地域辽阔，人口总计约为 14 亿，占全球总人口六分之一。在非洲的低收入市场，营销的挑战不是刺激其消费者对产品的需求，而是识别最重要的社会需求并开发满足这些需求的产品，所以在开发独特产品以满足发展中国家人们的需求方面存在很多创新的机会。

三、国际市场环境

当前，国际市场的主要特点和发展趋势有如下几个方面：

（一）国际市场容量迅速扩大

第二次世界大战以后，国际市场容量迅速扩大，2023 年全球出口总额 23.8 万亿美元。国际市场容量迅速扩大的主要原因是：（1）科学技术革命推动生产力的发展，从而要求扩大国际市场；（2）国际市场是以国际分工和国际交换为前提的，随着国际分工的不断扩大和深化，国际市场也在不断扩大；（3）交通运输工具不断革新，效率不断提高，通信工具日臻现代化，使国际市场扩大成为可能；（4）资本的国际化促进了生产的国际化，国际贸易中交换的商品种类增多，数量不断增加。

（二）国际市场构成复杂

国际市场范围广阔，构成复杂，处在不同发展阶段的国家和地区都卷到国际商品流通之中。在这个市场上，有发达的资本主义国家，也有发展中国家。因此，资本主义经济体系在国际上仍然发挥不可忽视的作用，这对社会主义国家在国际市场上的活动有很大的影响。第二次世界大战以后，政治、经济方面的原因使得一些区域性的经济集团和共同市场相继建立，如欧洲共同体（已废止）、经济互助委员会（已解散）等。它们虽然是国际市场的组成部分，但它们与国际市场的其他组成部分有很大的区别，且它们相互之间也有很大的差异。有的共同体在扩大内部贸易的同时，力求扩大自身势力范围，争夺国际市场，这些组织的活动对国际市场的影响是应该被加以重视的。

（三）国际市场垄断加强

主要资本主义国家之间争夺销售市场和投资范围的斗争的加剧，促使垄断组织走上生产和销售国际化的道路。虽然国际市场上的垄断程度低于资本主义国家的国内市场，但垄断在进一步发展，跨国公司的作用越来越大。跨国公司在国外广泛建立生产与销售分支机构或子公司，同时合并其他国家的垄断资本，这是现代大垄断组织经常采用的扩张策略。当今国际市场上既存在私人垄断，也存在国家垄断，两者是交错在一起的。国家垄断资本主义对商品和货币的调节范围和作用已扩展到国际市场，力求为商品输出和资本输出创造有利的条件。国家垄断资本主义的加强反映了生产社会化进一步发展的要求。

（四）国际市场竞争激烈

一段时期以来，由于全球生产力高速发展，科学技术突飞猛进，各式各样的新产品、高科技产品不断涌现，许多商品供过于求，竞争愈演愈烈。特别是第二次世界大战结束之后，资本主义世界经济危机的频繁爆发以及各国经济波动同步化趋势的加强，又对国际市场竞争的激烈化起到了推波助澜的作用。尤其是近年来，随着互联网的普及、AI的出现以及知识经济在经济发展中的重要性不断增强，国际市场竞争还出现了一种新的竞争点，即把知识用于经济的竞争。这一新的竞争点不仅使得国际市场的竞争更加宽泛和激烈，也使得国际市场的竞争更加复杂和深化，它涉及各个国家之间的整体技术水平，尤其是高新技术和人才的竞争，人才的竞争已被放到了国际市场竞争非常重要的位置。因此，中国、美国、日本以及欧洲各国一段时间以来，都很重视企业职工的在职培训，甚至重视职工的终身教育，因为知识是不断更新和发展的。另外，在新的经济环境下，对高科技人才的需求不断扩大，一些国家采用放宽移民政策的手段大批引进人才，以充实其“人才库”。

小贴士

曾名震一时的美国王安电脑公司，在20世纪80年代中期，漠视个人计算机价格低廉、运行速度快捷等优势，固守自己的发家产品——文字处理系统，并将其始终装在不能适应消费者需要的小型机上，而拒绝与当时在个人计算机领域有杰出业绩的苹果公司合作，错过了良好的发展机会，经营业绩猛跌，最后破产。

想一想：王安电脑公司破产的主要原因是什么？

（五）商品结构明显改变

20世纪60年代以来，国际贸易的商品结构已发生了某些新变化。例如：在国际贸易中，贸易品大部分属于初级产品的状况得以改变，制成品的比重超过了初级产品的比重；在制成品贸易中，机械产品的比重有显著上升；在初级产品贸易中，农产品的比重有所下降等。20世纪80年代以来，尤其是当前世界经济进入一个以全球化和信息化为显著特征的新增长周期以来，国际贸易商品结构更出现了一些深刻的变化，主要表现在：技术贸易在国际贸易商品结构中占有越来越重要的地位；服务贸易发展速度快于货物贸易；从直接出口到扩大直接投资等。

小贴士

随着全球对可持续能源和减少碳排放的关注度的增加，新能源汽车市场迅速崛起，吸引了众多汽车制造商的参与。特斯拉（Tesla）作为新能源汽车市场的领导者，一直受到来自其他汽车制造商的挑战。大众汽车（Volkswagen）、宝马（BMW）、奥迪（Audi）、奔驰（Mercedes-Benz）等传统汽车制造商都在加快新能源汽车的研发和生产，试图抢占市场份额。除了传统汽车制造商，新兴的科技公司也在进入新能源汽车市场，如中国的蔚来汽车（NIO）、小鹏汽车（XPENG）和理想汽车（Li Auto）等。这些公司通过创新技术和商业模式，迅速扩大市场份额，对传统汽车制造商构成了威胁。

想一想： 企业应该如何调整产品结构以应对日益激烈的国际竞争市场？

四、国际金融环境

国际金融环境主要包括国际金融体系、经济周期、经济组织及贸易环境等内容，对这些内容的分析都应从宏观角度出发，为跨国企业提供广义上的国际经济环境背景。

（一）国际金融体系

经商的主要目的是获取利润。跨国营销活动涉及与多种货币打交道，而各国的金融市场环境又不尽相同，所以，企业必须密切注意跨国经营中的金融问题。

国际支付是国际贸易中的金融事务，货币支付并不总是与商品流动相一致。国际支付的现实问题是所涉及的货币种类不一。处理多种货币问题本身并不难，难的是各种货币彼此间的比价频繁波动，且无法预计。在金本位年代，汇率保持稳定。第一次世界大战爆发后，金本位制由于稳定性和确定性受破坏而宣告结束。20 世纪 30 年代，国际金融体系没有稳定的、确定的或公认的准则，取而代之的是汇率频繁而随意地变化，这种混乱的局面导致国际贸易急剧下降，从而加重了 20 世纪 30 年代的世界性经济大萧条。1944 年，著名的“布雷顿森林会议”召开，会议宣布成立国际货币基金组织（IMF）和世界银行（World Bank）两大机构，确立了美元在国际货币体系中的主导权，构建了第二次世界大战后国际货币体系的新秩序。

1. 国际货币基金组织

虽然布雷顿森林体系在 20 世纪 70 年代最终崩溃，但国际货币基金组织的作用仍然存在，影响着国际市场营销的财务管理问题。目前，它拥有 190 个成员国，并有三项职能：一是就成员国的汇率政策、与经常项目有关的支付以及货币的兑换性问题确立一项行为准则，并实施监督；二是向国际收支发生困难的成员国提供必要的资金融通，以使它们遵守上述行为准则；三是向成员国提供国际货币合作与协商的场所，避免贸易国之间的报复性行为。

2. 世界银行

国际货币基金组织和世界银行是紧密联系、互相配合的国际金融机构，前者的许多缺陷可以从后者的优势中得到弥补。世界银行有两个附属机构，即国际开发协会（IDA）与国际金融公司（IFC）。国际货币基金组织提供短期清偿资金，世界银行则提供长期融资帮助各国发展经济：IDA 向发展中国家提供“软贷款”，即低息长期贷款，贷款的对象是所有的发展项目，如基础设施、工业、农业、教育、旅游以及人口控制等；IFC 则专门对会员国私人企业的新建、改建和扩建等项目提供资金，促进不发达国家私营经济部分的增长和这些国家资本市场的发展。世界银行的努力改善了国际经济环境，推动了国际商业的发展。它通过提供资金提高了对象国的经济发展水平，从而为企业创造了较好的市场环境。

（二）经济周期

经济周期（Business Cycle）描述的是资本主义市场经济生产和再生产过程中周期性的经济现象，一般是经济扩张与经济紧缩交替更迭、循环往复。经济周期按照时间长短可以分为短周期、中周期和长周期，每个周期又可以分为繁荣、萧条、危机和复苏阶段。在现实经济生活中，经济周期的发展阶段会发生比较复杂的变化，不可能完全与经济学家的分析一致。但是，经济呈周期性规律变化的客观现象是存在的，世界经济在发展过程中总会有相对的上升和下降阶段。经济周期对国际营销的影响主要表现在：在繁荣和复苏阶段，经济活动频繁，投资和消费旺盛，经济呈现快速增长，政府的宏观政策也比较宽松。因此，就一般情况而言，企业从事国际营销的机会较多。当然，经济繁荣和复苏阶段又分别有各自的经济特点。例如：复苏阶段的市场机会较多，而随着市场的发展和竞争的加剧，繁荣阶段的市场机会明显少于复苏阶段。

（三）经济组织

世界经济组织按照组成和约束范围可以分为两大类，即全球性经济组织和区域性经济组织。

1. 全球性经济组织

全球性经济组织主要包括世界贸易组织、国际货币基金组织和世界银行。对于后两个组织，前文内容已有提及，在此不再复述。世界贸易组织（World Trade Organization，WTO）成立于1995年1月1日，是乌拉圭回合谈判的结晶，其前身是关贸总协定。世界贸易组织为各成员规定政府应承担的主要契约任务，规范各成员与贸易有关的法律，它是多边贸易体制的法律基础和组织基础，为各成员提供了一个通过集体辩论、谈判和裁决来发展贸易关系的平台。中国于2001年12月正式加入世界贸易组织成为其第143个成员。《国际贸易组织协定》包含多个独立的法律文件，范围涵盖了农业、纺织品、服装、服务、政府采购、原产地规则及知识产权等。世界贸易组织对跨国企业有重要意义。例如：如果营销主体本身或者其目标市场是世界贸易组织成员，那么它就必须按照规则处理贸易争端及农产品、纺织品、服务贸易和知识产权等问题，否则可能造成经济甚至政治上的重大损失。同时，世界贸易组织的官员对服务业也给予很大关注，尤其是银行、保险、电信等行业的市场进入壁垒问题。服务业中的跨国企业将从关税减让甚至完全减免中进一步获取竞争优势。

2. 区域性经济组织

在第二次世界大战后，经济一体化已经成为影响国际市场发展变化的主要因素，导致各种形式的区域性经济组织的产生。作为国际市场营销人员，要了解各种经济一体化组织和形式对国际市场营销的影响和作用，否则不利于企业占领国际市场。

（四）贸易环境

从第二次世界大战后到20世纪70年代初期，主要的资本主义国家都采取贸易自由化的政策，这些政策包括：在世界范围内大幅度降低关税；放宽和取消进口限制；实行关税同盟，对内取消关税；实施普遍优惠制等。国际贸易中自由化倾向的出现是与第二次世界大战后世界的政治经济形势，特别是生产迅速发展、国际市场容量扩大相联系的。第一，美国为了对外扩张，加紧控制国外市场，极力推行所谓“贸易自由化”，以迫使日本和西欧各国降低关税，放宽进口；第二，随着其经济的恢复与发展，日本和西欧各国为了扩大出口，争夺国外市场，也愿意彼此减税，逐步实现贸易自由化；第三，跨国公司的迅速发展有力地促进了资本主义各国贸易的自由化；第四，发展中国家为了发展民族经济，需要增加出口，多创外汇，以便积累资金，偿还外债，因而迫切要求发达国家减免关税和取消进口限制。

自20世纪70年代以来，世界经济进入“滞胀”阶段。由于能源危机加深，经济危机并发，不少国家贸易收入严重恶化，各国为减轻贸易逆差，普遍采取“奖出限入”的措施，贸易保护主义抬头如今已成为一种遍及全球的现象。贸易保护主义抬头的突出表现是贸易战的加剧和非关税壁垒作用的加强。这种贸易战不仅表现为保护本国市场，也表现为迫使对方开放市场。非关税壁垒也是名目繁多、内容复杂，无非是想达到限制进口的目的。这些都说明了资本主义国际经济关系中的矛盾进一步激化。

小贴士☞

中国鞋类产品出口市场主要集中在美国、日本、巴基斯坦、南非等国家及欧盟各国，出口市场过于集中和出口数量增长较快招致了进口国的抵制。有些国家直接限制进口中国鞋类产品的种类，还有些国家对中国鞋类产品的价格制定了最低限价。由于进口国对中国鞋类产品的限制，中国鞋类产品的国际市场营销频遭壁垒而处于困境。

想一想： 如何看待中国鞋类产品在海外营销中遭遇到的种种壁垒？

五、国际贸易政策环境

国际贸易是在国与国之间进行的。多数国家都对自己的对外贸易实行管制，但管制程度和实施情况却不相同。各国都有自己的商业政策，这些政策主要是为了保护本国经济的发展。因此，企业应了解进口国的贸易管制制度，以便对自身的国际市场营销策略做出相应的调整，力求使自己出口的商品能获得最有利的待遇。以出口手表为例，某些进口国既可以按计时器征收较低的关税，也可以按装饰品征收较高的关税。同样的道理，我国贵州生产的蜡染服装可按艺术品或按普通服装征收不同的关税。企业当然不愿意按高额关税出口商品，便设法修订自己的营销策略，以适应低额关税的要求，或者设法最大限度地降低进口国关税对出口商品的影响。例如：一般而言，采取出口零部件到国外去组装的策略是因为零部件比制成品的关税要低。进口国为促进就业和提高加工值，对零部件的进口多采取优惠税率。此外，从事国际市场营销的企业还必须了解进口国的非关税壁垒措施。只有研究阻碍贸易发展的经济环境因素，才能把握开拓国际市场营销的有利机会。

进口国的货币政策也会对国际市场营销和经济发展带来影响，特别是进口国货币是否稳定，汇率及其外汇管制等对商品种类、计价、支付方式及使用的币种等的影响更明显。

一国货币是否稳定直接影响外国资本的投入。如果币值经常波动，就会给投资者带来很大的风险。如果一国的汇率很低，则该国必须为进口支付更多的本国货币，这会对一些依赖进口原料和生产零部件的国家造成很大的困难；反之，如果货币升值，通常也对出口国不利，因为这将使它的商品在进口国市场上的价格上升，从而直接影响商品在国际市场上的竞争力。出口国的企业必须掌握进口国的货币政策，把握时机，全面均衡货币政策对国际市场营销所产生的影响。

小贴士

当人民币升值时，一方面，出口商品在国外市场的价格提高，销售量减少，对于出口价格弹性低的商品而言，其出口收入将会增加，但对于出口价格弹性高的商品而言，其出口收入将会减少；另一方面，出口所获外汇收入转换成人民币后，人民币的升值会带来出口收入的汇兑损失，出口价格弹性越高的商品的收入减少得越多。假设某纺织品企业主要向美国出口产品，并以美元作为结算货币，当美元汇率升值时，企业的出口产品价格随之上涨，这可能导致美国进口商减少采购量或转向其他更便宜的供应商，从而影响企业的销售额和利润。

想一想：美元汇率贬值会对销售额和利润带来什么影响？除了直接影响销售额和利润，汇率波动还可能给企业带来什么影响？

六、国际物质技术环境

与跨国营销有关的另外一些经济环境因素是物质技术环境，包括自然条件与基础设施、自然环境与生态环境、知识经济与科技环境、新技术革命等。

（一）自然条件与基础设施

1. 自然条件

自然条件包括自然资源、地形和气候条件等因素，它影响企业的营销活动。自然资源是指自然界赋予一个国家的各种形式的财富，如矿产资源、森林资源、土地资源和水资源等。作为国际市场经济因素，资源的分布、质量和可供利用的程度都会对世界经济及贸易的格局产生影响。企业进入该国市场，是选择出口还是选择投资办厂，其决策也受自然资源的影响。丰富的自然资源常是吸引外资建厂的重要原因。

一国的地形、气候、地势等地理特征之所以是分析国际市场时要认真考虑的重要环境因素，是因为这些地理特征会影响产品的设计、分销渠道的建立、运输、保险费用和交货期。例如：在地势平坦的国家，公路和铁路的运费都较低；反之，如果一国山多，道路崎岖，运费自然较高。同样，各国的气候条件也会影响企业的国际市场营销决策。例如：向热带国家出售的汽车应有制冷装置，向寒带国家出售的汽车应有暖气设备。

2. 基础设施

一国的经济基础设施主要包括该国的运输条件、能源供应、通信设施以及各种商业基础设施。一国的经济基础设施是否完善，直接影响企业营销活动的成本和工作效率。一般而言，一个国家的经济基础设施数量越多，服务质量越好，企业在该国从事营销活动就越顺利；反之，如果经济基础设施不能满足企业需求，企业就会放弃这一市场。近年来，许多欧美的跨国公司都把分管亚太地区营销活动的地区总部设在中国香港，主要是因为其在亚太地区的经济基础设施是一流的。

（二）自然环境与生态环境

环境问题是当代世界各国舆论关注的焦点之一。目前，环境问题已不再是一个孤立的问题，而是和社会经济、科学技术、文化教育的发展紧密联系起来。环境形势的发展不仅对环境保护本身有着重要的意义，而且势必引起人们的生产方式、营销运作、生活习惯、价值观念、消费行为的重要变革，对整个人类的发展也有重要的意义。环境问题是伴随着生产力和人类文明的发展而产生的，由最初的小范围、低程度危害发展到大范围、对人类生存造成不容忽视的危害。

小贴士

放眼全球，环境污染正引起世界各行各业的关注和重视。在美国，从 20 世纪 70 年代起，虽然快餐业已近饱和，但麦当劳以其无坚不摧之势风行世界。时过境迁，麦当劳因其每天都在制造垃圾——废弃的包装物，又成为环保人士攻击的对象。为了实现环保计划，麦当劳同意按减废、重复使用、回收再制的顺序开展环保活动。其中，麦当劳在减废上从三个方面着手：一是减少包装；二是减少使用有损环境的材料；三是使用较易处置、能物化成肥料的材料。

想一想：你是否赞成麦当劳的以上做法？你认为这种做法会给麦当劳带来哪些影响？

在环境日益恶化这一事实面前，人类选择了持续发展的道路。环保意识日益深入人心，人们普遍地认识到地球只有一个。污染不分国界，人类在改造自然、寻求发展的同时，要自觉地约束自己，尊重自然规律，否则会受到大自然无情的惩罚。因此，世界上许多国家的政府及联合国有关组织纷纷采取行动，各国公众也提出了越来越高的环境保护要求，保护环境的公约越来越多、越来越严格，如下述几种：

（1）《蒙特利尔议定书》旨在对会消耗臭氧层的化学物质的消耗、生产、进口及供应加以管制。

（2）《巴塞尔公约》旨在对那些被列为有害的化学废料、病理学废物及其他废物的跨国托运加以管制。

（3）《华盛顿公约》旨在通过管制公约附录所记载的野生动植物的国际贸易来保护濒临绝种及受绝种威胁的生物免受过度猎杀或采摘。

（4）《联合国气候变化框架公约》旨在制定措施以降低二氧化碳和其他造成温室效应的气体的排放。

（5）《里约宣言》列出了 27 条供众签署国采纳的环境原则。其中较为重要的原则包括污染者自付原则、采取预防方法以保护环境的原则，以及鼓励市民参与环保决策的原则。

我国在制定《中华人民共和国环境保护法》之后，在防治环境污染方面颁布了关于水污染防治、大气污染防治、海洋环境保护，以及野生动植物、草原、土地、森林、矿产、渔业、水资源和水土保持等的多部法律，还制定了大批规定、条例和200多项环境标准，形成了比较完善和配套的环境保护法律体系。

目前，全球在自然环境与生态环境上存在两个迫切需要解决的问题：一是资源短缺危机；二是全球性的环境污染。某些自然资源的短缺既是环境威胁，又是新的营销机会。因此，企业必须积极从事研究开发，尽量寻求新的资源或代用品。环境污染极大地破坏了地球的生态平衡，对人类的生存产生了严重的威胁，从而引起了世界各国的注意。全球性的环境保护潮流正在迅猛发展。因此，企业在经营中不仅要有高度的环保责任感，还应善于抓住环保中出现的机会，推出“绿色产品”，开展“绿色营销”，以适应世界潮流。

总之，企业的营销活动受到国内、国际环境保护越来越多的约束，企业需要更加积极和主动地适应这种发展趋势。

小贴士

华为在其全球业务中积极遵守各国的环保法规，并在其产品和解决方案中融入环保理念。华为推出的绿色数据中心解决方案就是通过节能技术、可再生能源和智能管理等方式，帮助降低数据中心的能耗和碳排放。此外，华为还在全球范围内开展环保公益活动，如植树造林、垃圾分类等，积极履行企业的社会责任。

想一想：华为这样做的目的是什么？

（三）知识经济与科技环境

知识经济是以智力资源的占有、配置和以科学技术为主的知识的生产、分配和使用（消费）为最重要因素的经济。知识经济发展所导致的企业之间的竞争归根到底是知识的生产、占有和利用的竞争。国际企业要在市场竞争中获胜，必须重视技术、人才、创新、信息等知识因素在市场营销中的重要地位。

科学技术是第一生产力，也是企业市场营销能力的物质基础，它直接影响企业的产品研制开发、设计、销售和管理。国际市场营销人员评价一国的技术环境，一般考虑一国的科技发展水平和科技政策与法规两个方面。

国际上衡量一个国家的科技发展水平有这样一些指标：（1）科技成果数量及其水平，即一国在基础研究、应用研究和开发研究中形成的各类科研、发明成果的数量及相应的水平。一般达到国际先进水平或国际首创的技术成果越多，表明该国科学技术越发达，企业营销的机会也越多，竞争越激烈。（2）科技经费投入状况，以研究开发费用占国民生产总值的比例来表示。相对投入的水平越高，科技发展的潜力越大。（3）科技人员的数量与水平，一般以万人中科学家与工程师的数量来表示，人数越多，表明科研实力越强，企业市场营销可供使用的科技人力资源越丰富。企业从事跨国营销的一种方式是以契约的形式进行，如技术转让、补偿贸易、合作开发和技术服务等。这种方式的重要前提是必须具备完善的科技法规与政策，有良好的专利保护制度、知识产权制度和技术推广政策。不同国家的科技法规和政策的完善程度不尽相同。国际市场营销人员在从事跨国经营时，必须对目标市场国的科技环境做深入的调查和研究，并寻找出对企业有利的对策，以免造成损失。

（四）新技术革命

20世纪四五十年代是新技术革命的形成阶段，其主要标志是原子能、电子计算机和空间技术的诞生。时至今日，科学技术发展更为迅猛，其特点主要表现为：应用技术的发展速度加快；以微电为标志的尖端技术发展速度加快；重视在民用产品上采用最新科技成果；未来科技的研究受到人们的普遍关注。人们已经在交通、通信、能源、制造、生物工程等方面做出了巨大的努力，甚至开始期待进行星际旅行。显然，科学技术的进步给人们的需求带来了更新、更广阔的天地，国际市场营销人员有责任加速和引导这个过程。

小贴士

VR/AR技术的应用为企业提供了更加丰富的产品体验方式。例如，家具品牌IKEA推出了VR购物应用，让消费者可以在虚拟现实中体验家居产品，从而提高购买决策的准确性。此外，一些品牌还利用AR技术推出虚拟试妆、试穿等服务，为消费者提供更加便捷和个性化的购物体验。

想一想：新技术革命会对企业的国际市场营销方式带来哪些影响？

科学技术的发展对企业的国际市场营销产生了广泛、深刻、长远的影响，主要表现在以下几个方面：

1. 科学技术推动新兴产业迅速发展

科学技术的发展使旧的行业部门遭到冲击甚至被淘汰，使新兴的产业迅速成长。如果说在20世纪60年代和70年代发达国家产业调整时，许多发展中国家利用廉价的劳动力和土地等其他资源在国际市场竞争中占有了一定优势，那么20世纪80年代之后，随着电子计算机的广泛应用，工厂自动化和机器人的发展大大地节省了劳动力，正逐渐取代发展中国家的廉价劳动力优势。另外，新技术产品将越来越节省能源和原材料，新材料的发展对天然原料的代替作用还会加强，发展中国家出口的初级产品除了石油和粮食，优势将进一步削弱。西方大的跨国公司凭借其雄厚的科技实力，在新产品推出方面占据着制高点，一些行业的垄断性更强了。多数发展中国家和小企业由于科技方面的投资不足，在国际市场的竞争中面临着更加严峻的挑战。

2. 技术革命推动消费革命

企业的营销以消费者为中心，这种由技术的发展而引起的消费的变化，要求企业不断把新技术运用于企业的营销策略，特别是产品策略中，这是因为科学技术的发展使产品的生命周期趋于缩短。不断运用先进技术开发新产品，是在国际市场营销中立于不败之地的根本。同时，科学技术的发展，使企业生产的技术含量不高的传统产品已经难以适应消费者多变的需求，因而劳动密集型产业面临的压力将不断加大。

3. 市场信息成为企业营销的生命线

中国加入世界贸易组织后，国际市场的环境变得更加复杂，竞争更加激烈。面对错综复杂、瞬息万变的市场需求，信息灵通、反应迅速的企业就占据了国际竞争的制高点。而以通信卫星、光纤电缆建立起来的现代通信技术已经为重要经济信息的同步传送提供了物质技术条件。如果美国联邦储备局宣布加息，则从东京到伦敦的股票市场行情都会立即下滑。1995 年 1 月 17 日，日本神户大地震，三菱公司的工厂遭到破坏，世界电子零配件价格立刻上升。

当前，国际企业常见的信息管理方式是与国际通信系统（包括计算机网络）紧密联系，并建立自己的内部电脑信息网络。企业一方面要掌握外部市场信息，如国际政局变化、国际金融市场波动、竞争对手的情况及国际航运变化等；另一方面要掌握企业内部信息，如生产系统、财务系统、销售系统和人事系统等方面的信息，以内部均衡运作来适应外部的千变万化，这样才能立于不败之地。

4. 技术的发展变革国际市场营销的方式

在计算机技术的高速发展和广泛应用基础上，跨境电商异军突起，因其具有“趋终端化、个性定制化、去中心化、去中间化”的特征，彻底改变了传统商品交易的组织方式，成为跨境贸易领域中最具竞争力的新业态、新模式、新引擎。市场决定着市场营销战略，在互联网的巨大影响下的市场必然要求传统营销战略的调整、更新。随着电子信息技术和经济全球化的进一步发展，跨境电商对跨境贸易的参与主体、商业模式、物流报关、金融支付和生产组织进行了重塑，相应的企业的营销方式也发生了变化。

任务二　分析国际政治和法律环境

任务概述

政治与经济是密不可分的，企业能否进入国外市场经商，许可权完全掌握在目标市场国政府手中，目标市场国可以允许、不允许，或者鼓励、支持、限制、禁止外国企业在其境内开展各项营销活动。尤其在当今贸易保护主义盛行、政府干预加强的情况下，政府就成了国际企业的一个控制力很强的、隐名的“合伙人”。因此，企业在开展国际市场营销之前，必须尽可能地估量目标市场国的政治和法律环境，了解其实现国际目标的方针、对外商的基本态度和政策，避免与其法律相抵触。假设你是 TCL 品牌家电的海外营销人员，现打算进军非洲市场，参照导入案例中海尔进入国际市场的经验，你应该做出哪些营销决策来适应当今非洲市场的政治、法律环境？

知识储备

一、国际政治环境

政治环境是指影响企业国际营销活动的各种政治因素。这些政治因素有些是来自企业母国的，有些是来自目标市场国的，有些则是国际性的。政治对营销环境的影响，是通过政府政策、法令规定，以及其他限制性措施起作用的。政府对外商的政策和态度，反映出其改善国际利益的根本想法。政治环境的内容，一般包括母国与目标市场国之间的政治关系和目标市场国内部的政治情况两个方面。

（一）母国与目标市场国之间的政治关系

国家之间的关系是影响企业国际市场营销的重要因素。一般而言，当两国政治关系向友好方面发展时，经贸往来会增加；当关系恶化时，经贸往来会减少，甚至中断。例如：最惠国待遇、配额制以及关税，都是政府出于政治和经济考虑而实行的政策。另外，企业还需要注意日益加强的区域经济集团化趋势。目前影响最大的有《美墨加协定》和亚太经合组织等，一些具有政治和经济色彩的区域性集团，对内实行自由贸易、政策协调，对外实行保护，具有排他性，使区域外国家难以进入区域内市场。

（二）目标市场国内部的政治情况

企业准备到某国去从事国际市场营销活动，必须先对该国的政治情况进行系统分析，并在此基础上进行政治风险评估，进而制定躲避或减少风险的措施。企业在进入国外市场之前，要考虑这些国家的社会性质及政治体制。西方国家的政府实行多党制，不同的党派执政，政策就会有不同之处。了解目标市场国的这些情况，就能更好地了解其有关的经济贸易方针、政策以及可能对企业带来的影响，估量进入该市场的可能性和发展前景。除了要了解目标市场国目前的政治形势，还要考虑它将来的稳定程度，如战争、冲突、罢工及社会动荡等，都会对进出口贸易、投资带来直接的影响。重视政治稳定性的目的是预防可能出现的各种政治风险，如国有化、外汇管制、进口限制、租税控制、价格管制、劳工问题等。20 世纪 80—90 年代，东欧剧变、两德统一、海湾战争以及苏联解体等重大的国际政治事件，使国际政治关系格局发生了急剧的变化，企业面临的国际政治环境更加复杂，国际市场竞争更加激烈。对此，企业必须充分认识、抓住机会，采取相应对策迎接挑战。

小贴士

20 世纪 80 年代，由于印度国内软饮料公司反跨国公司议员们的极力反对，可口可乐被迫从印度市场撤离。与此同时，百事可乐开始琢磨如何打入印度市场。百事可乐认为，必须消除当地政治力量的对抗情绪，而要解决这个问题就必须向印度政府提出一项该政府难以拒绝的援助。百事可乐表示要帮助印度出口一定数量的农产品以弥补印度进口浓缩软饮料的开销，还提出了要帮助印度发展农村经济，转让食品加工、包装和水处理技术等，最终赢得了印度政府的支持，一举占领了印度软饮料市场。

想一想：百事可乐与可口可乐的“一进一退”给我们带来哪些启示？

二、国际法律环境

对于开展国际营销的企业来说，法律环境是指当地颁布的各种经济法规法令，如专利法、商标法、广告法、投资法、竞争法、环境法、海关税收法、消费者保护法，以及各国之间缔结的贸易条约、协定和国际贸易法规等。它是国际市场营销环境中一个重要而复杂的因素。熟悉国际法律环境，是企业成功打进国际市场的重要保证。因为法律规定了行为的基本准则，是企业必须遵守的。企业必须研究目标市场国的有关法律，以避免不必要的冲突。另外，企业的国际市场营销活动也并非一帆风顺，不可避免地会出现一些贸易争端而需要借助法律的力量来解决，以维护自身的合法权益。

就目前而言，对企业国际市场营销活动影响较大的国际经济法主要有四大类：一是保护消费者利益的立法，如《欧洲经济共同体关于造成人身伤害与死亡的产品责任的欧洲公约》《使成员国家产品责任法互相接近的指示草案》等；二是工业产权法，主要包括专利法和商标法，如《保护工业产权巴黎公约》《专利合作条约》《商标国际注册马德里协定》《商标注册条约》等；三是旨在保护公平竞争的立法，即国际反托拉斯法，如《联合国一套多边协议的控制限制性商业惯例的公平原则和规则》等；四是调整国际间经济贸易行为的立法，这类立法调整的对象和范围十分广泛，几乎涉及有关国际经济贸易具体行为的各个方面，包括各种国际条约、公约、惯例、协定、议定书、规则等，其中最有影响的有《关税及贸易总协定》《联合国国际货物销售合同公约》《国际贸易术语解释通则》《关于解决国家和他国国民之间投资争端公约》等。

从出口产品到合资经营，各个国家都有自己的规定，如不符合进口国的规定，企业就不能向它们推销这些产品或者与它们合资经营。例如，有的国家规定了纺织品的可燃标准、酒类的酒精含量等，产品若不符合这些标准，就要被扣留或销毁。除了产品本身，产品的包装、标签和保单也都受到法律约束。例如：在比利时，外用药品必须装在黄棕色、八边形的玻璃器皿里，并贴有“外用”标签，才能出售。产品的品牌和商标，在不同的国家有不同的法律规定。例如：在取得商标权方面，法国、德国采用“注册在先”原则，英国、美国则采用“使用在先”原则。在促销方面，尤其是对于广告，许多国家都有不少规定。有的国家则限制某些商品以广告形式出现，有的甚至禁止一切商品在广播和电视上做广告。例如：在新西兰，就有多种法规限制广告，对于广告的真实性、内容以及频率都有法律规定；在阿根廷，药品广告必须获得卫生部门的批准。

小贴士

沃尔玛加拿大分公司采购了一批古巴生产的睡衣，美国总部的官员了解到此批睡衣的原产地是古巴后，便发出指令要求撤下所有古巴生产的睡衣，因为那样做违反了美国《赫尔姆斯-伯顿法》，这一法律禁止美国公司及其在国外的子公司与古巴通商。而加拿大则因美国法律对其主权的侵犯而恼怒，认为加拿大人有权决定是否购买古巴生产的睡衣。这样，沃尔玛公司便成了加、美两国对外政策冲突的牺牲品。

想一想： 国际法律环境对企业营销有何影响？

此外，有的国家还对推销方式、展览会、服装大奖赛等做了规定。在价格方面，有的国家对某些产品直接干预、控制并实行一个价格政策，有的国家限制生产企业某一产品的利润率。在销售渠道方面的法律限制相对要少些，重要的是要慎重选择并管理好中间商。这里需要特别指出的是，我国加入 WTO 是实现我国经济与世界经济体系衔接的极为重要的一步。它既表明我国市场进一步对外开放，也意味着国际市场对我国进一步开放，我国出口产品就可以享受最惠国待遇，避免遭受歧视。我国企业面临着直接的、来自国际市场的激烈竞争，这要求企业必须按照国际的标准体系、市场需求、价格标准和营销惯例来组织生产活动和推动技术进步，否则就难以进入国际市场，参与国际竞争。我国大部分出口商品可以按照缔约国之间达成的约束关税进入缔约国市场，并可以利用总协定多边谈判来解决我国与其他国家之间发生的贸易争端，而不必再像过去那样，以某一国内部的法律来解决争端。

当然，加入 WTO，不仅意味着可享受相应的权利，也意味着要承担一定的义务。降低关税、逐步减少行政干预，意味着我国企业，尤其是化学工业、机电工业及其他新兴工业企业，面临着更加严峻的考验。对此，我国工业部门、企业应熟悉 WTO 有关规则，并能在规则框架范围内做好企业海外营销工作。

任务三　分析国际文化环境

任务概述

在所有的环境因素中，最富挑战性的就是社会文化因素。它不像其他环境因素那样容易把握，却又无时无刻不在影响企业的国际市场营销活动。国际市场营销人员到国外去开展市场营销工作时，首先体验到的就是文化上的差异。不同的国家有着不同的语言文字、风俗习惯、教育水平、宗教信仰、价值观念、审美观念以及仪表、礼节与性格，消费者也有着不同的习惯和消费心理，这些都直接或间接地影响企业的产品设计、广告策略、销售策略等，有时甚至会决定一个企业国际市场营销的成败。因此，要顺利进入国际市场，企业的有关人员就必须具备广泛的世界文化背景知识，通晓目标市场国的社会文化环境及其变化。假设你是 TCL 品牌家电的海外营销人员，现在打算进军东南亚市场，参照导入案例中海尔进入国际市场的经验，你应怎样了解和适应东南亚市场的文化环境?

知识储备

社会文化环境是指一个社会的民族特征、物质文化、语言文字、价值观念、宗教信仰、教育水平、消费习俗、道德规范、审美观念等。不同的社会背景与文化教育特点，影响着人们的思维和行为，也积淀下不同的生活方式，而不同的文化又在相互摩擦和撞击中逐渐演化。文化的差异导致各国的消费者具有不同的需求特点和消费行为，从事国际市场营销的企业只有悉心分析和掌握所要进入国家的文化环境，进而了解该国市场的不同需求，才能取得营销的成功。

一、语言文字

语言是沟通思想的工具，是认识文化的钥匙，目前世界上大约有 3 000 种语言，主要有汉语、英语、法语、西班牙语等。同一语言、同一种词的释义对不同的人来说未必相同。北美和北欧的一些国家，语言表达准确，每个词及其含义又都是独立的，因而理解一句话只需要理解其字面意思即可。而中国、日本、法国、西班牙、意大利和一些非洲、阿拉伯国家，信息的传达不仅要看所说、所写，而且要看场合，离开了特定的环境，某句话的意义可能完全不同，所以国际市场营销人员要研究语言使用的习惯、语言的歧义和语言禁忌等。不了解当地的语言文字往往会造成很多误会，例如：美国通用汽车公司曾销售“Nova 型雪佛兰”汽车，它的英文意思是“神枪手”，而“Nova”在西班牙语中则是“跑不动”的意思，因而在南美销路不好。又如：日本有家生产蜡笔的公司，委托法国一家调查公司在法国做市场调查，因“蜡笔”在法语中的意思是“色笔”，该公司误以为是对色笔进行调查，花了数千美元的调查费用，结果毫无用处。因此，企业必须懂得当地的语言并能给予正确的翻译，才能使自己的产品顺利进入目标市场，扩大销售。

在国际营销中，国际市场营销人员还要学习一种更加丰富而微妙的“无声语言”，即“身体语言”，这是世界各民族人民在长期的历史发展中形成的一种辅佐有声语言的语言，它往往反映包括礼节在内的某些生活习惯。例如：呼唤侍者的手势，在美国是食指朝上竖起，在中东是拍手，在非洲是敲打桌面，在日本则是手臂上举，掌心向下并伴以手指微颤；大部分国家以摇头表示否定，以点头表示肯定，而阿尔巴尼亚人则以摇头表示肯定，以点头表示否定；行握手礼的国家绝大部分是伸出右手行礼，但在印度必须用左手；许多非洲国家以啃咬来宾的右耳垂来表示热烈欢迎，甚至少数国家还有以箭毒涂在来宾的手背上来表示欢迎的礼仪。因此，一个企业要想取得国际营销的成功，必须了解当地语言。正确了解和使用语言，对于发展国际营销至关重要。

二、教育水平

教育在一个国家文化的延续和发展中起着极为重要的作用。不同的文化修养表现出不同的审美观，它在很大程度上决定了公民的知识技能、价值观念和生活方式，为此，各国消费者对产品选择和购买的方式也不相同，对营销活动也会产生影响和制约作用。一般而言，受教育程度高的消费者对于新产品的鉴别能力和接受能力较强，购买时的理性程度也较高，容易受文字宣传的影响；受教育程度低的消费者则相反。

教育水平影响着促销策略的使用，企业的产品目录、产品说明书的设计要考虑目标市场的受教育状况，要考虑不同文化层次的消费者接近媒体的习惯。在教育水平较高的国家可采用各种促销方式，而在教育水平较低的国家甚至只能用人员推销。从拓展国外市场的角度看，如果目标国的教育水平低，企业应选派较多的人员到该国发展业务。

三、宗教信仰

宗教往往是一个社会文化的核心组成部分之一，是通过数千年的演变而流传下来的，不同的宗教有着不同的价值观和行为准则，从而影响人们的需求动机和购买行为。世界上许多国家和民族都有自己的宗教信仰，影响最大的有基督教、天主教、伊斯兰教、佛教等。宗教对于企业营销环境的影响是深刻而广泛的，主要表现为宗教对于社会道德和行为规范的影响、宗教禁忌对于需求和营销手段的限制、宗教组织作为压力集团和政治风险因素的影响、宗教节日对需求季节波动的影响等。

首先，宗教禁忌给企业带来各种机会和限制，这些都是企业进入国际市场时必须考虑的，否则，就会触犯禁忌，造成损失。例如：穆斯林对酒精饮料的禁忌使可口可乐成为当地的畅销品；泰国是一个佛教国家，喜欢黄颜色，松下电器公司出口到曼谷的收音机都带有金黄色的图案，很受欢迎。

小贴士☞

案例 1：我国一家出口公司向科威特出口北京冻鸭，因不注意该国宗教教规，没有按伊斯兰教的屠宰方法处理，致使货物被拒绝进口，原货退回，在经济上、政治上都遭受损失。而江苏盐城肉类加工厂却由于尊重伊斯兰教禁忌，将全部生产制作过程录像送对方审查，从而保证了年出口 1 000 吨咖啡鸡块罐头的生意。

案例 2：一家国际服装品牌在南亚市场推出了一款带有宗教象征图案的服装。然而，该图案在当地被视为具有争议和冒犯性的，因为它与某个宗教派别的信仰和教义相冲突。这引发了当地宗教领袖和消费者的抗议和抵制，导致该品牌在南亚市场的销售额大幅下降，不得不撤回该商品并道歉。

想一想：宗教信仰对国际市场营销有何影响？国际市场营销人员应如何应对？

其次，宗教的节假日又是最好的消费品销售季节。欧美各国的很多节假日都与基督教、天主教有密切的关系，有许多商品都是为欢度这些节假日而应市的。在这些国家，每年的圣诞节通常是商品需求的高峰期。在中东，朝圣季节也是企业推销商品的好时机，朝圣者通常在朝圣时购买家庭用品。

小贴士☞

案例 1：比利时一个名叫范德维格的地毯商将扁平的指南针嵌入祈祷地毯，这种特殊的指南针，不是指南或指北，而是直指“圣城”麦加。伊斯兰教徒不管走到哪里，只要把地毯往地上一铺，麦加方向顷刻之间就能准确找到。这种地毯一经推出，在穆斯林居住地区立即成了抢手货。几个月内，范德维格在中东和非洲卖掉了 25 000 多条地毯，赚了大钱。

案例 2：在印度，宗教对人们的日常生活和文化有着深远的影响。可口可乐公司针对印度的宗教节日，如排灯节，推出了特别的节日包装和广告。这些广告尊重并融入了当地的宗教和文化元素，如灯笼、烟花和传统的家庭团聚场景。通过这种方式，可口可乐不仅避免了宗教冲突，还成功地与当地的节日氛围相结合，增强了品牌与消费者之间的情感联系。

想一想：以上案例成功的原因是什么？你从中能够得到哪些启示？

每一个宗教都有教条、教规、节日、需求、禁忌，有其特有的阶层制度、家庭观念和经济结构，从而不同程度地影响市场营销，所以尊重当地的宗教信仰并适度地加以利用，是许多企业国际营销成功的诀窍之一。

四、风俗习惯

不同的国家有不同的风俗习惯和商业礼仪，风俗习惯的不同又使各国的商务人员的行为和方法各具特色，这些商业习惯是社会文化的组成部分，反映了一个社会的价值观念的深层次内容，万万不可忽视。风俗习惯遍及社会生活的各个方面，如消费习惯、婚丧习惯、节日习俗、经商习俗、爱好与禁忌等，国际市场营销人员应了解和适应各国的谈判风格和礼节，如在信奉天主教的国家里，人们忌讳“13”这个数字，尤其是13日恰逢星期五会被认为是最不吉利的日子，不宜做生意和签合同。美国人谈生意，喜欢边吃边谈；德国人很注意体面和形式，缺乏灵活性。西方人喜欢偕夫人参加社交活动；而亚洲人和阿拉伯人却不习惯这样做。和沙特阿拉伯人谈生意，绝对不可问及对方的夫人；相反，和墨西哥人谈判时，问候对方的夫人则是必需的礼貌。日本人特别讲究集体主义，团结合作；而美国人却主张个人的努力奋斗。日本人比较拘谨，商业决策速度较慢，但执行起来很快；而美国人风趣随意，友谊易建但不长久，工作中个人独立性很强，决策速度快但执行较慢。

由于不同国家的风俗习惯不同，因此人们对产品的图案和颜色选择也有所不同。在德国，方形比圆形好销；带六角形的包装不能向中东出口；非洲的一些国家不欢迎狗和猫头鹰的图案；德国人不喜欢红色，但巴西人对红色有好感，而对绛紫色是禁忌的，因为这种颜色用于葬礼；意大利人特别喜欢红玫瑰，最厌恶菊花，他们认为玫瑰是幸福的象征，而菊花是不祥之兆。

小贴士☞

印度是一个多元文化的国家，不同地区和宗教有着各自的饮食禁忌和偏好。麦当劳在进入印度市场时，充分考虑到了当地的饮食习惯和宗教习俗，推出了符合印度人口味的素食汉堡和鸡肉沙拉等菜品，并避免使用牛肉作为食材，以尊重当地的宗教信仰。此外，麦当劳还在餐厅内设置了祈祷室，为印度教徒提供方便，进一步融入了当地文化。

想一想：不同国家人们的不同生活习惯会给企业海外营销带来什么影响？

五、价值观念和态度

价值观念是人们对于客观事物的评价标准，包括财富观念、时间观念、对待生活的态度、对待风险的态度以及对待传统文化和现代文明的态度等。同样的事物或问题在不同国家或不同人群中会有不同的评价标准，从而对人们的生活方式、消费行为，进而对企业的国际市场营销产生深刻的影响。

首先，不同文化背景的人对待时间有不同态度，多数工业社会的人们信奉“时间就是金钱”，做事讲究效率，时间意识非常强，如美国人、英国人、日本人、德国人都信守时间，说什么时间到就什么时间到，绝不拖延。其次，价值观念还表现在对待新事物的观念和态度方面。新事物主要是反映在创新精神方面，社会的创新精神与经济状况有很密切的关系，经济发达的国家教育水平也比较高，人们知识丰富、思想充满活力，收入也较高，为此，对新产品的接受速度也很快。美国人好奇心强，以新奇取胜，对广告宣传有信任感，但有些国家则比较注意传统，喜欢沿袭前人的生产与消费，如德国人比较保守，并不那么执着地追求标新立异，法国人也不轻易相信广告上的东西。另外，处在不同年龄的消费者对“创新”的态度也不一样。一般而言，年轻人好奇心强，对“创新”敏感，老年人则相对保守一些，不轻易改变原有的消费习惯。总的来说，发达国家工作和生活节奏快，时间观念强，业务洽谈和约会都十分注重准时。但一些经济落后或封建意识遗留浓重的国家往往对时间不重视，不讲究准时约会或是参加宴会，有时甚至有意识地拖延时间，以彰显其地位的尊贵。

小贴士

Patagonia是一家户外服装品牌，其核心价值观念是倡导反消费主义和可持续性。他们鼓励消费者购买高质量、耐用的产品，并提倡修补和再利用旧衣物，以减少浪费和环境污染。Patagonia的营销策略也与众不同，其经常推出修复和回收旧衣物的活动，并通过故事和案例来传达反消费主义的理念。这种价值观念使Patagonia在市场上获得了独特的竞争优势，赢得了众多环保意识较强的消费者的支持和喜爱。

想一想：不同文化背景下的人们在价值观上的不同会给企业营销带来什么影响？

六、审美观念

每一种文化对事物的品位都持有不同的观点，审美观念是人们对事物的看法和评价。各国的审美观有很大的差异，西方人喜欢表现个性，而东方人讲究端庄典雅。一种文化认为是美的东西，另一种文化可能认为是丑的。例如：按东方人的民族传统，越是正式隆重的场合，女性的服装越是封闭式的；而西方人正好相反，在典雅的交际场合，女式的礼服往往袒胸露背。特定的颜色在不同的国家有其独特的含义，西方国家以黑色代表哀伤，东方国家则一般以白色来表示。在日本，黑色和白色都表示悼念，所以产品包装不采用这两种颜色。在拉丁美洲，紫色往往与死亡联系在一起，因此在商业上和交际场合，紫色是不被接受的颜色。有些国家认为红色是吉祥之兆，有些国家则认为红色是不祥的象征。企业在开拓海外市场时，在产品设计、包装和广告上都应特别注意这些文化背景，尽量适应当地人的审美观念，否则，会因这方面的失误而失去整个市场。

小贴士

Burberry是一家享誉全球的奢侈品牌。然而，其一则圣诞广告曾因文化误解而引发争议。广告中，一位中国女性角色穿着传统的旗袍，手持红包，与一群西方模特共同庆祝圣诞。一些观众认为这种将中国传统元素与西方节日相结合的方式过于刻板和不尊重文化差异。这个案例提醒企业，在跨文化广告中必须谨慎处理不同文化元素，避免产生误解或冒犯当地消费者。

想一想：企业在进行国际市场营销的过程中应如何避免出现此类问题?

总之，在国际市场营销中，文化环境也是影响其成败的关键性环境因素，为此，企业在进行国际市场营销活动时，要有针对性地研究目标市场国家的文化环境，采取不同的市场营销策略和手段，迎接日益激烈的国际竞争。

任务四　分析国际市场营销微观环境

任务概述

微观营销环境是制约和影响企业营销活动的重要因素，其对企业市场营销活动的影响更为直接、具体。微观环境因素与企业具体的营销活动（如采购原材料、对外业务往来等）发生直接联系，又称作直接营销环境或企业作业环境。假设你是 TCL 品牌家电的海外营销人员，现在打算进军欧洲市场，参照导入案例中海尔进入国际市场的经验，你应怎样了解和适应欧洲市场的微观营销环境?

知识储备

微观营销环境对企业市场营销活动的影响更为直接、具体，是企业开展市场营销活动更为重要的环境。分析微观营销环境的目的在于更好地协调企业与这些相关群体的关系，促进企业营销目标的实现。

一、微观营销环境因素的基本构成

微观营销环境是直接制约和影响企业营销活动的条件和因素，具体包括供应商、竞争对手、营销中介机构、最终顾客、社会公众和企业内部因素等。

（一）供应商

供应商包括劳动力、原材料、资金和各种零配件提供部门。

（二）竞争对手

企业的竞争对手包括提供相似产品的品牌竞争者，生产同类产品的产品形式竞争者，可以满足不同消费者同一需要的一般竞争者，满足同一消费者不同需要的愿望竞争者。

（三）营销中介机构

营销中介机构分为主导性机构和辅助性机构两种类型。主导性机构包括经销中间商和代理中间商；辅助性机构包括实体分配公司、市场营销服务机构（如广告公司、咨询公司等）和金融机构。

（四）最终顾客

最终顾客分为消费者和机构，前者构成消费者市场，后者构成生产者市场和政府市场。

（五）社会公众

根据对企业营销活动的影响程度，社会公众分为潜在公众、知晓公众和行为公众三种类型。

（六）企业内部因素

企业作为一个营销机构，经历了从销售部门负责营销工作，到设立有专门营销岗位的扩大销售部门，再到企业内部设立与销售部门平起平坐的专业营销部门，并进一步升格为企业的核心部门，由副总裁直接负责营销部门的工作，最后整个企业成为一个营销机构的发展过程。对于企业的营销部门而言，企业内部的其他部门也是企业的营销对象。

下文对供应商、竞争对手和最终顾客的分析进行详细介绍。

二、分析供应商

供应商是指向企业及其竞争对手提供生产上所需要的资源的企业和个人，主要包括向企业提供特定的原材料、辅助材料，以及能源等生产资料的供货机构。广义的供应商还包括劳动力、资金和自然资源等的提供机构。

（一）供应商对企业营销活动的影响

1. 供应商供货的及时性和稳定性

供应商能否及时、稳定地提供原材料、零部件、能源、机械设备等，对企业正常的营销活动有很大的影响。

2. 供应商供货的质量水平

供货质量的高低影响企业产品的最终质量。例如：劣质的棉花无论如何也不能生产出优质的棉纺织产品，劣质的建筑材料无论如何也不能建成优质的高楼大厦。供应商的供货质量还涉及与其所供货物相关联的销售服务，如维修服务、保障服务，以及易损耗零部件的及时更换。

3. 供应货物的价格变动

供应商供应的货物涉及企业的生产成本，企业需要密切关注构成产品主要部分的原材料和主要零部件的价格变化情况。

（二）企业与供应商关系的协调

（1）对供应商进行等级归类，根据供应商类别确定协调原则。例如：在棉纺织厂的生产中，棉花是主要的原材料，纱锭等属于辅助材料，都需要从供应商处获得。对于棉纺织厂而言，应重点协调企业与棉花供应商之间的关系，对于纱锭等辅助材料的供应商仅做一般程度的协调。

（2）广开供应门路，实现供应商多元化。企业在采购货源时，应广泛联系供应商，促使供应商之间形成竞争，同时应稳定一些有长期良好特殊关系的供应机构。

三、分析竞争对手

企业在分析竞争对手时要明确这样几个问题：（1）谁是企业的竞争对手？（2）竞争对手的经营目标是什么？（3）竞争对手执行什么样的战略和策略？（4）竞争对手的优势和劣势是什么？（5）竞争对手的反应模式如何？因此，企业针对竞争对手的分析包括六个步骤：第一，辨别企业的竞争对手；第二，确定竞争对手的经营目标；第三，确认竞争对手的经营策略；第四，估计竞争对手的优势和劣势；第五，判断竞争对手的反应模式；第六，选择合适的应对措施——进攻或者回避。

（一）辨别企业的竞争对手

企业的竞争对手一般是指那些与本企业提供的产品或服务相类似，并且有相似的目标顾客和相似价格的企业。根据产品的替代程度，可以将竞争对手分为四个层次：

1. 品牌竞争者

品牌竞争者是指提供相似产品和服务，以相似价格供应相同消费者的企业，即同种产品不同品牌的竞争者，与企业属于同一行业的竞争。例如：通用汽车公司以福特、丰田、日产及其他提供同等档次的轿车制造商为主要竞争者，而不把生产其他类型汽车的公司看作自己的竞争者。

2. 产品形式竞争者

产品形式竞争者是指能满足消费者某种欲望的同类产品在质量、价格上的竞争者，各种型号和式样的汽车生产企业构成产品形式竞争者。例如：通用汽车公司的产品形式竞争者包括了所有生产轿车的公司。

小贴士

为特定人群创造的产品被称为定制产品，海尔开拓欧美市场的战略之一就是定制产品。美国《商业周刊》上曾刊登一篇题为《海尔能将惠尔浦和通用公司挤出去吗?》的文章，提醒美国公司关注海尔的发展。文章认为，有着上百年历史的名牌产品应该小心海尔产品的发展战略，因为老品牌已经不再是美国年轻人的首选，他们很愿意尝试一些新品牌，海尔正在通过这一手段占领美国市场。

想一想：海尔为开拓欧美市场是如何展开竞争的?

3. 一般竞争者

一般竞争者是指满足同一消费者相同需要的企业。例如：通用汽车公司不仅将所有轿车制造商作为竞争者，而且将摩托车、自行车、卡车制造商都作为竞争者。

4. 愿望竞争者

愿望竞争者是指满足同一消费者不同愿望的企业。例如：通用汽车公司将房地产、耐用消费品等公司作为竞争者。辨别生产替代品企业的基本方法是分析本企业产品与竞争者产品的需求交叉弹性大小。竞争者是那些满足相同市场需求或服务于同一市场的企业，辨别竞争者的关键，是从产业和市场两个方面将产品细分和市场细分结合起来。

（二）确定竞争对手的经营目标

每个竞争者都有侧重点不同的目标组合，如获利能力、市场占有率、现金流量、技术领先和服务领先等。

（三）确认竞争对手的经营策略

企业采取的经营策略越相似，它们之间的竞争越激烈。在多数行业中，根据采取的主要策略的不同，可将竞争者划分为不同的策略群体。例如：在美国的主要电器行业中，通用电器公司、惠普公司和施乐公司都提供中等价格的电器，因此将它们划分为同一策略群体。

不同的策略群体之间也可能存在竞争。原因在于：

（1）某些策略群体可能具有相同的目标消费者。

（2）消费者可能分不清不同策略群体的产品的区别，如不能区分高档货和中档货的区别。

（3）属于某个策略群体的企业可能成为被猛烈攻击的对象，从而不得不改变策略，进入另一个策略群体。

根据策略群体的划分，企业可以进一步确定进入各个策略群体的难度，如小型企业适合进入投资和声誉较低的策略群体。当企业决定进入某一策略群体时，首先要明确谁是主要的竞争对手，然后决定自己的竞争策略。

（四）估计竞争对手的优势和劣势

搜集过去几年关于竞争者的情报，包括销售额、市场占有率、边际利润、投资收益率、现金流量、发展战略等指标和数据，具体可以向中间商和消费者进行问卷调查，发现其优势和劣势。

（五）判断竞争对手的反应模式

当企业采取不同的措施和行动以后，如企业进入竞争者的目标市场时，竞争者会做出各种反应。这些反应取决于竞争者的经营目标、经营策略、优势、劣势。

针对企业的行动，竞争对手的反应可以区分为：（1）反应不强烈；（2）对某些方面反应强烈；（3）对任何方面的进攻，反应都很强烈。例如：松下公司在摩托罗拉公司准备进军日本彩电市场时，采取强烈措施，以1亿美元买下了摩托罗拉公司在美国国内和中国台湾所有工厂的彩电生产权，而对摩托罗拉经营电子通信业务则置之不理。

（六）选择合适的应对措施——进攻或者回避

1. 企业针对竞争对手的基本策略

企业根据竞争对手的具体情形，决定采取进攻或者回避策略。

（1）根据竞争对手的强弱，做出进攻或者回避的决策。

（2）根据竞争对手与本企业的相似程度决定企业的应对措施，包括与相似者竞争以及保留竞争者两种措施。

（3）根据竞争对手的表现采取相应策略。竞争对手的存在有时有助于企业营销活动的开展，有利于企业实现自己的营销目标；有时可以分担企业的市场开发和产品开发成本、使新技术更加合理化、产品的差异化程度进一步提高。当然，如果竞争对手不择手段地扩大市场占有率，企业就应采取进攻策略。

小贴士☞

亚马逊和沃尔玛都是全球的头部零售商，它们之间的电商竞争一直备受关注。为了应对竞争对手的表现，两家公司都采取了相应的策略来巩固自己的市场地位。

亚马逊以其丰富的商品种类、便捷的购物体验和创新的物流系统赢得了大量消费者的青睐，而沃尔玛则以其庞大的实体店网络和传统的零售经验为基础，在电商领域展开了竞争。亚马逊通过分析沃尔玛的电商策略，发现沃尔玛在实体店方面的优势在于其广泛的地理覆盖和消费者对品牌的信任，而亚马逊则主要在线上市场占据主导地位。

想一想： 为了应对这一挑战，亚马逊需要思考如何结合自身的优势来对抗沃尔玛的实体店网络？

2. 企业针对竞争对手的具体策略

迈克尔·波特（Michael E. Porter）将企业针对竞争对手的竞争策略分为下列几种类型：

（1）低成本策略。企业针对竞争对手的低成本策略，关键是把降低成本作为营销目标，通过低价与竞争对手进行竞争。低成本策略的营销重点是：提高产品的市场占有率，追求规模经济效益。例如：引进高效率、先进的机器设备；改进产品结构，降低原材料消耗；降低销售费用；降低进货价格。

（2）差别化策略。企业针对竞争对手的差别化策略是以追求和创造企业特色为核心的策略，企业依靠这种特色形成企业所特有的市场，如使用高级的原材料、零部件，追求独特的产品设计和造型。企业差别化策略的差别体现在：产品的外观造型，设计，机能，售前、售中和售后服务等方面不同于竞争对手。

小贴士☞

星巴克和雀巢是咖啡行业的巨头，二者各自采取了截然不同的竞争差别化策略来巩固自己的市场地位。星巴克注重提供独特的咖啡店体验、产品创新和社会责任，而雀巢则通过产品线多样化、品牌合作和全球化战略来巩固市场地位。这些不同的策略使得两家公司能够在咖啡市场中脱颖而出，各自赢得了消费者的喜爱和忠诚。

想一想： 除了以上提到的那些差别，你还能想到哪些差别化竞争策略？

（3）聚焦策略。企业针对竞争对手的聚焦策略，体现为企业的营销重点就像照相机镜头聚焦一样，集中到某一特定的经过细分的目标市场上。在这个特定的目标市场上，企业提供具有特定用途的产品、面向特定的消费群体和特定的地区。这一策略的重点是：集中企业优势，占领和巩固一个特定的市场。

上述三种针对竞争对手的策略在管理模式上和行动上有很大的区别，企业不可能同时采用。

小贴士☞

创业初期的华为在市场上并不领先于竞争对手，于是决定采取“农村包围城市”的营销策略，逐渐将市场拓展到非洲、欧洲、美洲。2000 年开始，通信市场竞争格局巨变，国际市场的萎缩直接威胁中国企业对国际市场的拓展。从 2005 年开始，华为把国际化作为战略重点，以研发、生产制造的全球化为起点，同时带动自己的海外市场网络和服务网络，实现全球化运营。华为在开始拓展国际市场时，选择了先期进入发展中国家市场的策略，然后从发展中国家市场走向发达国家市场。

想一想：华为采取的是什么竞争策略？

四、分析最终顾客

最终顾客指的是使用进入消费领域的最终产品和劳务的消费者和生产者，也是企业营销活动的最终目标市场。

（一）分析市场规模

（1）购买者的多寡。

（2）购买力的大小。

（3）购买愿望。

（二）分析顾客需求

1. 顾客需求

（1）生理需求，如吃得好、穿得漂亮、住得舒适。

（2）安全需求，如希望在生理、生活、工作、劳动、财产、职业、政治生活等方面获得安全的保障。

（3）社交需求，如需要获得爱情、友谊、家庭生活的温暖，或归属于一定的群体或组织。

（4）自尊需求，如希望在才能、品德以及成就等方面获得他人的好评。自尊的需求促使人们自信、自尊、自爱、奋发向上。

（5）自我实现需求，如希望获得某种成就，实现某种理想，为此愿意牺牲一切，付出任何代价。

人们的需求是从低层次逐步向高层次过渡的。另外，人们的需求会因地、因人、因时而不同。不同国家、不同地区、不同的消费者在同一需求层次上的内容并不相同。

小贴士

麦德龙的主要顾客是那些小型的零售商，并为缺乏经营经验的私人小企业提供专业性的服务。如果你想开一家小超市或杂货店，麦德龙会提供给你目前市场上最畅销的商品并帮助你配货，让你用最少的现金配最齐全的货物；如果你想开一家小型装修公司，麦德龙也会为你配齐所需要的电动工具和手动工具，提供相应装修材料的商品建议清单；如果你想开一家小饭店，麦德龙则有餐具套餐、酒水套具等供选择。

想一想：麦德龙卖场配货主要考虑哪些消费群体及需求？其这样做的原因何在？

2. 生产者需求

（1）生产者需求是生产者在生产过程中的需求，是消费者需求的派生需求。

（2）生产者需求与消费者需求不同。从需求目的来看，消费者消费是为了满足生理、心理需要；生产者需求是为了盈利。从需求的决策基准来看，消费者需求决策具有非理性、冲动的特点；生产者需求计划性强、专业技术含量高，属于理性决策。生产者需求的物品，要有利于降低成本，有利于扩大销售，具体表现在物品的品质优良性、价格的低廉性、操作的简易性、销售服务的周到性。

小贴士

苹果公司通过与全球各大零售商建立紧密的合作关系，成功地将其产品分销到全球各地。为了满足零售商的需求，苹果公司提供了定制化的零售解决方案，包括专门的展示区、产品演示和培训等。此外，苹果公司还提供了强大的在线支持，帮助零售商更好地管理库存、提高销售效率和提供优质的客户服务。这些措施不仅满足了零售商的需求，而且提升了苹果公司产品的市场覆盖率。

想一想： 苹果公司是如何和零售商合作的？

思考练习

一、简述题

1. 开展国际营销活动为何要了解目标市场国所处的经济发展阶段？
2. 为什么说企业对营销环境能动的适应是其营销成功的关键？
3. 何为政治干预？目标市场国的法律对市场营销活动的影响有哪些？
4. 文化的基本特征和基本要素是什么？如何对社会文化环境进行分析？
5. 人口环境包括哪些因素？这些因素对企业市场营销有何影响？
6. 国际市场营销微观环境由哪些要素构成？试列举企业应对竞争对手的具体策略。

小试牛刀二

趣味阅读二

二、案例讨论

华为的国际化之路

1. 华为简介

华为技术有限公司是一家生产、销售信息与通信设备的员工持股的民营科技公司，是全球领先的ICT基础设施和智能终端供应商，于1987年成立于中国深圳。华为致力于把数字世界带入每个人、每个家庭、每个组织，构建万物互联的智能世界——让无处不在的连接，成为人人平等的权利；为世界提供最强算力，让云无处不在，让智能无所不及；所有的行业和组织，因强大的数字平台而变得敏捷、高效、生机勃勃；通过AI重新定义体验，让消费者在家居、办公、出行等全场景获得极致的个性化体验。

2. 华为的国际市场营销环境分析

从华为的产品性质来看，在国际市场上对其影响最大的应该是政治环境和文化环境。

（1）政治环境分析。作为一种跨国界的经济与贸易行为，国际市场营销脱离不了各国的政治、法律的制约。世界各国由于不同的政治制度，不同的政治局势，具有不同法律效力的条约、公约及协定等，使得企业在不同的国家开展市场营销时，面临不同的情况。鉴于此，华为从事国际市场营销时，在全面了解各国的政治和法律环境后，采取了以下措施：

1）寻求当地的合作者。利用当地合作者在目标市场国的关系和影响，增进企业对目标市场国社会各方面的了解，从而减少政治风险。

2）政府搭台——跟着外交路线走。

3）借助融资伙伴的力量。

（2）文化环境分析。文化在国际市场营销中具有重要的地位，文化已渗透于营销活动的各个方面，文化环境正逐渐成为影响国际市场营销的核心因素。华为主要通过以下几个方面进行跨文化管理：

1）实施本土化策略。

2）实施文化规避策略。

3）实施借助第三方文化策略。

3. 华为国际化战略的路径选择

华为的国际化走的是务实的“先易后难”的道路。

华为“先易后难”的发展道路具有两层含义：在国内，华为通过先做县城再做城市的“农村包围城市”的发展道路创建了企业的国内市场；在国外，华为避免与欧美跨国公司争夺欧美市场，迂回侧翼地把非洲和亚洲的一些第三世界国家作为企业国际化的起点。

1996年，华为启动了拓展国际市场的漫长之旅，起点就是非洲、中东、亚太、独联体以及拉美等第三世界国家。在经过长达10年的发展中国家市场的磨砺和考验后，华为的产品、技术、团队、服务等已日趋成熟，完全具备了与世界上最发达国家竞争的强大实力，这才陆续登陆欧洲、日本、美国市场。华为“先易后难”的发展道路取得了阶段性的胜利。

4. 华为的国际市场营销策略

（1）市场细分。华为在进入国际市场时，根据地理状况和经济发展状况，将目标市场分为俄罗斯市场、拉美市场、非洲市场、欧美市场。

（2）选择目标市场和市场定位。根据对市场的细分，华为在综合考虑了企业的资源条件、产品市场的性质后，首先选择将俄罗斯和拉美作为目标市场，制定一套营销方案，集中力量争取在这些目标市场上占有较高份额。同时，华为的市场定位是“业界最佳设备供应商”。

（3）产品差异化策略。华为在市场细分的基础上，实施产品差异化策略，以满足世界不同地方的顾客的个性化需求。

试讨论：

（1）华为面临怎样的国际市场营销环境？

（2）为应对国际环境，华为采取了哪些国际化战略和市场营销策略？

三、拓展训练

1. 搜集资料，总结跨国公司是如何适应我国的政治、法律、经济、社会文化等环境开展市场营销活动的。

2. 某一制药公司主要生产保健药品，为开拓国外市场，该公司应做哪些方面的市场环境分析?

学习情境三　组织国际营销调研

国货出海三

一睹为快三

学习目标

【知识目标】

■ 了解国际营销调研的程序和内容；掌握国际营销调研方法。

【能力目标】

■ 能够根据企业和产品以及目标市场国的特点，选择合适的调研方法，进行有效调研。

【素养目标】

■ 国际市场营销人员应当具有强烈的规则意识和勤恳的敬业精神，能够搜集整合有效信息，分析处理相关数据，准确进行综合研判，有理有节处理业务。

导入案例

品牌之路，始于调研——海尔冰箱制胜美国市场

1999 年 4 月 30 日，美国南卡罗来纳州中的一个人口约为 8 000 人的小镇坎姆登，投资 3 000 万美元的海尔生产中心的奠基仪式在此举行。一年多以后，第一台带有“美国制造”标签的海尔冰箱从生产线上诞生，开启了海尔在美国制造冰箱的新篇章。海尔成为中国第一家在美国制造和销售产品的公司。

1. 下棋找高手

在海尔前首席执行官张瑞敏眼中，国际化就像一盘棋，而要提高棋艺，最好的办法就是找高手下棋，张瑞敏找的高手是欧美。海尔决定用自己的品牌进军欧美市场，其榜样是日本的索尼。20 世纪 60 年代，索尼在国际市场上默默无闻，每款新产品上市时，首先投放到欧美地区，打出影响后再到日本和其他国家销售，由此逐渐成为世界知名品牌。

2. 美国市场调研

（1）需求能力。1998 年、1999 年中国对美国的冰箱出口额分别为 4 718 万美元、6 081 万美元，其中海尔冰箱分别为 1 700 多万美元、3 100 多万美元。据统计，在美国建一个冰箱厂的盈亏平衡点是 28 万台，海尔的冰箱出口量已经远远超过这个数字。

（2）消费者的需求结构。在美国，200 升以上的大型冰箱被 GE、惠尔浦等企业所垄断；160 升以下的冰箱销量较少，GE 认为这是需求量不大的产品，没必要投入精力去开发市场，然而海尔通过调研发现，美国的家庭人口正在变少，小型冰箱将会越来越受欢迎，独身者和留学生就很喜欢小型冰箱。根据以上调查分析，海尔认为这些冰箱的需求潜力很大，决定在美国市场开发从 60 升到 160 升的各种类型的小型冰箱。

作为全球最大牛奶生产国之一，美国的牛奶产量很大程度上带动其家庭乳制品的消耗。然而，由于储存要求比较高，很多美国消费者抱怨普通冰箱很难有适合乳制品储存的空间。针对消费者的这一痛点，海尔积极寻求解决方案，通过在冰箱内部设计乳制品隔间，并为两升、两加仑以及其他不同容量的瓶类物品划分不同的储物区域，来满足消费者更多元、更个性的消费需求。

从海尔最初向美国出口冰箱到现在，海尔冰箱已成功在美国市场建立了自己的品牌。

在美国冰箱市场，海尔的份额从 2016 年的 19.2%提升至 2021 年的 26.3%。海尔冰箱已经成为美国市场上知名度高、广受消费者青睐的冰箱品牌之一。

海尔在美国成功的秘诀在于：

（1）在调研过程中有明确的目标消费群，充分了解该地区的人口结构和消费习惯，具有较强的针对性。

（2）有明确的市场定位，充分考虑竞争者的优劣势，不断自我提高，采用以优制胜的方式将产品成功地推向市场，在电器行业站稳脚跟。

（3）通过市场调研发现新的机会和新的需求并开发新的产品去满足这些需求，如小

型冰箱的开发。

（4）不断提高企业的经营能力，增强竞争能力，这是海尔克敌制胜的重要手段。

请思考：

海尔为何会短时间内在美国冰箱市场站稳脚跟？它是如何展开市场调研的？

任务一　弄清国际营销调研的内容

任务概述

营销调研作为管理者有效地利用和调动市场情报、信息的主要手段，是开展国际市场营销活动、打造企业品牌的基础，对产品的推广、品牌的建设起着关键作用，在很大程度上决定着企业的前途和未来。假设你是我国荣事达电器集团的营销人员，参照导入案例中海尔取得的成功经验，你应该开展哪些调研活动来帮助企业精准实施营销活动、扩大市场份额？

知识储备

国际营销调研是指企业运用科学的方法，有目的、系统地搜集、记录一切与国际市场营销活动相关的信息，对所搜集到的信息进行整理和分析，从而把握目标市场的变化规律，为国际市场上的营销决策提供可靠的依据。国际营销调研的内容主要包括国际营销宏观环境、中观环境和微观环境三大方面。影响国际营销调研的因素是多方面的，主要包括决策的性质、时间的限制、费用的限制、调研人员技能的限制、物质条件的影响等方面。

随着国际、国内市场竞争的不断加剧，加上营销调研手段、分析方法和预测工具越来越现代、准确和高效，市场营销调研在企业营销管理中的地位越来越高、作用越来越大，已经被众多的企业家看作营销活动决胜的法宝。

小贴士☞

曾经有一家日本公司主要经营“寄存食品”，即把各种食品集于一箱，“寄放”在顾客家里，顾客不必先付钱，却可随意取用，每一个月结算一次。一个月后，公司开始派员逐家检查存货，收回款项，补充食品。可结果大出公司的预料，送去的食品箱几乎原封不动。公司顿时陷入困境。几个月后，该公司囊空如洗，不得不黯然关门。

想一想：这家公司为何会惨遭失败？

国际营销调研是企业开拓国际市场的前提，是企业一系列国际营销决策的科学基础，国际市场信息的数量、准确性和及时性直接关系企业国际市场营销的成败。

一、国际营销调研概述

（一）国际营销调研的含义及作用

1. 国际营销调研的含义

国际营销调研是指企业运用科学的方法，有目的、系统地搜集、记录一切与国际市场营销活动相关的信息，对所搜集到的信息进行整理和分析，从而把握目标市场的变化规律，为国际市场上的营销决策提供可靠的依据。

在国际营销调研中，数据是至关重要的，绝不能仅靠主观判断。信息的搜集和积累是每个企业国际营销调研的一个必要的前提条件。国际营销调研工作应该是有计划、有组织的活动，是围绕着企业国际营销决策的需要而展开的，因此，所搜集的信息必须与特定的需要或目的相联系，即要求必须有可获得的完成市场营销调研所需要的信息，必须具有指导企业改善经营与管理的作用，即国际营销调研的任务在于通过运用科学方法来搜集、分析数据并评估信息，为国际营销决策提供更多的选择机会，减少决策的不确定性，进而减少做出错误决策的风险。

小贴士☞

某化妆品公司打算生产一种新型防晒液，其在强烈日晒情况下，可以减少晒伤。该公司用了2年时间解决了制造该产品的技术问题，并准备在今年4月投放市场。部分董事认为，虽然过去做过市场调查，但由于经过了2年研究与开发，市场条件可能发生了新的变化，因此有必要重新调查分析。市场营销经理们却认为新产品是一种优质产品，市场将热烈欢迎，如果延期投放，将错过今年夏季最好的推销时机，应立即向市场投放。

想一想：该公司在产品投放市场之前有必要重新进行调查吗？如果决定进一步调查市场，需要搜集哪些信息资料？

2. 国际营销调研的作用

（1）有助于企业发现国际营销机会。

小贴士☞

某藤器制品厂厂长无意中从一本国外杂志上看到一幅广告照片，画面是四方形的编制篮里铺着垫单和被子，一只狗在里面睡觉。在一般人来看，这只是“趣闻”而已，而该厂长却用“市场眼光”阅读信息，并做了深入调查。之后，他组织人员设计和编制了狗床、猫窝。一个外商看了该厂生产的狗床、猫窝，赞不绝口。最终，20多万美元的狗床、猫窝出口到美国。

想一想：国际市场营销人员可以通过哪些途径发现海外市场营销机会？

（2）为企业制定国际营销决策提供依据。

（3）能够及时反映国际市场变化，促使企业适时调整营销方案。

(4) 有助于企业分析和预测国际市场未来的发展趋势，从而掌握国际市场营销活动的规律。

小贴士

20世纪80年代，海湾地区的空调市场基本被欧美企业所占领，日本企业因进入较晚，市场占有率非常低。在经过详细的环境调查后，日本企业发现了一个非常有价值的突破口：海湾地区受天气的影响，风沙较大，而欧美的企业并没有对产品进行相应改造，故空调经常出现停转的现象。经过简单改造，日本企业推出了一种带有风沙过滤装置的空调器，并且在广告中极力宣传这一特点。很快，日本企业就占领了海湾地区空调市场。

想一想：日本企业在空调进入海湾市场之前做了哪些工作？其成功的秘诀是什么？

(二) 国际营销调研的内容

从广义上讲，国际营销调研的内容包括所有与国际市场营销有关的直接的或间接的信息，远至天文地理、社会人文，近至企业内部的各类管理材料；从狭义上讲，即为“商业情报”，或称“商情”“行情”，是指那些反映国际市场发展变化规律、直接影响企业国际营销决策的信息。归纳起来，国际营销调研的内容主要包括国际营销宏观环境、中观环境和微观环境三大方面。

1. 国际营销宏观环境

调查国际营销宏观环境的状况是为了从宏观上把握企业运营的外部影响因素及产品的销售条件等，对企业而言，国际营销宏观环境调研的内容基本属于不可控制的因素，主要包括世界各国的政治、经济、社会文化、法律等方面。

有关国际营销宏观环境的信息是企业制定国际营销决策的基础，即企业是否应该进入国际市场开展营销；应该进入哪个或哪些国家的市场；应该以何种方式进入国际市场；应该如何制定产品策略及其他营销策略等，这些都有赖于对国际营销宏观环境信息的搜集和分析。这些信息直接制约和影响企业的国际市场营销活动，有时甚至一条信息就能决定企业国际市场营销的成败。

小贴士

我国某企业由于没有获悉摩洛哥禁止进口带有英制单位货物的信息，在向该国出口的钢卷尺上不仅刻了国际单位制长度单位，也刻了英制单位，结果货物被该国海关全部扣留。后经多方交涉，才将货物退回，损失达十多万元。

想一想：从该案例中应吸取什么教训？

2. 国际营销中观环境

国际营销环境调研除了对宏观环境进行调研，还必须通过研究市场动态，对市场的内部因素进行了解和分析，估算本企业的产品在某个市场上到底有多大的销售潜力，这样才能帮助企业决策者选定较优的目标市场。国际市场中观环境的调研主要包括消费者调研、消费量调研和竞争调研三个方面。

（1）消费者调研。消费者调研是指在对市场环境（包括政治、法律、社会、文化、技术）、人口特征、生活方式、经济水平等基本特征进行研究的基础上，运用各种市场调研技术和方法，对消费群体通过认知、态度、动机、选择、决策、购买、使用等阶段实现自身愿望和需要的研究。

1）消费者人口构成，如人口总数、人口分布、人口密度、人口年龄结构、人口性别结构、人口的职业结构、人口的民族结构、人口的文化程度构成等，以及人口增长与结构变动的一些变动指标。

2）消费者购买力水平，如消费者人均可支配收入，以及不同收入阶层的状况与结构。

3）消费者的购买行为，如了解消费者购买什么、为什么购买、谁决定购买、如何购买、什么时候购买以及在什么地方购买等问题。

（2）消费量调研。对从事产品营销的企业来说，紧扣产品是调研工作的关键。调研人员调研时应注意着重了解以下情况：

1）该产品每年消费量是多少？

2）产品的消费者是谁？是所有人还是局限于某些人或某些工业用户？

3）产品在哪里消费？

4）各类消费者分别隔多长时间买一次该企业的产品？

5）使用该产品的目的是什么？例如：自行车是作为娱乐、健身的工具，还是作为交通代步的工具？

6）在同样的用途上，其他竞争产品有哪些？

（3）竞争调研。企业在做出国际营销决策之前，必须认真调研竞争对手可能的种种反应和各种动向，充分了解竞争对手的情况。只有通过对竞争对手的分析，才能弄清楚市场竞争的强度和竞争结构，评价产品是否有利于进入该市场，以及决定进入后采取何种策略应对竞争。对竞争情况需要开展以下一些方面的调研：

1）在国际市场上，企业的竞争地位如何？

2）主要竞争对手是谁？竞争对手的市场份额有多大？有什么变动趋势？

3）竞争对手在生产成本、运输、税额等方面是否有优势？

4）竞争对手使用哪些销售渠道？竞争对手给其渠道成员什么样的信贷条件、佣金和别的补偿？

5）谁是企业今后可能的竞争者？

6）较为成功的竞争对手成功的原因何在？

通过对市场消费情况的调研，调研人员可以分析和了解市场规模、市场类型及增长变动趋势，并可根据上述调研了解到的资料对市场进行细分，以便更精确地评估本企业产品的潜在消费量和销售量。

3. 国际营销微观环境

国际营销微观环境调研也称国际市场营销组合因素调研，是指那些为达到企业某一特定的国际市场营销目标所需的某些方面的信息，这种信息比国际营销环境信息的范围小，但要求更为具体、明确。

（1）国际市场产品信息调研。

1）国外目标市场上同类产品的效用、形态、大小、规格、色彩、包装、款式、使用的方便性、耐用性等的具体情况。

2）国外目标市场上产品生命周期所处的阶段、产品线及产品组合的情况。

3）有关产品生产技术变化发展，如新技术、新设计、新工艺、替代产品发展，关联产品发展，客户和消费者对产品的改进意见。

4）有关国家在产品的质量、检验、标准、包装、商标方面的法律法规，产品的售前、售后服务情况等。

小贴士

荷兰食品工业公司以生产色拉调料在世界食品工业企业中独树一帜。公司推出的绝大部分产品，都受到消费者欢迎，产品供不应求。这主要得益于其不同寻常的产品征求意见市场调查。以“色拉米斯”为例，在推出该产品之前，公司选择700名消费者作为调查对象，询问消费者是喜欢公司的原有产品“色拉色斯”，还是希望有新产品替代。随后公司综合消费者意见，研制出一款新的色拉调料，并向被调查者征求新产品名称，最终敲定为“色拉米斯”。公司在产品销售前进行了最后一次消费试验，调查消费者愿花多少钱来购买它，以确定产品的销售价格。“色拉米斯”投入市场后一举成功。

想一想：荷兰食品工业公司新产品开发前的市场调查有何特点？涉及产品市场测试的哪些方面？

（2）国际市场营销价格信息调研。

1）国外目标市场上产品的生产成本。

2）产品在各个销售环节的国际市场价格，如进口价、进口国的批发价、零售价等。

3）国外目标市场的供求变化情况及其影响产品供求的各种因素。

4）出口产品的市场需求弹性及替代品价格高低。

5）汇率的变化，以及不同国家或地区的价格差别水平。

6）各种不同价格策略对产品销售量的影响等。

（3）国际市场营销分销渠道调研。

1）各种产品进入国际市场的方式。

2）产品的国际销售方式，如包销、代理等。

3）进口国的销售渠道特点及习惯做法。

4）客户基本资料，包括名称、地址、电话及电传或传真机号码、成立与开业年份、业务范围、营业额及利润、公司组织形式、财务资产状况、信誉与信用等级情况等。

5）企业直接在国外市场的销售情况，如销售数量比重、销售费用、销售周期等。

6）中间商所联系的顾客的特点。

7）国外市场零售网点的分布。

8）国外市场运输、仓库、通信等基础设施情况等。

（4）国际市场促销调研。

1）国外目标市场常见并有效的促销方式。

2）企业在国外目标市场采用的各种促销方式的费用及其效果。

3）国外目标市场上有关中介服务机构，如广告公司、营销策划公司、咨询公司、顾问公司的基本情况等。

（三）国际营销调研的影响因素

影响国际营销调研的因素主要有以下几个：

1. 决策的性质

对任何一个企业来说，一个决策既可能是关键性的，也可能是一般性的。关键性的决策往往关系企业的存亡或企业的发展方向，而一般性的决策可能只涉及企业经营管理过程中的某一个环节。决策的性质不同，对调研的要求、调研工作的规模、调研的内容都会产生不同的影响。

2. 时间的限制

任何国际营销调研工作都被限制在一定时间内完成。虽然时间越充裕，可提供的信息就越充实，而且调研的准确度就越高，但是在很多情况下，由于现实决策的局限，不允许在调研上花很多时间，因此许多调研活动往往不能充分展开。

3. 费用的限制

在有些情况下，营销调研工作也受费用的限制。例如：一项调研需要对市场进行一次广泛的市场实验，但因为受费用的限制只能选取市场的一两个区划进行实验，或仅抽取少量样本，这样的调研报告显然没有经过广泛市场试验后得出的调研报告那样翔实、精确。

4. 调研人员技能的限制

优秀的营销人员应具备多种技能，包括统计能力、逻辑思维能力、归纳推理能力、对资料的分析整理能力等。有时候，调研工作会因调研人员技能的限制而影响了调研结果的准确性。

5. 物质条件的影响

调研工作还会受到一些客观物质条件的制约。这主要表现在两个方面：一是调研设备和工具的配置，二是市场的客观自然条件。例如：若在调研中采用先进的电子技术和设备，或目标市场国有良好的交通运输情况、较好的邮电通信设施等，调研活动就会顺利得多。

影响调研活动的因素还有许多，国际营销企业在开展调研工作时应充分重视这些因素，对调研工作做合理的预算和规划，并进行有效的管理和控制，使调研工作在有限的条件下取得最佳的效果。

二、国际营销调研的程序

（一）国际营销调研的基本步骤

1. 确定调研目的

国际营销调研的目的是通过各种方法搜集必要的资料，并加以分析和整理，得出一定的结论，为企业决策者提供决策依据。调研第一步即为确定调研目的。确定市场调研的目的并不是十分容易的，通常可根据调研的目的将调研分成三类：

（1）探索性调研。它是指搜集初步的数据来探索问题的性质、大小或为求得解决问题的思路所做的调查研究。

（2）描述性调研。它是指对市场及企业市场营销各种要素进行定量的描述。例如：电视机生产企业对明年国际市场的具体需求量大小进行调研，调研方法多采用定量的方法。

（3）因果性调研。它是指对市场营销众多因素的相互因果关系进行调查研究。例如：销售量与促销费用、价格有因果关系。在确定了这样的关系后，企业就可在具体销售指标要求下，正确预算促销费用。

2. 确定搜集资料的来源和方法

企业可以利用和主动寻找许多资料来源。资料可分为：第一手资料，即企业为调查某问题而搜集的原始资料；第二手资料，即已存在且为调查某问题而搜集的资料。第二手资料包括：（1）内部资料，如公司的资产负债表、利润表、销售报告、存货记录等；（2）政府文件，如统计年鉴、行业资料统计等；（3）期刊资料，如专业杂志的调查资料；（4）专业信息公司资料，如美国的尼尔森公司、国内的零点市场调查公司等都有各种专项资料出售。

3. 搜集资料

由于科学技术，尤其是电子技术突飞猛进的发展，许多传统的信息搜集方法已为先进、迅速、准确、及时的电子方法所代替。例如：借助光学扫描仪，对出售商品上条形码的阅读和识别，商品的库存等重要信息就可通过专用或原有电讯网络传送到全国统一的信息中心并对配送中心等输出送货指令，从而提高工作效率和企业的经济效益。

4. 分析资料

企业运用市场营销分析系统中的统计方法和模型方法对搜集的信息加以编辑、计算、加工、整理，去伪存真，删繁就简，最后用文字、图表、公式将资料中潜在的各种关系、变化趋势表达出来。

5. 提出调查结论，撰写调研报告

针对市场调研的问题，调研人员运用分析资料，提出客观的调查结论，通常用调研报告的形式将市场调研结果呈送决策者。对于商业性市场调研公司来说，调研报告也是其递交客户的有关工作的主要结果。

（二）进行有效调研的方法

企业在进行品牌推广时该如何有效地进行调研、如何精细化调研工作呢？

1. 细心规划，做调研活动的战略家

科学、系统、严谨是企业进行调研工作的三大关键词。为了保证整个调研活动的科学、系统、严谨、高效，达到调研目标，在活动正式开展前，企业应当首先做好调研活动流程设计，对整幅调研画卷进行整体勾勒。在整个流程设计中要制定严格的时间表和费用控制表，同时将每个细化工作环节落实到人，既要注重整体，又要责任明确，以确保调研工作准时、有效完成。

2. 注重流程，浓墨重彩绘调研

一般而言，调研工作分为定性调研与定量调研两大部分，其中定量调研中的问卷调研是企业搜集数据、帮助决策的最直接方式。问卷调研的步骤如下：

（1）问卷设计。问卷调研是市场调研中最有效，也是经常被使用的一种定量调研方法，一直被业内人士看作制胜的法宝。在问卷调研中，问卷设计是非常重要的一个环节，甚至决定着市场调研的成功与否。一份好的问卷需经过相当审慎而周密的计划，因为不当的问卷设计足以毁坏整个调研工作，浪费企业大量的时间、人力和经费。为此，要先确定调研的目标和内容，然后对问卷问题进行缜密设计，同时要考虑到后期问卷的录入、编码、统计分析的方便性。在具体执行中，还要将问卷设计归纳为若干个主要步骤，并制定相关的流程图，这样可以在很大程度上提高问卷水平。

（2）预调研及反馈。在大量发放问卷之前，市场预调研是一项必不可少的工作。预调研往往是在正式调研之前通过对一些典型的被访者的访问来审核一下问卷是否有错误。在问卷初稿的小范围发放过程中，企业能够检查出其中的缺陷，这些问题如不解决，会直接影响调研的质量。如果通过预调研进行问卷的修订，就能避免大规模投放缺陷问卷带来的人员、时间和资金的浪费。

在预调研中，参加的对象是否典型是十分重要的。预调研时，通常会选择5～10个被访者，而调研人员可以从中发现一些具有普遍性的问题。例如：如果只有一个被访者对一个问题提出疑问，调研人员可以不对其进行关注，但如果有三个被访者对同一问题提出疑问，调研人员就应该重新考虑此问题。在重新考虑时，调研人员应站在被访者的角度上考虑“这个问题的意思表达得是否清楚”“这样的结构是否可以理解”“是否带有倾向性的、引导性的词语”等。在问卷信息完整性的基础上，问卷的页数尽量减少，尽可能避免开放性问题。

（3）正式调研及日程安排。在对调研人员进行选拔与培训后，企业要依据各调研场所的不同情况，对问卷的数量做出具体分配，这有利于保证样本的完整性和代表性。在调研期间，企业要充分考虑调研人员上下班的路程和时间状况，将调研人员安排到相应的地方开展工作，更好地唤起他们的工作热情。同时，企业应派出专人到各大调研地点跟踪检查调研人员的工作情况，以保证数据的真实性和调研效果。

3. 客观总结，精描细勾做报告

市场调研报告是对阶段性调研工作的总结，这既是专题性营销调研的终点，也是营销规划工作的起点。市场调研报告要以规范的格式对调研过程中所搜集的资料进行统计分析并给出结论和建议，以作为各级管理者进行决策时的参考。在撰写市场调研报告时，应注意报告的简洁和客观，避免给阅读者造成任何形式的误解。

任务二 掌握国际营销调研方法

任务概述

营销决策所需要的信息主要蕴含于消费者的行为、情感和思想中，由于每个信息的特性都不相同，因此只有选择适当的方式搜集信息，才能减少误差、避免信息失真。假设你是我国荣事达电器集团的营销人员，参照导入案例中海尔取得的成功经验，你应该选择哪些调研方法开展调研活动？

知识储备

开展国际营销调研要注意调研的方法，国际营销调研的方法包括案头调研和实地调研。案头调研是调研工作的开始，是实地调研的基础。案头调研的资料来源很多，其中互联网的应用越来越广。实地调研是案头调研工作的进一步深入，具体的方法有访问调研法、实地观察法和实验法等。

一、案头调研

案头调研法也称文案调研法，是一种从各种文书档案中检索出有用的信息资料，再加以分析判断的调研方法。

（一）企业内部资料

来自需要进行调研的企业内部的资料称为企业内部资料，其最重要的优点是容易获得，而且成本最低。在一个由许多部门组成的大公司里，某一个部门所进行的调研往往对另一个部门也有一定价值，为了避免重复劳动，调研人员在寻找外部信息来源前，应当首先注意挖掘本企业内部的所有信息。企业内部资料主要包括：企业的案卷，如客户档案用户的名单及有关情况的记录、销售记录、客户函电等；企业积累的文字资料，如文件汇编、内部通报、剪报或笔记、企业自订报刊、年度报告、服务记录等；会计账目及销售人员报告等。

（二）大众传播媒介与图书馆

大众传播媒介包括报纸、杂志、书籍、广播、电影、电视等，企业可从中得到广告、市场动态等信息。报纸、杂志、书籍最集中的场所是图书馆，图书馆除一般书报外，还有各种经济类的工具书、各类统计资料、厂商及各种机构名录等。

小贴士

全球有许多优秀的报纸和杂志列举如下：

《经济学人》（*The Economist*）：英国的知名周刊，以其深入的全球经济、政治和商业分析闻名。

《金融时报》（*Financial Times*）：英国的金融报纸，提供全球金融市场的权威报道和分析。

《纽约时报》（*The New York Times*）：美国的高级报纸，以其深入的新闻报道和分析著称。

《泰晤士报》（*The Times*）：英国的日报，拥有悠久的历史和卓越的新闻报道。

《世界报》（*Le Monde*）：法国的日报，以其国际新闻报道和深度分析受到赞誉。

《时代周刊》（*Time*）：美国的新闻杂志，提供全球范围内的新闻、观点和评论。

《新闻周刊》（*Newsweek*）：美国的知名新闻杂志，关注国际政治、经济和社会问题。

《大西洋月刊》（*The Atlantic*）：美国的综合性杂志，涵盖政治、文化、科技等多个领域。

《国家地理》（*National Geographic*）：以其精美的摄影和深入的地理、文化报道而知名。

《连线》（*Wired*）：美国的科技杂志，关注新兴技术、商业和创新。

想一想：我们从这些报纸和杂志中可以获取哪些商业信息？

（三）我国政府有关机构

我国国务院各部委、各地方政府机构等都可以成为企业搜集有关资料和有关信息的来源。例如：专业信息机构有国家信息中心、对外贸易经济合作部的信息服务协调小组及其计算机中心和经贸系统计算机网络、深圳和上海信息中心及各地的信息中心；专业出版物有《中国贸易外经统计年鉴》《海关统计》《专利文献通报》，以及各种内部出版物等。

（四）各国使团和贸易机构

各国驻外大使馆、领事馆等一般都有商务和技术机构，能够提供包括贸易统计、进出口法规、厂商名录及合作项目等方面的大量资料。各国企业驻外贸易机构以搜集和提供信息为己任，可以提供有关企业或行业的最新资料。

（五）国际组织及其出版物

各国际组织的出版物及其提供的资料往往是全球性的，有些组织的资料是免费的，索要者只要写一封信，或者打一个电话说明身份、需要何种材料就可以得到。例如：设在日内瓦的联合国贸发会议贸易措施资料库（Trade Control Measures Information System Division for Data Management）就是这种机构。

小贴士

世界著名的国际性组织及其所提供的信息大致如下：

（1）国际货币基金组织：《世界经济展望》以及有关专题报告等。

（2）世界银行：《世界发展报告》以及有关报告。

（3）联合国统计委员会：《国际贸易统计年报》《统计年报》《世界贸易年鉴》等。

(4) 世界贸易组织：可提供有关关税及贸易政策方面的信息资料。

(5) 经济合作与发展组织：可提供该组织成员，包括西欧各国以及美国、日本、澳大利亚等国的有关统计资料。

(6) 联合国其他机构（如教科文组织、粮食及农业组织、工业发展组织、贸易和发展会议、经济委员会等）出版的统计丛书、会议文件及专业论文等。

想一想：我们可以从以上国际性组织获取那些商业信息？

（六）外国政府机构

不少外国政府机构一方面有其出版物，如美国商务部出版有《全球市场调查》《海外商业报告》《国别市场调查》《现代商业概览》《国际营销手册》等；另一方面设有专门的信息机构和信息服务资料库，如美国商务部向美国和其他国家的工商企业提供“贸易机会程序”“新产品信息服务”“外国厂商索引”“全球信息和贸易系统”“电脑约会”等各项信息及信息服务。此外，日本通商产业省、德国经济部所属的外贸信息事务所、法国经济部所属的联络与公共关系处以及泰国的出口促进厅等也向其国内外工商企业提供信息服务。

（七）专业信息机构及其出版物

国外专业信息机构的数量很多，有的专门从事信息情报出版物的出版工作，有的专门提供资料查询工作，有的以合同委托方式从事研究和咨询工作，有的既从事信息服务工作，又从事贸易工作。

国际上著名的专业咨询机构有：美国的兰德公司、斯坦福国际咨询研究所、尼尔森市场调查公司，日本的野村综合研究所、三菱综合研究所等。

（八）国际联机检索系统

国际联机检索系统是由计算机检索终端、大型计算机系统、数据库和卫星通信网络构成的目前世界上最先进的信息检索系统之一，它可以跨越多个国家、地区向全世界传播各种数据和信息。与手工检索工具书相比，它具有检索速度快、检索内容新、时效性强（可检索当天甚至15分钟前发生的商业贸易新闻与市场行情）等特点。

我国企业可通过在有关城市的国际联机终端检索到国外厂商名录、资信情况、技术专利、标准、技术设备的经济效益与发展前景等最新新闻，以及国际市场行情、价格信息及商标、许多企业所需要的其他信息等。

此外，我国对外贸易部计算机中心与世界上最大的商业资料信息机构——美国邓白氏商业资料有限公司实现了计算机联机检索。该中心使用计算机直接从邓白氏商业资料（香港）有限公司查询世界各国约1 800万家企业的资信情况。

（九）银行、商会与同业公会、消费者组织等

企业的资金往来都要通过银行，而大银行（如中国银行）在世界各地都有其分支机构。银行为了取得贷款的收益、降低贷款风险，需要对接受贷款企业及贷款的用途等进行调查分析。除此之外，银行还要从事众多其他业务，所以银行也必须搜集各种宏观和微观

方面的信息，这些信息也能够为企业提供丰富的商业资料和各种类型的信息服务。

此外，商会与同业公会、消费者组织等也经常发布和保存详细的有关行业、成员企业的规模、销售状况、经营特点、市场份额、发展趋势等的信息，这对企业制定和调整有关的国际市场营销战略具有重要的意义。

（十）互联网调研

随着电子信息和计算机网络技术的发展，互联网正在成为重要的信息来源。互联网上承载着有关政治、经济、文化以及各个行业的大量信息。通过互联网能够轻易获得大量的第二手资料及最新的资料，从而使国际营销研究比以前容易得多、高效得多。因此，和其他获取外部资料的信息来源相比，互联网具有无可比拟的优势，具体体现在以下几个方面：

（1）网络调研信息搜集的广泛性。

（2）网络调研信息的及时性和共享性。

（3）网络调研的便捷性和经济性。

（4）调研结果有较强的准确性。

小贴士☞

安克创新科技股份有限公司（简称安克创新）成立于2011年，致力于在全球市场塑造中国消费电子品牌，通过不断创新，将富有科技魅力的产品带向全球消费者，弘扬中国智造之美。安克创新曾成功打造智能充电品牌Anker，相继推出eufy、Soundcore、Nebula等智能硬件品牌，并在智能充电、智能家居、智能安防、智能语音等领域有出色表现。Anker位列2022年“Brand Z”中国出海品牌50强第12名，eufy入选中国全球化品牌成长明星。

安克创新重视客服部门收集的问题和需求，用于改进产品和提升客户体验，慢慢积累形成了完善的由客户反馈推进产品改进，再收集新反馈的闭环流程。如今，安克创新的VOC（客户声音）流程包括：用户反馈、反馈收集、反馈处理、需求管理、进度跟踪、产品更新、通知用户、反馈更新等。在这个流程中，如何进行数据源收集、数据标准化，做数据洞察、数据聚合，进而推动商业落地，是至关重要的。

想一想：安克创新有哪些畅销产品？为何如此重视用户反馈？

二、实地调研

实地调研是一种市场调研信息资料直接来源于国际市场，是取得第一手资料的调研方式。

小贴士☞

在澳大利亚昆士兰州，许多远道而来的顾客，特别是怕忘事的家庭主妇，到商店购物前总喜欢把准备购买的商品名字写在纸条上，买完东西后则随手丢弃。一家大百货公司的采购经理注意到这一现象后，经常收集这类纸条，还发动其他管理人员也行动起来，并根据这些纸条上的信息编制了一套扩大经营的独家经验。结果许多顾客以前要跑很远的路才能购买到的商品，现在到附近分店也同样能买到。

想一想： 该事例中“收集纸条”的行为对你有何启示？

（一）实地调研的主要方法

实地调研的主要方法有访问调研法、实地观察法和实验法。

1. 访问调研法

访问调研法是一种调研人员用提问的方式向消费者、中间商或企业外销业务员等提出询问，从调研对象的回答中获得所需资料的调研方法。

（1）面谈访问调研。消费者和调研人员面对面进行交谈，既可采用单独访问的形式，也可采用座谈会的形式。这是获得信息最可靠的方法之一。在有深度要求和准确度要求的调研活动中，面谈访问是必不可少的重要的方法。但是，它有费用昂贵、效率低下、易出现误导等方面的不足。

（2）电话访问调研。此法比面谈访问调研简单易行，也更迅速及时，费用相对较低，而答复率比邮寄访问调研高得多。但其主要缺点是调研范围受限制，交谈简单，不适宜比较复杂的内容等。

（3）邮寄访问调研。这种方法是指将调研表寄给调研对象，由调研对象填写后寄回。它的优点是覆盖面积大、调研地区广、不受时间限制、成本低、便于统计汇总等。调研对象有充足的时间回答问题或问卷，也不易受调研人员的诱导。但是，其最大的问题是调研表的回收率低，此外，时间周期长，回答的问题不全面、不准确等。

（4）日记访问调研。这种方法是指由调研对象定期记录有关购买、消费或收看广告等方面的情况，再由调研人员搜集这些记录。

（5）计算机访问调研。这种方法是指调研对象坐在终端旁，阅读显示屏幕上的问题后，再输入其回答。国际上有许多调研机构、咨询公司等都已经开始大量采用计算机访问调研法，这是一种很有前景的国际市场调研方法，但是它需要计算机达到较高的普及率和调研对象具有较高的素质。

2. 实地观察法

实地观察法是指派出调研人员到实地，通过观察调研对象的行为搜集原始数据的调研方法。

（1）调研人员直接观察。例如：去实地直接观察消费者所购买商品的花色、品种、牌号、包装等，调查哪些商品畅销，并分析畅销商品的主要特征；直接观察人们的穿着以研究服装流行趋势等。

小贴士

某美国家庭住进了一位日本客人。奇怪的是，这位日本客人每天都在记录美国人居家生活的各种细节，包括吃什么食物、看什么电视节目等。一个月后，日本客人走了。

不久，丰田公司推出了针对美国家庭需求而设计的物美价廉的旅行车。如美国男士喜欢喝玻璃瓶装饮料而非纸盒装的饮料，日本设计师就专门在车内设计了能冷藏并能防止玻璃瓶破碎的柜子。直到此时，丰田公司才在报纸上刊登了他们对美国家庭的研究报告，同时向收留日本客人的家庭表示感谢。

想一想：运用直接观察法时需要注意哪些问题？

（2）采用仪器设备记录消费者的行为动态。例如：在电视机上安装特定的装置，进行消费者电视收视率的调查。

小贴士☞

尼尔森公司抽样挑出 2 000 户有代表性的家庭为调研对象，为每户安装一个收视计数器。当调研对象打开电视时，计数器自动提醒收视者输入收视时间、收视人数、收看频道和节目等数据。所输入的数据通过电话线传到尼尔森公司的计算机中心，再由调研人员对计算机记录的数据进行整理和分析工作。

想一想：用来记录消费者行为动态的仪器设备有哪些？

（3）市场销售稽查。例如：尼尔森公司以 60 天为一个周期，对选定的商店进行稽查，以深入了解销售情况，并定期提供尼尔森零售指数。一些商情调研机构还通过对分销商、零售商的稽查，提供有关市场范围、份额、类型、季节性购销变化以及推销活动等方面的资料。

小贴士☞

某玩具生产商计划对学龄前儿童偏好哪些玩具进行调研，有两种方法可以采用：一种是对儿童家长的调研，另一种是通过观察得出结论。

想一想：假设你是调研人员，你会采取哪种方法？为什么？

3. 实验法

实验法即实验调查法，它起源于自然科学的实验求证法。国际营销调研应用自然科学中的实验原理，对国际备选市场进行现场实验，待求证后再做出生产经营决策。实验法还大量地用于对新产品的市场投放，即通过试销商品的方法，搜集有关资料，提出改进意见或建议。

小贴士☞

美国某公司准备进行咖啡杯颜色的设计，所采用的方法是，请 30 人各喝 4 杯相同浓度的咖啡，但是咖啡杯的颜色则分别为咖啡色、青色、黄色和红色四种。试饮结果如下：使用咖啡色杯子的人认为“太浓了”的占 2/3，使用青色杯子的人都异口同声地说“太淡了”，使用黄色杯子的人都说“不浓，正好”，而使用红色杯子的 10 人中竟有 9 人说“太浓了”。

想一想：本案例中应用了何种调研方法？这种方法有何优缺点？根据调研结果，该公司应如何做决策？

此外，实验法还可以用于一般营销调研信息的取得，如把所需要比较的商品置于同一商店内销售，了解消费者喜欢哪一种商品；或在其他因素不变的情况下，比较某种包装或广告使用前后销售量的变化，了解该包装或广告的影响效果。试销、展销也属于实验法。实验法是一种比较科学的调研方法，所获得的资料可靠性较强，所用时间较长，成本较高，对实验人员要求也较高。

小贴士

美国的爱可公司为了检验店内广播广告在诱导顾客非计划的POP购买方面的作用，进行了一项实验。按照商店的规模、地理位置、交通流量以及年份等几个指标，选择了20个比较相似的商店，随机选择一半商店作为实验组，另一半为控制组。在实验商店中播放广播广告，而在控制商店中则不播放。在实验进行之前，爱可公司收集了这些商店7天销售量的数据，然后进行了4周的实验。在实验结束之后，爱可公司同样收集了这些商店7天销售量的数据。结果表明，在实验商店中做了店内广播广告的商品销售量成倍增长。

想一想：根据这一结果，爱可公司应该做出什么决策？采用此种方法调研需要注意什么问题？

（二）实地调研时会遇到的问题

在采用这些方法时，往往需要用抽样调研和问卷调研等技术。在应用这些方法和技术时，由于各国在经济、文化、社会政治等方面存在着差异，因此往往会出现一些问题。

（1）代表性问题。以抽样调研为例，一项抽样调研要取得成功，样本必须具有代表性。但是在抽样调研的样本往往具有很大的偏倚性，这是因为缺乏对总体特征的适当了解，所以很难从中抽出有代表性样本的可靠名单。在这种情况下，许多调研人员只能依靠在市场和其他公共场所抽取合适样本，以取代概率抽样技术。由于公共场所接受询问者之间存在差异，因此调研结果并不可靠。

（2）语言问题。在使用问卷进行调研时，最重要的问题就是语言的翻译。由于翻译不当引起误解，导致调研失败的案例是很多的。例如：在刚果民主共和国，虽然官方语言是法语，但只有少数人能讲流利的法语。在这种情况下，问卷调研是极其困难的，因为一种语言中的成语、谚语和一些特殊的表达方式很难译成另一种语言。识字率则是另外一个问题。在一些不发达国家和地区，识字率很低，用文字写成的调研问卷毫无用处。

（3）通信问题。问卷调研中的另一个问题是，问卷的邮寄在许多欠发达国家和地区十分困难。有些国家的邮电系统的效率极低，在这样的国家和地区，邮寄问卷的调研方法根本就行不通。在一些国家，电话数量很少，除非只调查富裕阶层，否则电话调研法就没有价值。即使调研对象有电话，也并非都能应用电话调研法。在这些国家中，即使是进行工业调研，采用电话调研也是不可取的。

（4）文化差异问题。个别访问是取得可靠数据的重要方法之一。但在一些国家，由于存在文化差异，采用这一方法很困难，被访者或者拒绝访问和回答问题，或者故意提供不真实的信息。

（三）解决实地调研问题的方法

（1）要重视借鉴其他国家在国际营销调研上的经验与教训。

（2）要注重交叉文化的研究，克服因文化差异带来的调研困难。

（3）要尽可能借助于精通两国语言和两国文化、系统地接受过营销学和营销调研方面训练的当地人，帮助企业开展好在当地的营销调研工作，减少因文化差异带来的实地调研误差或困扰。

（4）采用“返译法”解决调研问卷的词义问题。把资料从一种语言译成另外一种语言，然后请当地人把它翻译回原来的语言，以检查是否有错译或曲解的地方。

（5）加强对调研人员的培训。培训调研人员，使其熟练掌握各种调研技巧。这样，当在某国不能使用某一种或某几种调研方法时，还可以使用其他调研方法。

思考练习

一、简述题

1. 国际营销调研的内容是什么？有哪些影响因素？

2. 企业应如何进行有效的市场调研？

3. 国际营销调研的方法有哪些？各有什么特点？

4. 企业在进行实际调研时会遇到哪些问题？该如何解决？

小试牛刀三

趣味阅读三

二、案例讨论

可口可乐：跌入调研陷阱

20世纪70年代中期以前，可口可乐一直是美国饮料市场的霸主，市场占有率一度达到80%。然而，20世纪70年代中后期，百事可乐迅速崛起，1975年，可口可乐的市场份额仅比百事可乐多7%；9年后，这个差距更是缩小到3%。

百事可乐的营销策略包括：一是针对饮料市场的最大消费群体——年轻人，以“百事新一代”为主题推出一系列青春、时尚、激情的广告，让百事可乐成为“年轻人的可乐”；二是进行口味对比，请毫不知情的消费者分别品尝没有贴任何标志的可口可乐与百事可乐，并将这一对比实况进行现场直播，结果有80%的消费者回答百事可乐的口感优于可口可乐，此举马上使百事可乐的销售量激增。

对手的步步紧逼让可口可乐感到了极大的威胁，它试图尽快摆脱这种尴尬的境地。1982年，为找出可口可乐衰退的真正原因，可口可乐决定在美国10个主要城市进行一次深入的消费者调研。

可口可乐设计了“你认为可口可乐的口味如何？”“你想试一试新饮料吗？”“可口可乐的口味变得更柔和一些，您是否满意？”等问题，希望了解消费者对可口可乐口味的评价，并征询其对新口味可口可乐的意见。调研结果显示，大多数消费者愿意尝试新口味可口可乐。可口可乐的决策层以此为依据，决定结束可口可乐传统配方的历史使命，同时开发新口味可口可乐。没过多久，比老可口可乐口感更柔和、口味更甜的新可口可乐样品便出现在世人面前。为确保万无一失，在新可口可乐正式推向市场之前，可口可乐公司又花费数百万美元进行了口味测试，邀请了近20万人品尝无标签的新/老可口可乐。结果让决策者们更加放心，60%的消费者回答说新可口可乐味道比老可口可乐要好，认为新可口可乐味道胜过百事可乐的也超过半数。至此，推出新可口可乐似乎是顺理成章的事了。

可口可乐公司不惜血本协助瓶装商改造了生产线，为配合新可口可乐上市，公司还进行了大量的广告宣传。1985年4月，可口可乐公司在纽约举办了一次盛大的新闻发布会，邀请了200多家新闻媒体参加，依靠传媒的巨大影响力，新可口可乐一举成名。

看起来一切顺利。刚上市一段时间，有一半以上的美国人品尝了新可口可乐。但让可口可乐的决策者们始料未及的是，越来越多的老可口可乐的忠实消费者开始抵制新可口可乐。对于这些消费者来说，放弃传统配方就等于背叛美国精神，有的消费者甚至扬言将再也不买可口可乐。

每天，可口可乐公司都会收到来自愤怒的消费者的成袋信件和上千个批评电话。尽管可口可乐竭尽全力平息消费者的不满，但他们的愤怒情绪犹如火山爆发般难以控制。迫于巨大的压力，决策者们不得不做出让步，在保留新可口可乐生产线的同时，再次启用近100年历史的传统配方，生产让美国人视为骄傲的“老可口可乐”。

仅仅3个月的时间，可口可乐的“新可乐计划”就以失败告终。尽管公司前期花费了2年时间、数百万美元进行市场调研，但可口可乐忽略了最重要的一点——对于可口可乐的消费者而言，口味并不是其最主要的购买动机。市场调研有利于企业科学决策，做好企业营销活动策划，所以在推出新产品之前，必须对市场进行详细调研。可口可乐公司推广新可口可乐，没有分析消费者最主要的购买动机，而是一味重视它的口味，从而失去了消费者的强大支持，以失败告终。

试讨论：

(1) 在本案例中，可口可乐的市场营销为什么会遭遇失败？

(2) 可口可乐公司推出新口味可乐时忽视了营销调研的哪个环节？

(3) 如果你是新可口可乐的营销人员，你将如何避免这样的失误？

三、拓展训练

1. 分组活动，选择一家企业，帮助其进行市场调研活动。

2. 根据企业和产品的特点，结合市场调研情况进行分析，帮助企业策划一个合适的市场营销方案。

学习情境四　进行国际市场定位

国货出海四

一睹为快四

学习目标

【知识目标】

■ 了解集团市场和消费者购买行为的种类和影响购买决策/行为的因素；弄清国际市场细分的原则和方法，以及国际市场定位的步骤等要素对国际市场营销的影响。

【能力目标】

■ 能够对国际市场上的购买行为特征进行分析和研究，并运用目标市场选择策略和市场定位策略制定企业的经营战略。

【素养目标】

■ 国际市场营销人员应当充分认识中国从品牌大国转向品牌强国、从制造大国走向制造强国、从经济大国步入经济强国的重大意义，树立中国品牌意识，助力中国优质产品在海外市场的推广。

导入案例

路易威登（LV）在中国的销售策略

21世纪以来，欧洲国家对奢侈品的消费开始消退。中国、俄罗斯、印度、巴西等新市场的奢侈品消费快速增长，成为世界奢侈品行业的主要增长区域。尤其是中国，早在20世纪30年代，上海就已经开始了奢侈品零售。经过近半个世纪的停顿，改革开放后，奢侈品消费再次回到中国。中国经济的腾飞吸引了大批国外奢侈品牌踊跃进入中国市场，进一步加速了中国奢侈品市场的发展壮大，奢侈品与大众的距离越来越近，各种零售业态的出现也让奢侈品行业更显繁荣。中国奢侈品市场正以惊人的速度发展，新富人群成为拉动奢侈品高端消费的重要力量，奢侈品消费呈现年轻化趋势。从名车、豪宅、珠宝到私人飞机，奢侈品的高端细分市场成长十分迅速。

自2015年开始，中国市场的奢侈品消费购买力呈现指数式增长，加上品牌和消费者之间的互动因为数字科技的不断进步变得越来越直接，营销传播模式正式进入了2.0时代。在这一时期，消费者选择开始多元化，品牌唯我独尊、高高在上的态度开始改变，品牌与消费者链接开启多种通路，纷纷陆续拥抱本土社交媒体和电商平台，大量启用中国明星和KOL（Key Opinion Leader，关键意见领袖）作为代言人和宣传窗口，进一步向消费者传递品牌理念，影响他们的喜好和行为。3.0时代是一个品牌与消费者对话共创的时代，其在中国文化自信和创造力觉醒的大环境中应运而生。

自进入中国以来，路易威登（LV）在市场中所做出的营销宣传一直以来对整个奢侈品行业来说都是“教科书级别”的示范。LV作为奢侈品的领头品牌，将其在中国的目标市场锁定于富人、新兴时尚阶层和年龄在25岁左右的中国奢侈品消费群体上。LV为奢侈品消费群体中的富人和新兴的时尚阶层提供与全球同步的最新单品，并推出限量版产品，以满足这一消费层次的需求。LV深入分析目标市场，通过一系列强有力的宣传和推广使消费者熟悉LV的品牌历史，在消费者心目中树立LV的“贵族形象”。

路易威登之家可以视作LV中国战略布局的重要一步，高级定制业务也是LV在中国市场推行的营销策略。近年，LV也面临利润下滑、山寨品很多、打假很难、海外消费多于国内等问题。针对这些问题，LV将中国战略调整为：针对富人开启高级定制服务；提高欧洲市场价格，降低国内外市场价格差；渠道下沉进入二三线城市。除战略调整外，LV加强把握市场行情，锁定“财富新贵”，这类顾客成员以掌握社会大部分财富的商界精英人士为主。LV凭借文化内涵提升品牌价值，一方面，注重深入挖掘产品背后所蕴含的真实的历史文化，并将这些文化很好地渗透到品牌中去；另一方面，通过探究产品的历史，挖掘品牌独特的文化内涵，进而提高LV的品牌价值。

资料来源：方荭．路易威登（LV）在日本和中国的销售策略［EB/OL］．百度文库．

请思考：

针对LV在日本和中国的销售策略，你从中有何启发和收获？

任务一 分析国际市场购买行为

任务概述

要开展国际市场营销活动，首先必须了解和研究消费者的需求及其购买行为的特点和规律，这是企业产品能适销对路、满足市场需求的前提。消费者需求和购买行为的改变，不仅会影响企业的营销决策，而且会影响整个行业市场的发展，因此国际市场营销人员必须重视对国际市场消费者购买行为的分析和研究。假设你是我国雅戈尔集团的营销人员，现在准备进军国际市场，参照导入案例中 LV 的国际化经验，你应做出哪些营销决策来适应目标国消费者市场的特点？

知识储备

购买行为是指人们为了满足个人、家庭的生活需要或者企业为了满足生产的需要购买商品或服务时所表现出来的各种行为以及购买产品时的决策过程。在国际市场上，企业的营销对象不仅有消费者、生产者，还有中间商、政府机构等。因此，国际市场的购买行为可以分为集团市场购买行为和消费者市场购买行为。

小贴士

市场营销学家把消费者的购买动机和购买行为概括为 6W 和 6O，从而形成消费者购买行为分析的基本框架。

(1) 市场需要什么（What）——有关产品（Objects）是什么。

(2) 为何购买（Why）——购买目的（Objectives）是什么。

(3) 购买者是谁（Who）——购买组织（Organizations）是什么。

(4) 如何购买（How）——购买组织的作业行为（Operations）是什么。

(5) 何时购买（When）——购买时机（Occasions）是什么。

(6) 何处购买（Where）——购买场合（Outlets）是什么。

想一想： 分析消费者购买行为应从哪几个方面去研究？

一、分析集团市场购买行为

集团市场是指一切为了自身生产、转售或转租或者用于组织或集团消费而采购的一切组织或集团构成的市场，主要包括生产企业、中间商、非营利组织和政府。

（一）集团市场的种类和特点

1. 集团市场的种类

集团市场主要是指购买商品或服务，以用于生产性消费或其他非生活性消费的企业或社会集团。根据购买主体及购买目的的不同，集团市场被进一步分为以下几类：

（1）生产企业。生产企业是指购买商品或服务以用于生产性消费（即加工制造成其他产品）的生产企业。这是集团市场的主要构成部分。由这部分集团购买者构成的市场通常亦称为“产业市场”。

（2）中间商。中间商亦称转卖者，是指所有以营利为目的而从事转卖或租赁业务的个体和组织，包括批发商和零售商两大部分。在较发达的市场经济条件下，大多数的企业商品都是通过中间商到达消费者手中的，只有少数商品由生产者直接销售给消费者，因此，中间商在集团市场中也占有较大的比重。

（3）非营利组织。非营利组织也称非营利机构，是指学校、慈善机构、疗养院和其他为社会公众提供服务的组织和社会团体。由于这些机构通常不以营利为主要目的，因此这些机构的购买活动与一般的市场行为具有不同的特点。

（4）政府。在大多数国家，政府也是商品或服务的主要购买者。政府采购的主要目的除了执行政府职能的日常事务需要，在很大程度上还在执行调节宏观经济的职能。因此，政府采购在购买决策、购买方式等方面与一般的民间采购也有不同，如政府的采购决策要受到公众的监督、政府采购通常以竞价投标为主、政府采购通常以国内供应商为主等。

2. 集团市场的特点

从集团市场的分类可以看到，集团市场中有些以营利为目的，有些不以营利为目的，或不以营利为主要目的。采购目的不一样，其采购行为也必然具有不同的市场特征，但尽管如此，在各自的市场特征背后，还是有很多的共性特征。由于生产企业在集团市场中占主要部分，下面我们主要以生产企业的购买行为为分析对象，并兼顾其他的集团购买者展开分析。

（1）购买者数量少，但购买规模大。从市场结构和需求特征来看，集团购买者的数量比个人消费市场上的购买者要少得多，但其购买规模要大得多。

（2）购买者在地理区域上较为集中。由于受到竞争以及企业追求规模经济的影响，越来越多的市场趋向于寡头垄断，在这些寡头垄断的行业里，生产往往高度集中在少数几个地区。这种地理区域的集中有助于降低商品的销售成本。

（3）注重人员销售和直接销售。从促销方式来看，集团市场往往更注重人员销售和直接销售。一方面，由于集团购买者的数量少、购买规模大，企业营销人员只要面对少数的购买者，因此人员推销并不会增加太多的销售成本；另一方面，人员推销可以详细地说明、介绍商品，甚至可以现场演示，能够使购买者更全面地了解商品，促使购买者做出购买决策。同时，在推销过程中，企业营销人员不仅可以介绍商品，还可以介绍企业。这些效果都是其他销售方式难以获得的，而在面对众多分散的个人消费者时则难度较大。

集团购买者通常会绕过中间商直接向生产厂商购买，这无论对商品的提供者还是商品的购买者来说都可以降低成本。此外，集团购买活动往往需要生产者提供售前、售后服务，因此，集团购买采用直接销售方式的较多。

（4）专业人员购买。集团购买往往是由具有专门知识的专业人员负责，或委托专业的购买代理商，他们具有较完备的专业技术知识以及较全面的商品信息。

（5）决策过程较为严谨。与个人消费市场上个人决策不同，集团购买作为一种组织行为，购买决策往往要遵循一定的程序、办理一定的审批手续，一些金额较高的或非常规性的购买甚至还要经过有关专家的反复论证，因此集团购买的决策程序更为规范，决策更趋理智。

（6）市场需求波动较大。集团购买的商品中有很大一部分是用于生产性消费的，是作为投入要素的“中间产品”，中间产品的需求最终依存于对最终消费品的需求。例如：汽车制造企业对钢铁厂生产的汽车用薄形钢板的需求，取决于汽车市场上消费者对汽车的需求。汽车市场的需求减少，汽车制造商对钢板的需求也会减少。在“加速原理”的作用下，最终消费品市场需求的小幅波动，都可能导致集团消费者市场需求的激烈震荡。因此，集团消费者市场需求的波动往往较大。

（7）需求弹性较小。集团消费者的需求（特别是对中间产品的需求）在短期内一般不会因商品价格的变化而出现较大的变化。企业的生产要受市场需求和生产能力的制约，只要市场需求或生产能力没有出现太大的变化，即使中间产品的价格下降或上涨，企业通常也不会因此增加或减少原材料的购买。除非因中间产品成本的变化而使产品的价格发生变化，导致产品的市场需求也发生变化。

（8）互购交易。互购交易，即购买者和供应者互相购买对方的产品，并互相给对方以优惠。如 A 企业向 B 企业供应原材料，而又需要购买 B 企业的产品，则双方在进行交易时相互都给予对方以某种优惠。这样双方既可建立稳定的供销关系，又都能够降低成本。这是个人消费者市场不具有的一个特点，但其前提是必须在法律允许的范围内，即在不违背公平竞争的原则下进行。

（9）租赁交易。在集团购买中还有一种较特殊的交易方式，即不是通过购买取得商品的所有权，而是通过租赁取得某些商品的使用权。这一般适用于一些价值较高的大型机器设备、交通工具等。租赁对于承租方和出租方均有好处。对于出租方，通过出租为其产品找到了出路，实现了其产品的价值；对于承租方，通过租借既可获得所需的机器设备，又可解决资金不足的困难。随着设备和技术更新的加快，为了节约设备更新的资金，并始终保持设备和技术的先进性，这种方式有日益扩大的趋势。虽然在个人消费品市场上，作为一种营销方式，也存在着租赁现象（如汽车、鲜花出租等），但远不及集团消费市场上的租赁现象的广泛程度。

（10）谈判和投标。在购买方式上，集团购买与个人购买也具有不同的特点，即很多集团购买是通过谈判方式或招投标方式来进行的。例如：企业在购买大型成套设备或设施时，可以首先由购买者提出自己的要求，然后买卖双方就一些关键因素（如价格、质量标准、交货期等）进行谈判；也可由购买者公开招标、供应者自愿投标的方式来进行购买。利用招投标方式来进行购买，既能够购买到满意的商品，又有利于降低购买成本。很多的政府购买以及一些国际组织贷款项目的购买都是通过招投标的方式来进行的。在美国，大部分的政府购买是通过投标方式进行的，我国政府的购买也正在逐步实行投标方式。

在实践中，不同的集团购买者在特定时点上的购买行为会有不同的特点。因为相对数量众多的个人消费者而言，数量较少的集团购买者的个性化行为特征更为明显。因此，在具体的营销活动中还应当注意结合实际进行研究和分析。

（二）集团购买决策过程

集团购买者的购买决策与个人消费者的购买决策存在两个明显的不同：一是参与者不一样，参与个人消费购买决策的人员较少，通常就是购买者个人或其家庭，但集团购买决策通常要涉及多方面的参与者；二是购买决策的过程不一样，这一点将在后文详细介绍。

1. 集团购买的参与者

在集团购买过程中，参与购买决策过程的所有成员被称为“采购中心”，他们有共同的购买目标，并分担决策风险。这些参与者大致包括以下五类人员：

（1）使用者。使用者是指所要购买商品的实际使用者，通常总是由他们首先提出购买需要，他们对规格型号的决定具有较大的影响。

（2）影响者。影响者是指直接或间接影响购买决策的人员，其中技术人员往往是重要的影响者。

（3）购买者。购买者是指具体执行购买任务的采购人员，他们参与供应商的选择并负责谈判签约。但在一些比较重要的购买活动中，高层管理人员往往参与谈判过程。

（4）决策者。决策者是指有权决定购买项目和供应商的人员。在日常小额购买中，购买者往往就是决策者，但在重要购买中，决策者通常是高层管理者。

（5）信息控制者。信息控制者是指可控制有关信息的人员。他们可控制与购买有关的外部信息流入企业，如购买代理人、接待员和电话接线员等，他们也可以阻止供应商的推销人员与使用者或决策者接触。

购买规模的大小和参与者人数的多少，随企业规模以及购买商品重要性的不同而不同。大企业可能设有专门的采购部门，而小企业可能只有一人或数人负责采购；参与购买一批电脑的决策人数肯定要比参与购买信纸、信封等办公文具的决策人数要多。如果了解一个组织的购买决策参与者的情况，就可以有针对性地采取促销措施。

2. 集团购买决策的八个阶段

从总体上来看，集团购买者的购买决策过程大致可分为以下八个前后相连的购买阶段：

（1）提出需要。与个人购买决策过程相同，集团购买决策过程起始于提出需要阶段，这种需要通常是由企业内部的相关人员在工作过程中为解决某个问题或满足某种需要提出的。需要的提出可以由两种刺激引起：1）组织内部的刺激因素，如企业决定开发一种新产品，于是需要购置新设备或原材料来生产这种新产品等；2）组织外部的刺激因素，如采购人员在某个展销会上发现了一种质量更好、价格更廉的新材料，或者接受了某供应商的推销人员的建议，于是产生了新的购买需要。

（2）确定需求内容。提出了某种购买需要之后，就要确定购买的具体内容，如购买的品种、类型、数量等。如果是简单的购买任务，可以由采购人员直接决定；而如果是复杂的购买任务，就需要会同其他部门的人员，如技术人员、使用者一起，在全面了解商品特征的基础上来确定购买商品的具体内容，并按照购买商品的可靠性、耐用性、价格及其他属性，对这些属性的重要性进行先后次序的排列。通常在这一阶段，采购人员对所需商品各种特性的了解并不全面，这实际上为供货方提供了营销机会，供货方的营销人员可协助采购人员确定具体的需求内容。

（3）拟订要求。需求内容的确定仅仅是指明了商品购买的大致方向，在实际购买时，还需要对所购买商品的具体要求做出详细的说明，如商品的规格、型号等技术指标。

决定商品规格、型号的一个有效方法是进行价值分析。价值分析就是对商品的功能和成本进行比较分析。价值分析的目的在于降低成本，即在不减少功能的前提下尽可能降低成本费用，或在成本费用不变的前提下获得尽可能多的功能。

（4）寻找供应商。经过以上三个阶段，确定了需购买的商品以及具体的规格、型号以后，便进入寻找供应商阶段。在此阶段，企业可以通过各种途径广泛收集有关供应商的信息，如可以向有关机构咨询、浏览各种广告、请求交易伙伴推荐介绍、参加各种展览会和订货会等。特别是随着网络销售的日益发展，通过互联网查询不仅时间短、信息量大，而且成本低，在一些发达国家，其运用已相当普及。在此阶段不仅要了解有哪些供应商以及他们的供应能力，而且要了解他们的商品和服务（如交货期）的质量。

（5）征求报价。征求报价即在众多的供应商中，购买者按照一定的标准选择若干家合格的供应商，邀请他们提供报价单，以便从中筛选。征求报价是购买活动的一个很重要的阶段，它关系到企业的生产成本，从而影响未来时期企业的市场竞争力。特别是当购买的项目较为复杂或价格较为昂贵时，购买者会要求供应商提交内容尽可能详细的报价书，如除了价格，还要求供应商对商品的技术指标、交货期限等加以详细说明，以便自己做出正确的选择。

（6）选择供应商。在收到了各供应商提交的报价单以后，购买者就要对这些报价单逐一进行评估，从中筛选出最理想的供应商。在对供应商进行评估时应尽可能全面考虑各种因素。有些因素虽然看似与购买的商品无直接关系，但有时会给供应商品造成很大影响。一般而言，购买者要考虑以下因素：1）供货能力；2）商品质量；3）价格水平；4）售前售后服务；5）技术能力；6）履约情况；7）企业信誉；8）财务状况；9）对买方的态度；10）技术培训；11）工作进度通报；12）组织与管理；13）包装情况；14）道德与法律问题；15）地理位置；16）劳资关系记录。

此外，供应商的选择还包括供应商数量的选择，即集中向某一家供应商购买还是同时向多家供应商购买的选择。如果购买的数量较多，而且需要多次重复购买时，购买者往往会选择多家供应商。这样，一方面可以避免过分依赖某一个供应商，另一方面能够增强供应商之间的竞争意识，有利于降低购买成本。但集中向一家供应商购买有利于改善与供应商的关系以及建立长期合作关系。

（7）发出正式订单。在对供应商各方面审查完成以后，购买者将给选定的供应商发出正式订单，也就是签订正式的购货合同。通常订单上要详细写明所需商品的规格、数目、交货期限、退货政策、保修条件等项目。

订单的类型或订购方式有两种：定期购买订单与单向综合订单。定期购买订单即每隔一定的时间间隔，购买者和供应商重新订立一份购买合同。这种方式的好处在于购买者可以有较灵活的选择余地，当购买者对商品不满意时可以及时选择其他供应商。其不利之处在于如果供货合同的时间间隔过短则会增加购买成本，且难以保证稳定的供应，而如果时间间隔过长则会增加库存。单向综合订单即双方约定在一个较长的时期内，供应商按协议价格及其他条件向购买者重复供货，在此期间内，当购买方需要商品时，只需通知供应商便能及时获得所需商品。这种方式的好处就在于购买者可以减少库存，而且可以保证有稳定的供给源，有利于改善与供应商的关系，但对供应商的依赖性会增大。因此，购买者必须根据具体情况就订单的类型做出合理选择。

（8）评价履约情况。发出订单、购进商品并不意味着购买活动的结束。在商品购进以后，还必须对购进商品的使用情况、使用者的满意程度以及供应商的履约情况等进行跟踪监督、评价，以便为下一次的购买活动提供借鉴。

（三）影响集团购买决策的因素

由于集团购买的目的多样、购买决策过程中涉及的人员多、程序复杂等，影响集团购买决策的因素可以说非常多，而购买目的、购买主体或购买的商品等不同，其主要影响因素也会有很大差异。一般而言，这些因素可以归结为环境因素、组织因素、人际因素和个人因素四组，如表 4-1 所示。

表 4-1　影响集团购买决策的因素

环境因素	组织因素	人际因素	个人因素
政府政策 经济前景 供求状况 货币成本 技术发展 市场竞争 法律法规	营销目标 组织结构 管理体制 工作程序 购买政策	职务 职权 感染力 说服力	个人动机 认识能力 个人经历 性格特性

1. 环境因素

环境因素是指影响集团购买活动的各种外部因素，主要包括政府政策、经济前景、供求状况、货币成本、技术发展、市场竞争，以及有关法律法规等因素。例如：在经济繁荣时期，企业可能增加产量、扩大销售从而增加对原材料或零部件的购买，反之则可能减少购买。又如：当企业生产所需的某种投入要素属稀缺性资源，能否保证这种资源的供应成为决定企业竞争力的关键因素时，企业会不遗余力地保证资源的供应，就会与供应商建立长期的供销关系，或扩大购买以增加库存。

外部因素对集团购买行为的影响并不是孤立的，而是综合地发生作用。例如：当预测经济发展速度将趋缓、对企业产品的需求将会下降时，企业便会压缩生产、减少产量，从而减少对原材料或其他中间产品的购买。但是当经济增长速度趋缓时，政府往往会调整财政政策或货币政策以刺激经济的发展，如可能扩大政府购买、减少税收或降低贷款利率，而这些因素则可能刺激企业扩大购买。因此，企业必须全面地、综合地分析环境因素对集团购买行为的影响。

2. 组织因素

组织因素是指组织内部影响集团购买活动的各种因素，主要包括企业的营销目标、组织结构、管理体制、工作程序、购买政策等因素。例如：有些组织的集权程度较高，超过一定金额的购买必须经过高级管理层的批准；而有些组织的分权程度较高，下级管理人员有较大的购买自主权。又如：有些组织倾向于用长期合同的方式来稳定供应源，而有些组织倾向于以临时招标的方式进行购买。这些都会对组织的购买行为产生影响。

3. 人际因素

人际因素是指组织内部各类购买活动参与者之间的相互关系，主要包括不同职务、不同职权、不同感染力、不同说服力的各类参与者之间的关系。例如：有些参与者由于在组织中的地位较高，拥有较大的职权，对购买决策过程可能具有较强的影响力；而有些参与者虽然地位不高，但有较强的说服力，也可能对购买决策具有较大的影响力等。国际市场营销人员如能掌握有关这方面的信息，有的放矢地施加影响，就可能比较容易获得订单。但一般而言，组织外部的人员很难厘清这类因素在购买过程中的作用机制。

4. 个人因素

个人因素是指集团购买活动中的各个参与者的个人特征，如个人动机、认识能力、个人经历、性格特征等的差异对购买行为都会产生实际的影响。了解了这些个人因素，营销人员便可以对不同的参与者采取不同的促销和公关措施。

二、分析消费者市场购买行为

消费者市场又称最终消费者市场、消费品市场或生活资料市场，是指为满足自身或家庭的需要而进行购买活动的一切个人和家庭所构成的市场。消费者市场既是市场体系的基础，也是现代市场营销理论研究的主要对象。研究影响消费者购买行为的主要因素及其购买决策过程，对于开展有效的国际市场营销活动至关重要。

（一）消费者市场的特点

（1）从交易的商品看，它更多地受到消费者个人因素（如文化修养、欣赏习惯、收入水平等）的影响。商品的花色多样，品种复杂，生命周期短；商品的专业技术性不强，替代品较多，因而商品的价格需求弹性较大，即价格变动对需求量的影响较大。

（2）从交易的规模和方式看，消费品市场购买者众多，市场分散，成交次数频繁，但交易数量零星。因此，绝大部分商品都是通过中间商销售，以方便消费者购买。

（3）从购买行为看，消费者的购买行为具有很大程度的可诱导性。这是因为：第一，消费者在决定采取购买行为时，不像生产者市场的购买决策那样，常常受到生产特征的限制及国家政策和计划的影响，而是具有自发性、冲动性；第二，消费品市场的购买者大多缺乏相应的商品知识和市场知识，其购买行为属非专业性购买，他们对商品的选择受广告、宣传的影响较大。由于消费者购买行为具有可诱导性，生产和经营部门应注意做好商品的宣传广告，指导消费，一方面当好消费者的参谋，另一方面能有效地引导消费者的购买行为。

（4）从市场动态看，由于消费者的需求复杂，供求矛盾频繁，加之随着城乡交往、地区间的往来的日益频繁，旅游事业的发展，国际交往的增多，人口的流动性越来越大，购买力的流动性也随之加强，因此，企业要密切注视市场动态，提供适销对路的商品，同时要注意增设购物网点，如在交通枢纽地区创设规模较大的购物中心，以适应流动购买力的需求。

（二）消费者购买行为的种类

消费者购买决策随着购买行为类型的不同而变化。较为复杂和花费较多的决策往往凝结着消费者的反复权衡和众多人的参与决策。根据消费者的介入程度和对品牌差异认知的不同，消费者购买行为分为四种类型：

1. 复杂型购买行为

它是指品牌差异大、消费者介入程度高的购买行为。当消费者初次选购价格昂贵、购买次数较少的、冒风险的和高度彰显个人品位的商品时，属于高度介入购买。由于对这些商品的性能缺乏了解，为慎重起见，他们往往需要广泛地搜集有关信息，并经过认真学习，产生对这一商品的信念，形成对品牌的态度，并慎重地做出购买决策。

对这种类型的购买行为，企业应设法帮助消费者了解与该商品有关的知识，并让他们知道和确信本商品在比较重要的性能方面的特征及优势，使他们树立对本商品的信任感。这期间，企业要特别注意针对购买决定者做介绍本商品特性的多种形式的广告。

2. 和谐型购买行为

它是指品牌差异小、消费者介入程度高的购买行为。当消费者购买一些品牌差异不大，但价格高的商品时，虽然他们对购买行为持谨慎的态度，但他们的注意力更多集中在品牌价格是否优惠、购买时间和地点是否便利，而不是花很多精力去搜集不同品牌间的信息并进行比较，而且从产生购买动机到决定购买之间的时间较短。这种购买行为容易产生购后的不协调感，即消费者购买某一商品后，或因商品自身的某些方面不称心，或得到了其他商品更好的信息，从而产生不该购买这一商品的后悔心理或心理不平衡。为了改变这样的心理，追求心理的平衡，消费者广泛地搜集各种对已购商品的有利信息，以证明自己购买决定的正确性。为此，企业应通过调整价格或提高售货网点的便利性，并向消费者提供有利的信息，帮助消费者消除不平衡心理，坚定其对所购商品的信心。

3. 多变型购买行为

它又叫作寻求多样化购买行为，即品牌差异大，消费者介入程度低的购买行为。如果消费者购买的商品品牌间差异大，但价格低，可供选择的品牌很多时，他们并不花太多的时间选择品牌、专注于某一商品，而是经常变换品种。以购买饼干为例，他们上次买的是巧克力夹心，而这次想购买奶油夹心。这种品种的更换并非是对上次购买饼干的不满意，而是想换换口味。

面对这种广泛选择的购买行为，当企业处于市场优势地位时，应注意以充足的货源占据货架的有利位置，并通过提醒性的广告促成消费者建立习惯性购买行为；而当企业处于非市场优势地位时，则应以降低商品价格、免费试用、介绍新商品的独特优势等方式，鼓励消费者进行多种品种的选择和新商品的试用。

4. 习惯型购买行为

它是指品牌差异小、消费者介入程度低的购买行为。消费者有时购买某一商品，并不是因为特别偏爱某一品牌，而是出于习惯。例如：醋是一种价格低廉、品牌间差异不大的商品，消费者购买它时，大多不会关心品牌，而是靠多次购买和多次使用而形成的习惯去选定某一品牌。

针对这种购买行为，企业要特别注意给消费者留下深刻印象，企业的广告要强调本商品的主要特点，要以鲜明的视觉标志、巧妙的形象构思赢得消费者对本企业商品的青睐。为此，企业的广告要加强重复性、反复性，以加深消费者对商品的熟悉程度。

小贴士

可口可乐公司通过长期的品牌建设和广告宣传，成功地培养了消费者的习惯性购买行为。消费者在日常生活中会不自主地选择可口可乐作为他们的首选饮料，这种习惯性购买行为为可口可乐带来了巨大的市场份额和稳定的销售收入。

想一想：企业还可以采取哪些营销手段吸引消费者？

（三）影响消费者购买行为的因素

1. 影响消费者购买行为的内在因素

影响消费者购买行为的内在因素主要有消费者的个体因素和心理因素。个体因素主要指消费者的年龄、性别、经济收入、教育程度等因素。而心理因素主要指消费者购买商品时的心理，也是现代市场营销中主要的研究对象。在这里，我们主要从心理因素方面来进行分析。消费者心理是消费者在满足需要活动中的思想意识，它支配着消费者的购买行为。影响消费者购买的心理因素有动机、感受、态度、学习。

（1）动机。需求引起动机。需求是人们对于某种事物的要求或欲望。就消费者而言，需要表现为获取各种物质需求和精神需求。马斯洛将需求分为 5 个层次，即生理需求、安全需求、社会需求、尊重需求和自我实现的需求。消费者的购买动机是消费者内在需求与外界刺激相结合使主体产生一种动力而形成的。

（2）感受。消费者购买时如何行动，还要看其对外界刺激物或情境的反应，这就是感受对消费者购买行为的影响。感受指的是人们的感觉和知觉。

感觉就是人们通过感官对外界的刺激物或情境产生的印象。随着感觉的深入，各种感觉到的信息在头脑中被联系起来进行初步的分析综合，形成对刺激物或情境的整体反应，就是知觉。知觉对消费者的购买决策、购买行为影响较大。在刺激物或情境相同的情况下，消费者有不同的知觉，他们的购买决策、购买行为就截然不同。消费者知觉是一个有选择性的心理过程，会进行有选择的注意、有选择的曲解、有选择的记忆。

分析感受对消费者购买影响的目的是要求企业掌握这一营销规律，充分利用企业营销策略，引起消费者的注意，加深消费者的记忆，影响消费者的购买行为。

（3）态度。态度通常指个人对事物所持有的喜欢与否的评价、情感上的感受和行动倾向。消费者态度对消费者的购买行为有着很大的影响。企业营销人员应该注重对消费者态度的研究。

企业研究消费者态度的目的在于充分利用营销策略，让消费者了解企业的商品，帮助消费者建立对本企业的正确信念，培养对企业商品和服务的情感，让本企业的商品和服务尽可能适应消费者的意向，同时，使消费者不断增强对企业的价值认同。

（4）学习。学习是指由经验引起的个人行为的改变，即消费者在购买和使用商品的实践中，逐步获得和积累经验，并根据经验调整自己购买行为的过程。学习是通过驱策力、刺激物、提示物、反应和强化的相互影响、相互作用而进行的。

驱策力是诱发人们行动的内在刺激力量。例如：某消费者重视身份地位，尊重需求就是一种驱策力。这种驱策力被引向某种刺激物——如高级名牌西服时，驱策力就变为动机。在动机支配下，消费者需要做出购买名牌西服的反应。但购买行为的发生往往取决于周围的提示物的刺激，如看了有关电视广告、商品陈列，消费者就会完成购买。如果穿着很满意的话，消费者对这一商品的反应就会加强，以后如果再遇到相同诱因时，就会产生相同的反应，即采取购买行为。如反应被反复强化，久而久之，就成为购买习惯了。这就是消费者的学习过程。

企业营销要注重消费者购买行为中“学习”这一因素的作用，通过各种途径给消费者提供信息，如重复广告，目的是加强诱因，激发驱策力，将人们的驱策力激发到马上行动的地步。同时，企业提供的商品和服务要始终保持优质，消费者才有可能通过学习建立起对企业品牌的偏爱，形成其购买本企业商品的习惯。

2. 影响消费者购买行为的外在因素

（1）相关群体。相关群体是指那些影响人们的看法、意见、兴趣和观念的个人或集体。研究消费者行为可以把相关群体分为两类：参与群体与非所属群体。

参与群体是指消费者置身于其中的群体，有两种类型：一类是主要群体，指个人经常性受其影响的非正式群体，如家庭、亲密朋友、同事、邻居等；另一类是次要群体，指个人不经常受到其影响的正式群体，如工会、职业协会等。

非所属群体是指消费者置身之外，但对购买有影响作用的群体，也有两种类型：一类是期望群体，另一类是游离群体。期望群体是个人希望成为其中一员或与其交往的群体，游离群体是遭到个人拒绝或抵制，极力划清界限的群体。

企业营销应该重视相关群体对消费者购买行为的影响作用。利用相关群体的影响开展营销活动，还要注意不同的商品受相关群体影响的程度不同。商品能见度越强，消费者受相关群体影响越大；商品越特殊、购买频率越低，消费者受相关群体影响越大；对商品越缺乏知识，消费者受相关群体影响越大。

小贴士

李宁作为中国领先的体育用品品牌，近年来在海外市场也展现出了强大的竞争力。李宁的海外营销策略有很多，比如通过与当地知名运动员合作，提升品牌知名度和影响力。在篮球领域，李宁与西班牙篮球明星美国篮球明星等建立了合作关系。这些运动员在各自的国家和地区拥有广泛的粉丝基础和影响力，他们的加入不仅提高了李宁品牌的知名度，还增强了品牌在目标市场的竞争力。

想一想：试运用相关群体理论分析李宁取得成功的原因。

(2) 社会阶层。社会阶层是指一个社会按照某一准则将其成员划分为相对稳定的不同层次。不同社会阶层的人，他们的经济状况、价值观念、兴趣爱好、生活方式、消费特点、闲暇活动、接受大众传播媒体等各不相同。这些都会直接影响他们对商品、品牌的认知，以及购买习惯和购买方式。

国际营销要关注目标市场国的社会阶层划分情况，针对不同的社会阶层，通过适当的信息传播方式，在适当的地点，运用适当的销售方式，提供适当的商品和服务。

(3) 家庭状况。一家一户组成了购买单位，在企业营销中应关注家庭对购买行为的重要影响。研究家庭中不同购买角色的作用，可以利用有效营销策略，使企业的促销措施引起购买发起者的注意，诱发主要购买者的兴趣，使购买决策者了解商品、解除顾虑、建立购买信心，使实际购买者购置方便。企业还可以根据不同的家庭生命周期阶段的实践需要，开发商品和提供服务。

(4) 社会文化状况。每个消费者都是社会的一员，其购买行为必然受到社会文化因素的影响，社会文化因素有时对消费者购买行为起着决定性的作用。

(四) 消费者购买决策的五个阶段

消费者购买是较复杂的决策过程，其购买决策过程一般可分为以下五个阶段：

1. 确认需要

当消费者意识到对某种商品有需要时，购买过程就开始了。消费者需要既可以由内在因素引起，也可以由外在因素引起。此阶段企业必须通过市场调研，认定促使消费者认识到需要的具体因素，营销活动应致力于做好两项工作：(1) 发掘消费驱策力；(2) 规划刺激、强化需要。

2. 寻求信息

在多数情况下，消费者还要考虑购买什么品牌的商品、花多少钱、到哪里去购买等问题，需要寻求、了解商品信息。寻求的信息一般有：商品质量、功能、价格、牌号、继往购买者的评价等。消费者的信息来源通常有以下四个方面：(1) 商业来源；(2) 个人来源；(3) 大众来源；(4) 经验来源。企业营销任务是设计适当的市场营销组合，尤其是品牌广告策略，宣传商品的质量、功能、价格等，以便使消费者最终选择本企业的品牌。

3. 比较评价

消费者进行比较评价的目的是识别哪一种品牌、类型的商品最适合自己的需要。消费者对商品的比较评价是根据搜集的资料，对商品属性做出价值判断。消费者对商品属性的评价因人、因时、因地而异，有的评价注重价格，有的评价注重质量，有的评价注重品牌或式样等。企业营销首先要注意了解并努力提高本企业商品的知名度，只有使其列入消费者比较评价的范围之内，才可能被选为购买目标；同时，要调查研究人们比较评价某类商品时所考虑的主要方面，并突出这些方面的宣传，以对消费者购买选择产生最大影响。

4. 决定购买

消费者通过对可供选择的商品进行评价，并做出选择后，形成购买意图。在正常情况下，消费者通常会购买他们最喜欢的品牌，但有时也会受他人态度和意外事件这两个因素的影响而改变购买决定。消费者修改、推迟或取消某个购买决定，往往受已察觉风险的影响。“察觉风险”的大小，由购买金额大小、产品性能优劣程度，以及购买者自信心强弱决定。企业营销应尽可能设法减少这种风险，以推动消费者购买。

5. 购后评价

消费者购买商品后，购买的决策过程其实还在继续，即消费者要评价已购买的商品。企业营销必须对这一阶段给予充分的重视，因为它关系商品今后的市场和企业的信誉。企业应经常征求顾客意见，加强售后服务，改进市场营销工作，力求使消费者的不满降到最低。

任务二　实施国际市场定位

任务概述

现代企业面对着复杂多变的国际市场，消费者众多，分布广泛，需求多样，任何一个企业都无法充分、有效地满足市场的所有需求。因此，企业应该在市场细分的基础上选择最合适的市场作为目标市场，进行市场定位。假设你是我国雅戈尔集团的营销人员，现在准备进军国际市场，参照导入案例中 LV 的国际化经验，你应该如何细分市场，如何进行市场定位？

知识储备

国际市场细分是企业根据消费者的需求差异，按照一定的细分标准，把整个国际市场划分为若干个需求不同的商品和营销组合的子市场，并在这些子市场中选择一个或多个作为其国际目标市场的过程。

国际目标市场是企业决定进入的市场，即企业所选择的、准备以相应的商品和服务满足其需要的消费者群体。企业在选择国际目标市场时，要综合评估市场购买能力、企业应对能力、市场竞争状况、企业分销渠道以及企业自身实力等因素。

小贴士

宝洁公司生产了 11 种品牌的洗衣清洁剂、8 种品牌的香皂、6 种品牌的洗发香波、4 种品牌的碗碟清洁剂、4 种品牌的牙膏、3 种品牌的地板清洁剂、3 种品牌的卫生纸、

2种品牌的除臭剂、2种品牌的织物柔软剂和2种品牌的一次性尿布。同时，许多品牌都有几种型号和配方，这些宝洁品牌在同一超市的货架上相互竞争。

想一想：宝洁公司为何要在一类产品中推出好几种品牌，而不是集中精力推出一种领导品牌？

一、进行国际市场细分

市场细分是1956年由美国市场学家温德尔·史密斯（Wendell Smith）提出来的一个重要概念，是指按照一定的标准把总体市场分成若干个子市场的过程。

市场细分既可以采用单一变量，也可以采用多个变量。例如：对服装市场进行细分，可以性别为细分标准，将市场细分为男装市场、女装市场；还可以再将男装市场和女装市场分别进一步细分为青年市场、中年市场、老年市场，这样就产生了六个子市场；以男装中年市场为例，还可以进一步按照收入等进行细分。

国际市场细分是在市场细分的基础上发展起来的，是市场细分概念在国际营销中的运用。与国内市场相比，国际市场消费者更多，分布范围更广，企业由于自身实力的限制，往往更难满足全球范围内消费者的需要。因此，企业要进行国际市场细分，必须理解国际市场细分的含义与原则，掌握国际市场细分的方法。

（一）国际市场细分的含义及作用

1. 国际市场细分的含义

国际市场细分是指企业按照一定的细分标准，把整个国际市场细分为若干个需求不同的商品和营销组合的子市场，其中任何一个子市场中的消费者都具有相同或相似的需求特征，企业可以在这些子市场中选择一个或多个作为其国际目标市场。这一过程在国际市场营销学中被称为国际市场细分。它是企业确定国际目标市场和制定国际市场营销策略的必要前提。进行国际市场细分对企业的国际市场营销活动成功有着重要的意义。

小贴士

安踏在海外市场细分方面采取了有针对性的策略，主要围绕运动类型、地理区域、消费者需求等维度进行细分。

运动类型：安踏针对不同运动类型推出符合当地消费者需求的产品系列。例如，在篮球鞋市场，安踏针对欧洲和北美市场的需求，推出了专业的篮球鞋产品，与当地顶级篮球运动员合作，提升品牌影响力。

地理区域：安踏根据不同国家和地区的市场特点，进行有针对性的市场细分。例如，在东南亚市场，安踏针对当地消费者对羽毛球的热爱，推出了专业的羽毛球鞋和装备，获得了良好的市场反响。

消费者需求：安踏注重了解当地消费者的需求和偏好，针对不同消费群体推出符合其需求的产品。例如，在北美市场，安踏推出了时尚舒适的运动鞋产品，吸引了年轻消费者的关注。

想一想： 安踏下一步应该怎么做？市场细分对企业有哪些作用？

2. 国际市场细分的作用

（1）有利于发现新的市场营销机会。市场机会是已出现于市场但尚未加以满足的需求，这种需求往往是潜在的，一般不易发现。运用市场细分的手段，就便于发现这类需求，并从中寻找适合本企业开发的需求，从而抓住市场机会，使企业赢得市场主动权。例如：香港香皂市场竞争一直很激烈，但外贸部门通过市场细分发现，香港香皂市场竞争激烈的主要是高中档产品，低档香皂却是一个空档。于是，内地香皂厂商利用工资低的优势，顺利打入香港低档香皂市场。又如：目前国内童装市场在年龄系列上奇缺 12～16 岁的少年装，而且规格失调，尤其是大童服装基本断档，这就使得穿校服、运动服似乎成了这一年龄段的儿童的“特色”和“专利”。

小贴士☞

娃哈哈作为中国知名的饮料品牌，其在市场细分方面取得了显著的成功。

娃哈哈注重了解不同消费群体的需求和特点，针对不同年龄段、性别、职业等推出满足不同需求的产品。例如，针对儿童市场，娃哈哈推出了 AD 钙奶、爽歪歪等深受儿童喜爱的产品；针对年轻人市场，娃哈哈则推出了更加时尚、健康的茶饮料和果汁饮料。

想一想： 娃哈哈还有哪些市场细分策略？

市场细分对于小企业尤为重要，因为小企业资金薄弱，在较大的市场或整体市场上无力同大公司相匹敌。通过市场细分，小企业可以发现大企业未曾顾及的某些尚未满足的市场需求，从而推出适宜的产品去满足细分市场，往往可以取得较好的经济效益。

（2）有利于集中资源投入目标市场。任何一个企业的人力、财力、物力、资源都是有限的。通过细分市场，选择适合自己的目标市场，企业可以集中人力、财力、物力及资源，去争取局部市场上的优势，再占领自己的目标市场。

（3）有利于制定有针对性的营销策略。国际营销活动是一种复杂的经济活动，倘若没有进行市场细分，企业要制定一套适合全世界多个国家市场情况的营销策略几乎是不可能的，这必然会造成巨大的浪费与损失。通过市场细分和选择目标市场，企业可以做到有的放矢，避免盲目性。首先，在较小的市场上，企业比较容易了解市场信息；其次，按照目标市场的需求开展营销工作，针对性比较强。

小贴士☞

作为全球领先的计算机硬件制造商之一，联想在海外市场通过市场细分取得了显著的成功。例如，在欧洲市场，联想针对不同行业和企业的需求，推出了定制化的计算机解决方案，如高性能的计算服务器、工作站等。这些产品满足了欧洲企业对于高效、稳定的计算能力的需求，帮助联想在欧洲市场获得了良好的口碑和市场份额。

想一想： 企业进行市场细分有必要吗？为什么？

（二）进行国际市场细分的原则

国际市场上的每一个消费者都有自己独立的需求和欲望，因此，每一个消费者都有可能成为一个潜在独立的市场。理论上说，任何一个市场，只要存在两个以上的消费者，就可以细分。企业需要注意的是，细分市场的方法虽然很多，但是并非所有的方法都能行之有效。在进行国际市场细分时，要注意以下几点：

（1）需求差异。它是指细分市场应具有独特的需求特征。

（2）可测量。它是指细分市场的销售潜量及购买力的大小能被测量。如果不可测量，企业就不能分配适量资源来开发这一子市场。企业可以通过各种市场调查手段和销售预测方法来测量国际目标市场现在的销售状况和未来的销售趋势。否则，企业不宜轻易地决定把这一市场作为其国际目标市场。

（3）需求足量。它是指细分市场的规模要达到足够获利的程度，一个细分市场应该是值得为之设计一套营销规划的尽可能大的同质群体。同时，一个企业所选择的国际目标市场，也应当有较大的市场潜量，有较强的消费需求、购买力和发展潜力，企业进入这一市场后，有望获得足够的营业额和较好的经济效益。

（4）可进入。它是指企业所选择的国际目标市场未被垄断，企业的资源条件、营销经验以及所提供的商品和服务在所选择的国际目标市场上具有较强的竞争力。

小贴士

星巴克作为全球知名的咖啡连锁品牌，在进入中国市场时，充分考虑了地理因素。中国地域辽阔，不同地区的消费者口味和偏好存在差异。星巴克根据不同地区的文化背景和消费者习惯，推出了适合当地市场的产品和服务。例如，在一些南方城市，星巴克推出了更多口味清淡的咖啡和茶饮，而在北方城市则更注重浓郁的咖啡口感。这种地理细分策略有助于星巴克更好地适应中国市场，提升品牌知名度。

想一想：市场细分的主要依据有哪些？

（三）进行国际市场细分的方法

1. 地理

根据消费者所处的地理位置、自然环境等地理因素来细分市场称为地理细分。地理细分变量通常包括地理区域、城市规模、人口密度、气候等。不同地区在气候、文化、消费水平等方面的差别，使不同地区消费者的需求、习惯和偏好存在较大差异，他们对企业所采取的市场营销组合策略可能有不同的反应。

例如：欧美人喜欢喝红酒，日韩人喜欢喝清酒，中国人喜欢喝中等度数的白酒，俄罗斯人喜欢喝高纯度的烈性酒——伏特加；中国人喜欢喝茶，西方人喜欢喝咖啡；中国人吃饭用筷子，西方人吃饭用刀叉。

地理细分是一种传统的划分市场的方法，目前仍为大多数企业采用。但由于处在相同地理位置的消费者的需求也有很大的差异性，因此，企业只有依据其他因素进一步细分市场，才能选择最佳的目标市场。

2. 人文

人文因素包括消费者的年龄、性别、收入、职业、家庭生命周期、教育程度、宗教信仰、社会阶层等。人文变量是区分消费者群体最常用的变量，原因之一是消费者的需求、偏好和使用率经常与人文变量有密切的联系，并且人文变量比大部分其他类型的变量更容易衡量。人文变量中最常用的细分变量有：

（1）年龄。许多商品的需求都与消费者的年龄有关。不同年龄的消费者有不同的需求特点。消费者的需求和消费能力随年龄而变化。年龄是许多企业常用的细分变量，例如：服装、饮料、食品、玩具等行业中的企业均可按照年龄来细分市场。企业在按照年龄对消费者进行市场细分时，不仅要重视消费者的生理年龄，还要注意他们的心理年龄。

（2）性别。由于生理上的差别，男性与女性在商品需求与偏好上有很大的不同。对于提供服装、化妆品以及杂志等性别差异较大的商品或服务的企业来说，性别是一个效果很显著的细分变量。男性和女性消费者对这些商品或服务的需求有明显的差异。企业将消费者按照性别加以区分，可以更有效地满足消费者的需求，可以发现新的市场机会和建立特色。越来越多以前不太重视性别这一细分变量的企业开始重视这一变量。例如：一些香水制造商也在将整个市场划分为男性市场和女性市场；一些汽车制造商也开始生产吸引女性的轿车。

（3）收入。消费者收入是直接影响其需求的重要因素。收入细分运用于汽车、旅游、服装、化妆品等行业。企业可以将消费者分为高收入、中等收入、低收入等三类。在产品选择、使用时间的安排、社会交往等方面都会有所不同。同样是外出旅游，在交通工具以及食宿地点的选择上，高收入者与低收入者会有很大的不同。

小贴士

纬图（VERTU）是诺基亚成立的全球第一家奢侈手机公司，由世界著名的手机设计师弗兰克·诺佛（Frank Nuovo）设计。VERTU 的宗旨就是替世界各地的富翁量身定制手机。该品牌的机型从外观、用料到功能都绝对是精雕细刻，可称得上是艺术品。购买 VERTU 手机的同时，用户还将享受到“VERTU 私人管家”的服务，只要一按手机上的客户专键，手机便会直接连接到 VERTU 的二十四小时服务总台，无论你想要查询手机服务资料，还是提出交通、娱乐、饮食、酒店等资讯问题，都会有专人为你解答疑难，而且其服务遍及全世界各个大城市，简直是一个“超级贴身秘书”。

想一想： VERTU 手机面向的是何种细分市场？

（4）职业。消费者的职业不同，其需求和购买行为也会有较大的差别。例如：某一大学知名教授和某一公司中层经理，其收入水平大体相同，但他们的消费行为、开支方向可能有很大的差异。消费者的受教育程度影响他们的价值观和审美观，也会使其消费行为和需求具有不同的特点。因此，一些企业用职业与教育变量来细分市场。

以护肤品为例，户外活动较多的记者追求的可能是防晒、防冻、补水等功效，而写字楼白领追求的则可能是美白、营养、延缓衰老等效果。

（5）家庭生命周期。根据年龄、婚姻状况、子女状况的不同，消费者的家庭分为不同的生命周期，在生命周期的不同阶段，消费者的行为呈现不同的主流特性。

1）单身阶段：年轻，单身，几乎没有经济负担；新消费观念的带头人，娱乐导向型购买。

2）新婚阶段：年轻夫妻，无子女，经济条件比较好；购买力强，对耐用品、大件商品的欲望和需求强烈。

3）满巢阶段Ⅰ：年轻夫妻，有6岁以下子女，家庭用品购买的高峰期；不满足现有的经济状况，注意储蓄，购买较多的儿童用品。

4）满巢阶段Ⅱ：年轻夫妻，有6岁以上未成年子女；经济状况较好，购买趋向理智型，受广告及其他市场营销刺激的影响相对减少；注重档次较高的商品及子女的教育投资。

5）满巢阶段Ⅲ：年长的夫妇与尚未独立的成年子女同住；经济状况仍然较好，夫妻和子女皆有工作；注重储蓄，购买冷静、理智。

6）空巢阶段：年长夫妇，子女离家自立；前期收入较高，购买力达到高峰期，较多购买老年人用品，如医疗保健品，娱乐及服务性消费支出增加；后期退休，收入减少。

7）孤独阶段：单身老人独居，收入锐减；特别注重情感及安全保障，会购买单身公寓、小型的家具家电等。

3. 心理

根据购买者所处的社会阶层、生活方式、个性等心理因素细分市场就叫心理细分。

（1）社会阶层。社会阶层是指在某一社会中具有相对同质性和持久性的群体。处于同一阶层的成员具有类似的价值观、兴趣爱好和行为方式，不同阶层的成员则在上述方面存在较大的差异。很显然，识别不同社会阶层的消费者所具有的不同特点，会对很多商品的市场细分提供重要的依据。属于不同社会阶层的人，其生活方式、价值观念、消费特征、生活情趣等都有很大的差别，从而购买行为也各不相同。例如：处在高阶层的人士，由于经济宽裕、生活悠闲，往往是高档商品和娱乐设施的主要购买者；而处于低阶层的人士，由于收入有限、生活紧张，只能购买各种大众商品。

小贴士

社会阶层对人们购买行为的影响十分大。美国社会学家就把美国社会分为了六个阶层：（1）上上层。这一阶层约占人口总数的1%，大都是一些欧洲贵族移民的后裔，具有显赫的家世，拥有巨额资产。（2）上下层。这一阶层约占人口总数的2%，主要是那些享受高薪或经营特殊行业而发家致富的人。（3）中上层。这一阶层约占人口总数的12%，大都受过良好的教育并拥有令人羡慕的职业。（4）中下层。这一阶层约占人口总数的30%，尊重传统，具有良好的公共道德、遵纪守法。（5）下上层。这一阶层约占人口总数的35%，受教育程度大都较低，因而属于低收入阶层。（6）下下层。这一阶层约占人口总数的20%，属于贫困阶层，几乎没有受过什么教育。

想一想：每个社会阶层的购买行为有什么特点？

研究社会阶层对人们购买行为影响的意义在于，企业应根据社会阶层对整体市场进行细分，然后针对不同阶层的购买特点和消费习惯，分别开发不同的商品、制定不同的营销对策。

（2）生活方式。在消费心理学中，生活方式是理解消费行为的通俗概念，它是人们生活、花费时间和金钱的方式的总称，反映了一个人的活动、兴趣和观点。例如：有的人早起早睡，有的人就是“夜猫子”；有的人很“宅”，可以一个月不出门，有的人没事就喜欢逛街。每个人都有自己认同和向往的生活方式。可以说，消费者是通过生活方式与市场联系起来的。

（3）个性。个性是指一个人比较稳定的心理倾向与心理特征，它会导致一个人对其所处环境做出相对一致和持续不断的反应。俗语说：“人心不同，各如其面。”每个人的个性都会有所不同。通常，个性会通过自信、自主、支配、顺从、保守、适应等性格特征表现出来。因此，个性可以按这些性格特征进行分类，从而为企业细分市场提供依据。在西方国家，有些企业对化妆品、香烟、啤酒、保险等商品以个性特征为基础进行市场细分并取得了成功。

4. 行为

根据行为因素细分，就是按照与消费者购买行为习惯有关的因素来细分市场，包括购买时间、购买数量、追求的利益等。

（1）购买时间。许多商品的消费具有时间性，例如：烟花爆竹的消费主要在春节期间；月饼的消费主要在中秋节以前；清明时节各个商店都会特地购进一批纸钱或冥币；旅游景点在节假日生意最兴隆；鲜花在特定的节日比较畅销；糖果在春节比较好卖。因此，企业可以根据消费者产生需要、购买或使用产品的时间进行市场细分。

（2）购买数量。据此可将用户分为大量用户、中量用户和少量用户。有的消费者习惯少量多次购买，有的则相反。

（3）追求的利益。消费者往往因为各有不同的购买动机、追求不同的利益，所以会购买不同的商品和品牌。

小贴士

TTK公司是英国一家著名的化妆品公司，该公司近期开发出了一种适合东方女性需求的具有抗衰老功效的系列化妆品，并在多个国家获得了专利保护。该公司的营销部经理初步分析了亚洲各国的情况，首选中国作为目标市场。为迅速掌握中国市场的情况，公司派专员来中国进行实地调研。结果显示，中国市场需求量大、购买力强，且没有同类产品竞争。因此，在调查基础上，该公司又按年龄层次将中国女性化妆品市场划分为15～17岁、18～24岁、25～34岁及35岁以上四个子市场，并选择了其中最大的一个子市场进行重点开发。

想一想：该公司进行市场细分的细分变量是什么？其他可供选择的变量还有哪些？

二、选择国际目标市场

企业在划分好细分市场之后，可以进入既定市场中的一个或多个细分市场。目标市场选择是指评估每个细分市场的吸引力程度，并选择进入一个或多个细分市场。

（一）细分市场评估

企业在评估各种不同的细分市场时，必须考虑三个要素：细分市场的规模和发展潜力、细分市场结构的吸引力、企业的目标和资源。

1. 细分市场的规模和发展潜力

这项评估主要是分析细分市场是否具有适当的规模和发展潜力。这里的适当规模是一个相对概念，是相对于企业的规模和实力而言的。大企业可能偏好购买量大的细分市场，对较小的细分市场不感兴趣，认为不值得涉足。而小企业会有意避开较大规模的细分市场，选择购买量小的细分市场，因为较大规模的市场对小企业来说，往往由于缺乏资源和能力而无法有效进入，或者即使进入后也无力与大企业展开竞争。细分市场的发展潜力也是评估的一个重要因素，所有企业都希望目标市场的销售和利润具有良好的增长趋势，以保证企业经营战略目标的实现。但发展潜力大的市场也常常是竞争者争夺的目标，会导致竞争的加剧，这又会削弱其获利机会。例如：我国最早开发出 VCD 产品的万燕电子公司，在有着巨大发展潜力的 VCD 市场上未能进一步发展就属于这种情况。虽然万燕公司最早开发出产品并最早进入市场，但由于 VCD 市场有巨大吸引力，因此国内外众多大企业纷纷开发产品并进入市场，而万燕电子公司由于实力等的限制，反而逐渐被消费者淡忘，陷入经营困境。

2. 细分市场结构的吸引力

细分市场可能具备理想的规模和发展特征，但未必有吸引力。吸引力主要是指长期获利的能力。决定一个市场或细分市场是否具有吸引力的因素有五种，企业应对这五种因素的影响做出评估。

（1）现有竞争对手。如果某个细分市场已经有了为数众多的、强大的或者竞争意识强烈的竞争者，该细分市场就失去了吸引力。

（2）潜在新进入者。如果某个细分市场可能吸引新的竞争者，就会增加新的生产能力和大量资源，并争夺市场占有率，则这个细分市场就没有吸引力了。这里的关键问题在于新的竞争者能否轻易地进入这个细分市场。进入壁垒主要包括规模经济、资本需要、转换成本、销售渠道开拓、政府政策、自然资源、地理环境等方面，这其中有些壁垒是很难借助复制或仿造的方式来突破的。

（3）替代品的其他企业。如果某个细分市场现已存在替代产品或者有潜在替代产品，那么该细分市场就失去了吸引力。替代产品会限制细分市场内价格和利润的增长。

（4）购买者。如果某个细分市场中购买者的议价能力很强或正在加强，该细分市场就没有吸引力，购买者便会设法压低价格。一般而言，满足如下条件的购买者可能具有较强的议价能力：

1）购买者的总数较少，而每个购买者的购买量较大，占了销售量的很大比例。

2）供方行业由大量相对来说规模较小的企业组成。

3）购买者所购买的基本上是一种标准化产品，同时向多个供方购买产品在经济上也完全可行。

4）购买者有能力实现后向一体化，而供方不可能前向一体化。

（5）供应商。如果公司的供应商——原材料和设备供应商、公用事业部门、银行、公会等——能够提价或者降低商品和服务的质量，或减少供应数量，则该公司所在的细分市场就没有吸引力。

一般而言，满足如下条件的供方集团会具有比较强大的议价能力：

1）供方行业为一些具有比较稳固市场地位而不受市场激烈竞争困扰的企业所控制，其产品的购买者很多，以至于每一单个购买者都不可能成为供方的重要客户。

2）供方各企业的产品各具有一定特色，以至于购买者难以转换或转换成本太高，或者很难找到可与供方企业产品相竞争的替代品。

3）供方能够方便地实行前向联合或一体化，而购买者难以进行后向联合或一体化。

3．企业的目标和资源

即使某个细分市场具有一定规模和发展潜力，其组织结构也有吸引力，企业仍需将其本身的目标和资源与其所在细分市场的情况结合在一起考虑。某些细分市场虽然有较大吸引力，但不符合企业长远目标，因此不得不放弃。这是因为这些细分市场本身可能具有吸引力，但是它们不能推动企业完成自己的目标，甚至会分散企业的精力，使之无法完成主要目标。进一步说，即使这个细分市场符合企业的目标，企业也必须考虑其是否具备在该细分市场获胜所必需的技术和资源。无论哪个细分市场，要在其中取得成功，必须具备某些条件。如果企业在某个细分市场中的某个或某些方面缺乏必要的能力，并且无法获得必要的能力，就要放弃这个细分市场；即使企业确实能在该细分市场取得成功，它也需要发展其优势，以压倒竞争对手；如果企业无法在市场或细分市场创造某种形式的优势地位，它就不应贸然进入。

（二）目标市场选择

1．无差异性营销策略

无差异性营销策略是指企业以整体市场作为自己的目标市场，根据整体市场上绝大多数消费者的需要，为其生产一种产品，制定一种市场营销组合，以期满足绝大多数消费者的需要，如图 4－1 所示。

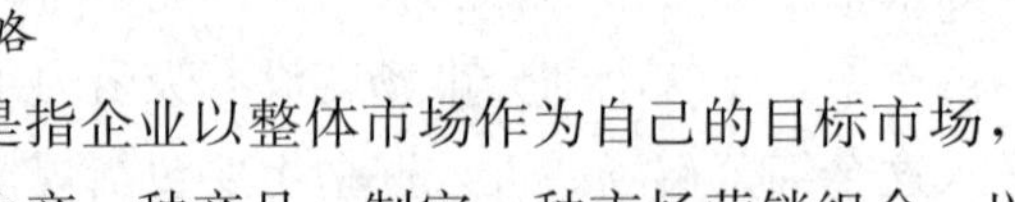

图 4－1　无差异性营销策略

采用无差异性营销策略的企业，视市场为一个整体，即把整个市场看作一个大的目标市场，认为所有消费者对这一产品有着共同的需要，因而只向市场投放单一的产品；有时虽然产品在包装、品牌、价格等方面有所不同，但产品实体没有改变。美国的可口可乐公司是奉行这种目标市场策略的典型案例：在相当长的时间里（20 世纪 60 年代以前），这家公司由于拥有世界性专利，因此，虽然只生产一种口味和标准瓶装的饮料，广告内容也完全一样，但其曾一度长期统治世界软饮料市场。

无差异性营销策略的优点是成本的经济性，即：

（1）批量生产、储存和运输，必然降低单位产品的成本。

（2）由于不需要进行市场细分，必然减少市场调研、新品研制等的费用。

（3）无差异的广告宣传，可以节省促销费用。

因此，不仅在同质市场上（即消费者的需求具有一致性）运用这种策略是合理的，而且在异质市场上（消费者的需求具有差别性），只要产品能大量生产、大量销售，实行这种策略也是可以的。

这种目标市场策略的缺点也十分明显，因而对于大多数企业是不适用的：

（1）不同的消费者，其需求千差万别；同一个消费者，其需求千变万化，因而一种产品或品牌长期为所有的消费者接受是相当罕见的，即这种目标市场策略忽略了市场需求的差异性。

（2）当同行业中的大部分企业都实行这种策略时，就会出现大的市场竞争激烈，而较小的市场的需求得不到满足的现象，即发生“多数谬误”，这时就可能受到其他企业发动的各种攻击的伤害。例如：过去美国的主要汽车公司都认为消费者偏好大型轿车，因而长期实行无差异性营销策略，结果造成几家大公司竞争激烈，销售受到限制。而由于经济环境的变化，消费者对小型轿车的需求日益增多，美国汽车公司由于不能迅速适应这种变化，结果被外国汽车，特别是日本小轿车占领了市场。可口可乐公司也不例外，近年来由于软饮料市场竞争加剧，特别是百事可乐异军突起，可口可乐公司独霸市场的局面也被打破，不得不放弃无差异性营销策略。

2. *差异性营销策略*

差异性营销策略是指企业以整体市场上各个子市场作为自己的目标市场，根据各个子市场的不同需求，分别提供不同的产品和制定不同的市场营销组合，以期满足各个子市场的需求，如图 4－2 所示。

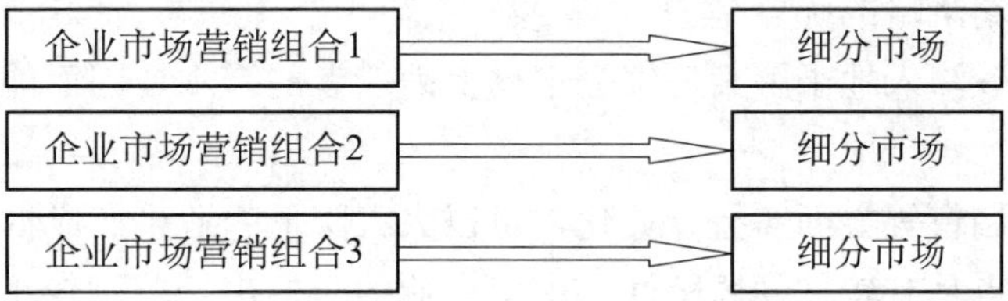

图 4－2　差异性营销策略

采用差异性营销策略的企业，先要进行市场细分，再针对各个细分市场的不同需求，制定相应的市场营销组合。这种策略试图以多品种、多渠道和多种推广方式，去满足不同市场的不同需求。近年来，由于大市场竞争激烈，国外越来越多的大企业实行差异性营销策略，例如：可口可乐公司已采用不同大小的瓶装和罐装，并生产出不同口味和不同品牌的饮料；美国通用汽车公司根据消费者的不同需求分别设计了标准车、赛车、豪华车、小型车和超小型车等。

差异性营销策略的优点是：

(1) 针对不同的目标市场分别设计不同的产品和制定不同的市场营销组合，有利于扩大销售，提高企业的竞争力。

(2) 一家企业如果能同时在几个子市场都占有优势，就可以大大提高企业的知名度。正因如此，目前西方国家企业越来越多地采用这种目标市场策略。

当然，这种目标市场策略也有很大的局限性：

(1) 企业实行小批量、多品种生产，销售渠道的多样化，针对不同子市场所要进行的市场调研、广告宣传的多样化等，都会增加企业的成本。这就要求运用这一策略的企业，其销售额的扩大所带来的利益的增加，必须超过营销成本费用的增加。

(2) 这一策略要受到企业资源的限制，即如果企业资源有限，就无力实行这种策略。

3. 集中性营销策略

集中性营销策略是指企业以整体市场上的某一个子市场作为自己的目标市场，根据该子市场的需求，为其生产一种产品，制定一种市场营销组合，以期满足其需求，如图 4-3 所示。

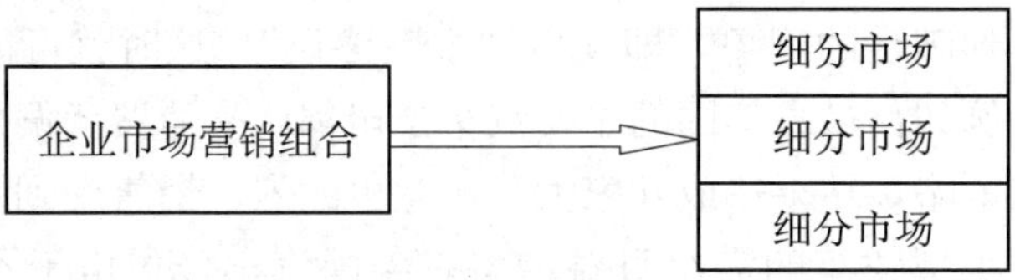

图 4-3　集中性营销策略

无差异性营销策略和差异性营销策略都是以整个市场作为目标，而集中性营销策略则是选择整个大市场中的一个或少数几个子市场作为自己的目标市场。这种策略追求的不是在较大的市场上占有较小的份额，而是追求在较小的市场上占有较大的份额，甚至处于支配地位。实行这种策略的企业，多半是中小企业，因为中小企业无力在整体市场或多个子市场与大企业抵衡，而在大企业未予注意或不愿顾及的某个小市场，小企业集中力量，见缝插针，往往易于取得经营上的成功。

实行集中性营销策略的优点是：

(1) 企业能够较深入地了解某一细分市场上消费者的需求，因而能在某一细分市场上处于强有力的地位。

(2) 在生产、销售等方面实行专业化，可以大大降低企业生产成本和经营费用。

这种策略的缺点是有较大的风险性。由于企业的目标市场范围较小，一旦市场形势发生了变化，如消费者的偏好发生转移、产品价格猛跌、原材料供应紧张、出现强有力的竞争者等，企业就会陷入困境。鉴于此，实行这一策略的企业，必须密切注视目标市场的动向，及时采取相应的营销对策，以求进可攻，退可守，进退自如。

(三) 选择目标市场应考虑的因素

以上三种目标市场策略各有优点和缺点，企业究竟采用何种目标市场策略，应综合考虑以下因素：

1. 企业资源

如果企业资源雄厚，供应能力强，则可实行无差异性营销策略或差异性营销策略；如果企业资源有限，无力顾及整体市场或多个细分市场，则只能实行集中性营销策略。

2. 产品特点

如果企业的产品是同质的，如大米、食盐、钢铁等，则可实行无差异性营销策略；如果企业的产品是异质的，如汽车、服装、食品等，则应实行差异性营销策略或集中性营销策略。

3. 产品生命周期

如果新产品刚上市，通常只有一个或少数几个产品式样，则应实行无差异性营销策略或集中性营销策略；当产品进入成长期和成熟期，则应实行差异性营销策略。

4. 竞争对手的营销策略

如果比较强大的竞争者实行无差异性营销策略，则企业应实行差异性营销策略；如果比较强大的竞争者已实行了差异性营销策略，则企业应进一步细分市场，实行差异性营销策略或集中性营销策略。

总之，企业选择目标市场策略时，应全面考虑以上几种因素，企业的目标市场策略应相对稳定，但如果市场形势或企业的实力发生了重大变化，那么，企业的目标市场策略也应随之调整。

小贴士

A 公司在泡泡糖市场中一直处于垄断地位，现有 B 公司欲进入这一市场。于是 B 公司成立市场开发部，研究 A 公司产品不足，以寻找市场空间。经过调研分析，B 公司最终发现 A 公司产品有以下不足：（1）以成人为对象的泡泡糖市场正在扩大，而 A 公司仍把重点放在儿童身上；（2）A 公司产品口味单一，而市场需求多样化；（3）A 公司生产条状泡泡糖，缺乏新样式；（4）A 公司产品价格有零头，顾客购买不便。B 公司针对调查结果，开始建立自己的目标市场，并制定相关的营销策略。

想一想：你认为 B 公司是如何发现市场机会的？B 公司应该如何进行目标市场定位？如果你负责 B 公司的营销管理，你将如何制定目标市场策略？

三、进行国际市场定位

（一）国际市场定位的含义

市场定位是在 20 世纪 70 年代由美国营销学家阿尔·里斯（Al Ries）和杰克·特劳特（Jack Trout）提出的，是指企业根据竞争者现有产品在市场上所处的位置，针对顾客对该类产品某些特征或属性的重视程度，为本企业产品塑造与众不同的，给人印象鲜明的形象，并将这种形象生动地传递给顾客，从而使该产品在市场上确定适当的位置。

小贴士

某电冰箱厂选定了“180升电冰箱”这个子市场作为目标市场。通过调研，该厂了解到顾客最关心的是产品质量和价格两个因素，而目标市场上竞争者所提供的产品情况是：竞争者A生产出售高质高价的180升电冰箱，竞争者B生产出售中质中价的180升电冰箱，竞争者C生产出售低质低价的180升电冰箱，竞争者D生产出售低质高价的180升电冰箱。A、C、D三家竞争者生产的产品在市场上的销售额基本相等，竞争者B生产的产品在市场上的销售额较大。

想一想：该电冰箱厂应如何进行产品定位?

国际市场定位就是根据竞争者在国际目标市场上所处的地位和顾客特点，塑造本企业在国际目标市场上鲜明个性或整体形象并传递给目标顾客。企业在国际目标市场上的整体形象是产品形象、品牌形象、服务形象、信用形象等各方面形象的综合。

市场定位并不是企业对一件产品本身做些什么，而是企业在潜在消费者的心目中做些什么。市场定位的实质是使本企业与其他企业严格区分开来，使消费者明显感觉和认识到这种差别，从而在消费者心目中占有特殊的位置。

小贴士

在美国，有一家名叫西尔维亚·奇的小旅馆，共有20间客房，其布置和摆设都极为奇特，每个房间的设计都以世界一位著名作家为主题。旅客通过房间中的摆设联想到不同作家名作的精辟句子和情节，从而引起一连串遐想。这家“小说旅馆”吸引了众多爱好阅读的游客，生意十分兴隆。

想一想：“小说旅馆”生意兴隆的原因是什么？

（二）市场定位常出现的误区

（1）定位过宽，又称定位不足（Under Positioning），指公司缺乏真正明确的定位，具体表现为公司发现消费者对其印象模糊或不觉得具有特殊之处。

（2）定位过窄，又称定位过分（Over Positioning），指公司定位窄化，使得消费者对公司产品产生狭窄或错误的认识。

（3）定位混乱（Confused Positioning），指导致消费者产生混乱不清的印象，特别是频繁地以新定位覆盖旧定位。

（4）定位太低，指浪费资源，无法引起消费者兴趣。

（5）定位太高，指曲高和寡，给消费者高不可攀之感。

（6）定位标榜太多，如平治房车只强调优越，沃尔沃房车只突出了安全，就已很足够。如果标榜太多，就会让消费者产生混乱。

（7）可疑定位，如某药物或某服务声称可令人在两星期内减掉20千克，一般人都会难以相信。

（三）市场定位的内容

（1）产品定位。其侧重于产品实体的质量、成本、特征、性能、可靠性、适用性、款式等。

（2）企业定位。其包括企业形象、员工能力、可信度等。

（3）竞争定位。这是指确定企业相对于竞争者的市场位置。例如：七喜汽水在广告中称自己是“非可乐”饮料，暗示其他可乐饮料中含有咖啡因，对消费者健康有害。

（4）消费者定位。这是指确定企业的目标顾客群。

小贴士☞

自 1995 年推出第一瓶罐装王老吉到 2002 年，王老吉全年的销售额不到 1 亿元，但是到了 2009 年，王老吉的全年销售额增至 160 多亿元，晋升为中国饮料第一品牌。王老吉最初的产品定位是“凉茶”，这一定位在广东地区有着深厚的市场基础。然而，随着市场的不断扩大和竞争的加剧，王老吉意识到仅仅依靠传统的凉茶市场已经难以满足企业的发展需求。于是，王老吉开始寻求更广泛的市场空间，将产品定位从“凉茶”拓展到“怕上火，喝王老吉”。这一转变不仅拓宽了产品的适用范围，也使得王老吉能够更好地适应现代消费者的需求。

想一想：王老吉采用的是哪种营销策略？试析使用这种策略的原因。

（四）影响市场定位的因素

不同的企业会采用不同的方式进行产品的市场定位，当然有时同一个企业也会采用不同的方式对产品进行市场定位，但是要保证定位的排他性特征。影响企业市场定位的主要因素有产品属性、产品性价比、产品功能、使用者、产品类别和竞争对手。

1. 产品属性

每个产品都有其不同的属性，企业可以依据产品鲜明的属性特征定位。例如：感冒药“白加黑”的产品属性特征是白天服用白色的药片、晚上服用黑色的药片，于是企业就将该产品属性特征清晰地用在了它的产品名称（即“白加黑”）和广告语（即“白天吃白片，晚上吃黑片”）上。企业通过这种定位有效地将本企业生产的感冒药与竞争企业的产品加以区别。

2. 产品性价比

产品性价比是一种产品区别于另一种产品的重要特征，基于产品性价比优势进行市场定位通常比较有效。例如：顶新国际集团将其方便面品牌“福满多”定位为价廉物美的产品，而将“康师傅”方便面定位为高品质产品。

3. 产品功能

强调产品的独特功能会吸引相当一部分消费者，原因在于现在的消费者越来越追求有独特功能的产品，如手机的拍照功能。于是，许多企业就以其手机强大的拍照功能进行产品定位。

4. 使用者

该种定位关注的是使用者的个性特征和类型。不同的使用者对产品有不同的需求，那么，不同类型的产品应适应不同的使用者。

小贴士

美国美乐啤酒公司曾将其原来唯一的品牌“高生”啤酒定位为“啤酒中的香槟”，吸引了许多不常饮用啤酒的高收入女性。后来通过调研，美乐啤酒公司发现，30%的狂饮者大约消费了80%的啤酒，于是，该公司在广告中展示石油工人钻井成功后狂欢的画面和年轻人在沙滩上开怀畅饮的画面，塑造了一个“精力充沛的形象”。广告中还提出了“有空就喝美乐”的口号，使其成功占领啤酒狂饮者市场达10年之久。

想一想：根据美乐啤酒公司的市场定位，你还能想到更好的广告创意吗？

5. 产品类别

企业也可以根据产品类别的不同（如餐饮类、卫生用品类等）进行市场定位，以突出不同产品种类的差异。产品类别和特定需求能够直接产生品牌联想。例如：由快餐联想到麦当劳。

6. 竞争对手

针对竞争者的定位来确立企业产品的市场定位也是一种有效的定位方法。在快餐业，麦当劳与肯德基是一对强劲的竞争者，针对麦当劳“服务标准化”的定位特点，肯德基提出了“鸡肉烹调专家”的差异定位策略。

（五）市场定位的步骤

市场定位的关键是企业要设法在自己的产品上找出比竞争者更具有优势的特性。竞争优势一般有两种基本类型：一是价格竞争优势，即在同样的条件下比竞争者定出更低的价格，这就要求企业采取一切努力来降低单位成本。二是偏好竞争优势，即能提供确定的特色来满足消费者的特定偏好，这就要求企业采取一切努力在产品特色上下功夫。因此，企业市场定位的全过程可以通过以下三大步骤来完成：

1. 分析目标市场的现状，确认本企业潜在的竞争优势

这一步骤的中心任务是要回答以下三个问题：一是竞争者产品定位如何；二是目标市场上消费者欲望满足程度如何及确实还需要什么；三是针对竞争者的市场定位和潜在消费者的真正需求，企业应该及能够做什么。要回答这三个问题，企业市场营销人员必须通过一切调研手段，系统地搜索、分析有关上述问题的资料。通过回答上述三个问题，企业就可以从中把握和确定自己的潜在竞争优势。

2. 准确选择竞争优势，对目标市场初步定位

竞争优势表明企业能够胜过竞争者的能力。这种能力既可以是现有的，也可以是潜在的。选择竞争优势实际上就是一个企业与竞争者各方面实力相比较的过程。比较的指标应是一个完整的体系，只有这样，才能准确地选择相对竞争优势。通常的方法是分析、比较企业与竞争者在经营管理、技术开发、采购、生产、市场营销、财务和产品这七个方面的强项和弱项，借此选出最适合本企业的优势项目，以初步确定企业在目标市场上所处的位置。

3．显示独特的竞争优势和再定位

这一步骤的主要任务是通过一系列的宣传促销活动，将企业独特的竞争优势准确传播给潜在消费者，并在消费者心目中留下深刻印象。为此，企业应首先使目标消费者了解、熟悉、认同、喜欢和偏爱本企业的市场定位，在消费者心目中建立与该定位相一致的形象。其次，企业应通过各种努力强化目标消费者形象，稳定目标消费者的态度，加深目标消费者的感情来巩固其与市场相一致的形象。最后，企业的产品在市场上定位即使很恰当，但在下列情况下，还应考虑重新定位：

（1）竞争者推出的新产品定位与本企业产品相近，侵占了本企业产品的部分市场，使本企业产品的市场占有率下降。

（2）消费者的需求或偏好发生了变化，使本企业产品销售量骤减。

将以上三大步骤具体分解后，市场定位的具体步骤如图 4－4 所示。

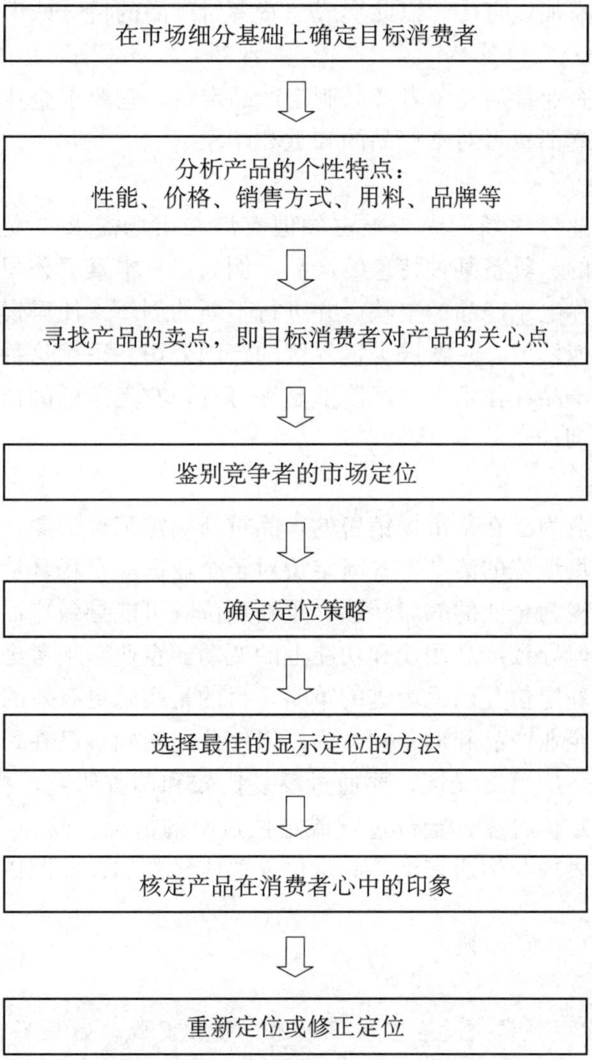

图 4－4　市场定位的具体步骤

小贴士

20世纪70年代初期，一种叫本厄恩的葡萄酒销售得非常成功，成为澳大利亚的大众化品牌。但与此同时，该品牌葡萄酒也越来越少地被作为礼品或款待客人使用。有人认为，拿一瓶本厄恩葡萄酒参加朋友的聚会简直是不可思议的，它会给人留下“吝啬鬼”以及“没有品位”的印象。还有人认为，正因为人人都喝这种品牌的酒，它已经变得没有特色。

想一想：出现这种现象的原因是什么？如果你是该葡萄酒公司的营销经理，你将会怎样应对这种现象？

（六）市场定位的策略

1. 回避性定位策略

回避性定位是指企业根据远离竞争者的策略制定产品定位，它要求企业对自身产品与竞争者产品不同的特点加以宣传，以此形成消费者对产品的特殊认识。

2. 竞争性（对峙）定位策略

竞争性定位是指企业针对竞争者产品制定产品定位，它要求企业以与竞争者产品同类特点比较的方法来建立消费者对本产品的知觉和印象。

3. 创新定位策略

创新定位是指企业寻找新的尚未被占领但有潜在市场需求的位置，填补市场上的空缺，生产市场上没有的、具备某种特色的产品。例如：日本索尼公司的随身听等一批产品正是填补了市场上迷你电子产品的空缺，并进行不断的创新，使得索尼公司即使在第二次世界大战时期也能迅速发展，一跃成为世界级的跨国公司。采用这种定位方式时，企业应明确创新定位所需的产品在技术上、经济上是否可行，有无足够的市场容量，能否为企业带来合理而持续的盈利。

4. 重新定位策略

重新定位是指企业为已在某市场销售的产品重新确定某种形象，以改变消费者原有的认识，争取有利的市场地位的活动。重新定位对于企业适应市场环境、调整市场营销战略是必不可少的，可以视为企业的战略转移。重新定位既可能导致产品的名称、价格、包装和品牌的更改，也可能导致产品用途和功能上的变动，企业必须考虑定位转移的成本和新定位的收益问题。重新定位是以退为进的策略，目的是实施更有效的定位。

市场定位是设计企业产品和形象的行为，以使公司明确自己在目标市场中的位置。企业在进行市场定位时，应慎之又慎，要通过反复比较和调查研究，找出最合理的突破口，避免出现定位混乱、定位过度、定位过宽或定位过窄的情况。而一旦确立了理想的定位，企业必须通过一致的表现与沟通来维持此定位，并应经常加以监测以随时适应目标消费者和竞争者策略的改变。

小贴士

强生婴儿洗发水以强调“适合宝宝稚嫩的皮肤和发质，而且不刺激眼睛”为宣传重点，以吸引有婴儿的家庭。但随着出生率的下降，其销售量减少。在一次企划会议中，有人无意间提到，既然婴儿洗发水连宝宝的头发都不会伤害，那么应该更不至于伤害成人的头发，这一想法立即成为会议的主题。经过热烈讨论后，大家均认为以婴儿洗发水进军成人市场是极为可行的创意。最终，美国强生公司靠“强生婴儿洗发水保护你的头发!”这句广告词，在市场上开拓了属于自己的一片天空。

想一想：强生公司运用了哪种市场定位策略？试析其采用这种市场定位策略的原因。

（七）与定位有关的消费者心理规律

定位的真谛就是“攻心为上”，消费者的心灵才是营销的“终极战场”。要抓住消费者的心，必须了解他们的思考模式，这是进行定位的前提。杰克·特劳特和史蒂夫·瑞维金（Steve Rivkin）的《新定位》一书列出了消费者的几大思考模式，以帮助企业占领消费者心目中的位置。

1. 消费者只能接收有限的信息：必须让消费者记得你

根据哈佛大学的心理学家的研究，一般人的脑海无法同时容纳七个单位以上的事物，因此，越简单易懂越容易打动人心。通常在购买某类产品时，消费者不会记住七个以上的品牌。进一步的研究发现，其实七个品牌的存在，还只是市场的初始阶段，随着市场的成熟和稳定，人们往往只能记住两个品牌，在其中选择其一就够了。这个原则叫作“二元法则”，是指任何一个市场最终会变成两个品牌竞争的局面。例如：可乐业是可口可乐与百事可乐，手机业是苹果与华为，飞机制造业是波音与空中客车，牙膏业是高露洁与佳洁士，运动鞋业是耐克与阿迪达斯等。居于第三位及以下的品牌，将因为其在消费者心智阶梯中的弱势地位，需要不断促销才能提高自身的排序，因而生存艰难。这个原则后来被杰克·韦尔奇（Jack Welch）用来作为改造通用电气的指导原则，获得了巨大的成功。

2. 消费者喜欢简单，讨厌复杂：说自己最擅长的

在各种媒体广告的狂轰滥炸下，消费者最需要简单明了的信息。广告传播信息简化的诀窍，就是不要长篇大论，而是集中力量将一个重点清楚地打入消费者心中，突破人们痛恨复杂的心理屏障。

小贴士

在汽车行业，法拉利占有了“速度”，奔驰拥有了“名望”，宝马则牢牢控制了“驾驶乐趣”这个定位，而沃尔沃几十年如一日只讲两个字——“安全”。在高度竞争的美国市场，卖得最好的高档汽车不是奔驰，不是宝马，而是沃尔沃。

想一想：沃尔沃胜出的原因是什么？

3. 消费者对品牌的印象不会轻易改变：坚持说

社会心理学家曾做过一个有趣的试验，在召开会议时，让人们自由选择位置，之后让他们到会议室休息片刻再进入室内，如此反复五六次，结果发现大多数人都会选择第一次

坐过的位置。

一旦消费者心目中形成了对某个品牌的形象，这种形象就会根深蒂固。第一印象总是特别重要。消费者一旦对企业的品牌进行归类或者定位之后，就很难接受改变，无论企业花多大力气、多大投入，都很难改变。

小贴士

当初，重庆奥妮凭借“植物一派，重庆奥妮”的口号，成为我国本土洗发水市场的一支生力军。但是，在推出“黄连除菌”系列时，奥妮没有将品牌形成的“植物”和“黑发”的定位优势继续下去，从而使消费者对奥妮品牌的认知开始模糊。“奥妮首乌”与“百年润发”这两个曾经红极一时的产品逐渐被消费者淡忘，奥妮也没及时去挽救，因此给其竞争品牌极好的机会来争夺“植物洗发水”及“黑亮”的概念，彻底动摇了奥妮品牌在消费者头脑里“植物洗发水”和“能黑亮头发”的品牌的认知。最终，奥妮淡出了日化市场。

想一想：请分析奥妮洗发水成功和失败的原因。

思考练习

一、简述题

1. 试比较集团市场和消费者市场的不同特点。
2. 影响消费者购买行为的内外在因素分别是什么？
3. 进行国际市场细分的原则和方法是什么？
4. 选择目标市场时应该考虑哪些影响因素？
5. 实施市场定位的策略有哪些？

小试牛刀四

趣味阅读四

二、案例讨论

美乐公司的市场定位

菲利普·莫里斯公司在1970年买下了密尔瓦基的美乐啤酒公司，并运用市场细分策略，使美乐公司成为啤酒业的“老大”。

原来的美乐公司是一个业绩平平的企业，在全美啤酒行业中排名第七，市场占有率仅为4%。1983年，在菲利普·莫里斯公司的经营下，美乐公司的市场占有率达到21%，仅次于排第一位的布什公司（其市场占有率为34%），将排名第三、第四位的公司远远抛在了后面。美乐公司之所以能够创造这一奇迹，关键在于菲利普·莫里斯公司吞并美乐公司后，实施了市场细分策略。

美乐公司在做出营销决策前，对市场进行了认真的调查。美乐公司根据对啤酒饮用程度的不同将消费人群分为两类：一类是轻度饮用者，另一类是重度饮用者。其中，重度饮用者的饮用量是轻度饮用者的8倍。调查结果显示，美乐公司面对的消费群体多数为蓝领阶层，年龄在30岁左右，爱好体育运动。于是，美乐公司果断决定对其啤酒进行重新定位，改变其原先在消费者心中“价高质优的精品啤酒”形象，将目标消费人群从原先的女性及社会高收入者转向了“真正爱喝啤酒”的中低收入者。

重新定位还表现在美乐公司的新广告上，整个广告是面向那些喜好运动的蓝领阶层。广告中出现的都是一些激动人心的画面：年轻人骑着摩托车冲下陡坡，消防队员紧张地灭火，船员们在狂风巨浪中驾驶轮船……甚至还有篮球明星助阵。为配合广告攻势，美乐公司推出了一种容量较小的瓶装啤酒，能很好地满足那些轻度饮用者的需求。新产品一上市，市场反应很热烈，迅速赢得了蓝领阶层的喜爱。

美乐公司并没有就此罢手，而是决定乘胜追击，又进入了另一个细分市场——低热度啤酒市场。开始，许多啤酒商并不看好美乐公司的这一决策，认为美乐公司进入了一个“根本不存在市场的市场”。但美乐公司并没有放弃，而是依然从广告宣传上着手，反复强调该种啤酒——“美乐淡啤”（Miller Lite）的特点：低热度，不会引起腹胀，口感一样好。同时，还对“美乐淡啤”进行了重新包装，在设计上给人以“高质量、男子气概浓、夺人眼目”的感觉。在强大的广告攻势下，美乐淡啤当年的销售额就达 200 万箱，并在以后几年迅速上升。

在占领了低档啤酒、淡啤这两个细分市场后，美乐公司又开始了新的挑战——进军高档啤酒这一细分市场，将原本在美国很受欢迎的德国啤酒“老温伯”买了下来。在广告宣传中，一群西装革履的雅皮士们高举酒杯，说着“来喝老温伯”，这一举措大大击垮了原先处于高档啤酒市场领导地位的“麦可龙”。

资料来源：孙科炎．营销策划技能案例训练手册 2.0［M］．北京：机械工业出版社，2012.

试讨论：

（1）对啤酒市场进行多级细分，选择一个品牌进行定位，并阐明定位的原因。

（2）为你所知的 5 种啤酒确定目标市场，并比较它们在市场上的地位。

三、拓展训练

1. 分组活动，各选择一家企业，对其消费者市场进行分析，帮助企业掌握其消费者市场的购买行为特征。

2. 结合上一题的分析结果，帮助该企业进行市场细分，选择合适的目标市场进行市场定位。

学习情境五 制定国际营销产品策略

国货出海五

一睹为快五

学习目标

【知识目标】

■ 了解产品的整体概念；通晓产品生命周期理论；掌握国际市场产品组合策略、新产品开发策略、品牌与包装策略等。

【能力目标】

■ 能够根据不同的国际市场状况和产品生命周期各阶段的特点，灵活运用和调整产品组合、品牌、包装等相关营销策略，指导企业开展相关的国际市场营销活动。

【素养目标】

■ 国际市场营销人员应当充分理解我国实施“一带一路”倡议的背景与意义，能够以产品销售为纽带，传播推广中国文化，让“一带一路”沿线国家感受中华文明的灿烂悠久、博大精深，增强历史自信和文化自信。

导入案例

比亚迪：引领全球新能源汽车革命，持续推动海外市场拓展

随着全球能源转型的深入，新能源汽车正逐渐成为全球汽车产业发展的关键方向。作为中国新能源汽车的领军企业，比亚迪凭借其领先的技术和创新能力，日益成为全球汽车产业发展的关键力量。

比亚迪海外发展布局与成绩：2021 年 5 月，比亚迪首次宣布了其“乘用车出海”计划，将挪威作为开拓海外乘用车业务的首个试点市场。经过多年的发展，如今比亚迪新能源乘用车已进入日本、德国、澳大利亚、巴西等国，足迹遍布全球多个国家和地区，甚至一度成为多地销冠。其中，共建“一带一路”国家已成为比亚迪发力海外市场的重要目的地。这一布局不仅覆盖了全球主要市场，还为比亚迪的海外发展奠定了坚实的基础。

凭借先进的技术和稳健的市场策略，比亚迪在海外市场的销售量持续爆发。2023 年，在泰国和新加坡市场，比亚迪在 1—11 月纯电动汽车累计销量中位居榜首；在巴西市场，比亚迪连续 5 个月蝉联新能源汽车销量总冠军；在哥伦比亚和哥斯达黎加市场，比亚迪同样获得了 1—11 月新能源汽车累计销量冠军。此外，比亚迪的新晋销冠车型——纯电新物种“比亚迪海豚”也在泰国、巴西等市场连续多月问鼎销量冠军车型。2023 年 11 月，比亚迪新能源乘用车出口数量高达 30 629 辆，居新能源乘用车领域 11 月出口量榜首，超当月出口国产新能源乘用车占比的三分之一。这一成绩的取得，证明了比亚迪在全球范围内的品牌影响力和市场竞争力。同时，比亚迪的多款车型也在海外市场中获得了销量冠军和各种奖项，进一步证明了其产品品质和市场竞争力的卓越。这一成绩充分体现了比亚迪在海外市场的竞争力和品牌影响力。

比亚迪技术突破引领行业发展：作为全球新能源汽车领导者，比亚迪在电池、电机、电控等核心领域拥有多项突破性技术。例如，比亚迪的刀片电池技术以其高安全性和长续航能力赢得了全球消费者的认可；其自主研发的 e 平台 3.0 则整合了电动化、智能化、网联化等多种技术，为新能源汽车的开发和制造提供了强大支持。此外，比亚迪还在智能驾驶、车联网等领域取得了显著进展，进一步提升了其产品的竞争力。

比亚迪先进技术突破及海外发展持续：除了在核心技术领域的突破，比亚迪还注重提升产品质量和安全性。2023 年，比亚迪海豹、宋 PLUS EV 冠军版、比亚迪海豚及比亚迪唐 EV 均荣获 E-NCAP 五星评级；比亚迪海豚及海豹也获得了 ANCAP 五星评级。这些荣誉不仅是对比亚迪产品质量的肯定，而且证明了比亚迪赢得了全球消费者对品牌的信任和支持。

从大众到个性化，满足消费者多方位全场景的用车需求：比亚迪始终坚持以消费者为中心。随着新能源汽车市场的不断扩大和消费者需求的日益多样化，比亚迪在产品线布局上从大众到个性化，满足消费者多方位全场景的用车需求。通过不断创新和研发，比亚迪为消费者提供了多样化的新能源汽车选择。无论是城市通勤、长途旅行还是商务

出行，比亚迪都能为消费者提供便捷、舒适和环保的出行体验。除了常规的新能源汽车车型，比亚迪还针对不同国家和地区的消费者需求，推出了多款具有特色的新能源汽车产品。例如，针对欧洲市场推出的比亚迪唐EV和针对东南亚市场推出的比亚迪海豹等车型，都充分考虑了当地市场的特点和消费者的需求，受到了广泛的欢迎和好评。

作为全球新能源汽车领导者，比亚迪正不断加强海外市场拓展和业务布局，为全球消费者提供多样化的高品质新能源汽车选择。未来，随着全球交通电动化进程的加速推进，比亚迪将继续发挥其在新能源汽车领域的领先优势，为全球消费者创造更加绿色、智能、便捷的出行体验。同时，比亚迪也将进一步展示中国汽车工业在新能源汽车领域的实力和影响力，为全球崛起注入更多信心和动力。

请思考：

比亚迪为何能引领全球新能源汽车革命？其国际市场竞争力是什么？

任务一　明确国际营销产品组合策略

任务概述

国际市场营销是以满足消费者的需要为出发点，而满足消费者的需要是以提供产品和服务来实现的。因此产品策略是国际市场营销的基础，直接影响和决定其他市场营销组合策略，是企业营销活动成败的关键。假设你是我国奇瑞集团的营销人员，准备调整产品策略，扩大海外市场份额，参照导入案例中比亚迪公司产品策略成功的经验，你应制定哪些产品策略来开展合适的营销活动？

知识储备

国际营销产品策略是国际市场营销组合中最重要的部分，对企业市场营销的成败影响重大。产品整体概念包括核心产品、有形产品和附加产品三个层次。产品组合是指某一企业所生产或销售的全部产品大类、产品项目的组合。产品组合具有宽度、长度、深度和关联度。产品组合策略的内容主要包括扩大产品组合策略、缩小产品组合策略和产品线延伸策略。

一、产品的整体概念和分类

传统意义上的产品是指市场上出售的具有某种特定物质状态和用途的物质实体，如食物、衣服、汽车、房子等。事实上，消费者购买某种产品时，并不只是得到该产品的实体，而是要通过购买该产品来获得某方面利益的满足，从这点来看，产品概念的内涵被大大扩展了。因此，现代市场营销理论认为，产品是指向市场提供的，供人们获取、使用或消费的，满足人们某种欲望或需要的一切东西，既包括有形物品，也包括无形的服务和人员、组织、观念，或者它们的组合。

（一）产品的整体概念

产品的整体概念主要由核心产品、有形产品、附加产品三个基本层次组成，具体如图5-1所示。

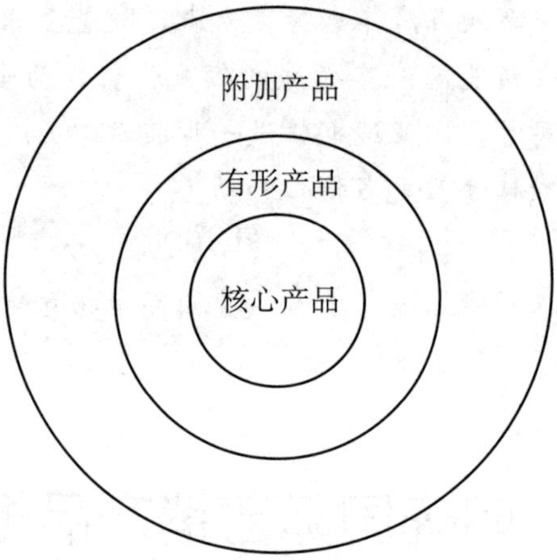

图5-1　产品的整体概念

1. 核心产品

核心产品（Core Product）是指消费者购买某种产品时所追求的利益，是消费者真正要买的东西，因而在产品整体概念中也是最基本、最主要的部分。消费者购买某种产品，并不是为了占有或获得产品本身，而是为了获得能满足某种需要的效用或利益，如买汽车是为了代步，买饮料是为了解渴，买化妆品是希望美丽、体现气质、增加魅力等。因此，企业在开发产品、宣传产品时应明确产品能提供的利益，产品才具有吸引力。

2. 有形产品

有形产品（Basic Product）是指核心产品所展示的全部外部特征，即向市场提供的实体和服务的形象。它在市场上通常表现为产品的质量水平、外观特色、品牌名称和包装等。具有相同效用的产品，其表现形态可能有较大的差别。因此，企业进行产品设计时，除了要重视消费者所追求的核心利益，也要重视如何以独特的形式将这种利益呈现给消费者。

产品的有形特征主要指质量、款式、特色、包装。以冰箱为例，有形产品不仅仅指冰箱的制冷功能，还包括它的质量、造型、颜色、容量等。

小贴士

早些年，我国出口英国十八头莲花茶具的原包装是瓦楞纸盒，既不美观，购买者也不易知道里面所装为何物，结果该茶具产品无人问津。后来伦敦一家百货商店出售这些茶具时加制了一个精美的包装，上面印有茶具彩色图案，套在原包装外面，售价一下由我国出口价的1.7英镑提高到8.99英镑，购买者纷至沓来。

想一想：恰当的包装意味着什么？对产品销售有何作用？

3. 附加产品

附加产品（Expected Product）是指消费者购买有形产品时所获得的全部附加服务和利益，包括提供信贷、免费送货、质量保证、安装、售后服务等。附加产品的概念来源于对市场需要的深入认识。因为消费者的目的是满足某种需要，他们希望得到与满足该项需要有关的一切。产品性能和质量越接近，消费者对服务的体验就越敏感。例如：我国的荣事达洗衣机于1997年推出了“红地毯服务”，这种热情周到的售后服务使得荣事达既在激烈的市场竞争中保持不败，产品走进全国千家万户，又树立了良好的企业形象。

美国学者西奥多·莱维特（Theodore Levitt）曾经指出，新的竞争不在于各个企业生产什么产品，而在于其产品能提供何种附加利益（如包装、服务、广告、融资、送货、仓储及具有其他价值的形式）。

小贴士

某服装商店专门推出一种“形象设计服务”，聘请形象设计专家为每一位前来的消费者设计形象。专家根据消费者的身材、气质、经济条件等情况，指导消费者该买什么服装、配什么领带或饰物；头发做成什么式样与服装、身材最相称；什么颜色的脚蹬和款式的鞋相得益彰等，从而使服装及各种配套物品最能体现消费者的长处。这项服务推出后，立即受到欢迎。一时间，消费者如云，服装、饰物都是整套售出，商店收入顿时大增。

想一想：服装商店消费者如云、收入大增的原因是什么？

（二）产品的分类

1. 按照产品的耐用程度和有形性分类

（1）耐用品。它是指在正常情况下可多次反复使用，且使用寿命较长的有形产品，如汽车、家用电器等。

（2）非耐用品。它是指在正常情况下只可使用一次或少数几次，使用寿命较短的有形产品。这类产品消费较快，购买频率高，如牙刷、洗衣粉、肥皂、食物等。

（3）服务。它是指为消费者提供的无形的活动、利益或享受等。此类产品具有时间性、无形性、不可分性和易变性的特点，如文艺演出、咨询服务、旅游服务、美容美发等。

2. 按照产品的用途分类

（1）消费品。

1）日用品。它是指消费者经常购买，且在购买时很少花精力去比较价格、质量等因素的消费品。例如：肥皂、卫生纸、饼干、饮料等的价格通常很低，可以随时买到。

2）选购品。它是指消费者在购买时会仔细比较其价格、性能、质量、式样等的消费品。在购买时，消费者会花较多的时间和精力收集信息并进行比较，购买频率低，如家用电器、家具等。

3）特殊品。它是指消费者愿意多花时间和精力去购买的有特殊性质或品牌识别的消费品。消费者在购买前对这一产品的特点、品牌等有充分的认识，购买时只选择特定品牌的某种产品。此类产品品牌知名度高、有独特的使用价值，如高级汽车、单反相机、金银首饰、高级护肤品、名牌手提包、古董字画等。

4）非必需品。它是指消费者要么不知道，要么知道但并不想购买的消费品。此类产品大部分属于刚上市的新产品，如人寿保险、墓地、百科全书等。

（2）工业用品。

1）材料和零部件。它包括原材料、加工材料和零部件。此类产品完全进入生产过程，是企业再生产的重要资源。如钢材、木材、面纱等。

2）资本项目。它是指用于帮助购买者生产和管理的工业产品，包括主要设备和附属设备。主要设备包括建筑物（如厂房、办公室）、固定设备（如发电机、电梯、钻床）等。附属设备包括可移动的工厂设备、工具和办公设备，使用寿命比主要设备短。

3）物资和服务。物资包括经营物资和维修物资，是工业领域中的日用品，购买者在购买时一般不要求名牌，但比较注重价格和服务，如润滑油、油漆、燃料等。服务包括维修服务（如修理电脑、打印机、机床等）和行业建设服务（如广告策划、营销策划、法律咨询等），这些服务项目通常在合同中加以规定。

二、产品生命周期

随着科学技术的飞速发展和人们生活水平的提高，消费需求也在日益变化中，产品生命周期呈现缩短的趋势。因此，企业要开拓国际市场，不能局限在对现有产品的更改上，而必须深入研究产品市场生命周期理论，认识产品开发的规律，制定长远的产品开发战略。特别是在国际市场营销中，产品生命周期理论是指导企业进行新产品开发和上市的重要理论。

（一）产品生命周期理论

产品生命周期理论是美国哈佛大学教授雷蒙德·弗农（Raymond Vernon）1966 年在其《产品周期中的国际投资和国际贸易》一文中首次提出的。产品生命周期（Product Life Cycle，PLC）是产品的市场寿命，即一种新产品从开始进入市场到被市场淘汰的整个过程。产品生命是指产品在市场上的营销生命。产品和人的生命一样，要经历形成、成长、成熟、衰退这样的周期。就产品而言，也就是要经历投入、成长、成熟、衰退的阶段。而这个周期在不同的技术水平的国家里，发生的时间和过程是不一样的，其间存在一个较大的时差，这一时差表现为不同国家在技术上的差距，它反映了同一产品在不同国家市场上的竞争地位的差异，从而决定了国际贸易和国际投资的变化。

（二）产品生命周期各个阶段的特点

典型的产品生命周期一般可以分成四个阶段，即投入期、成长期、成熟期和衰退期，具体如图 5－2 所示。

1．第一阶段：投入期

投入期是指产品从设计投产直到投入市场进入测试的阶段。新产品投入市场，便进入了投入期。此时产品品种少，消费者对产品还不了解，除少数追求新奇的消费者外，几乎

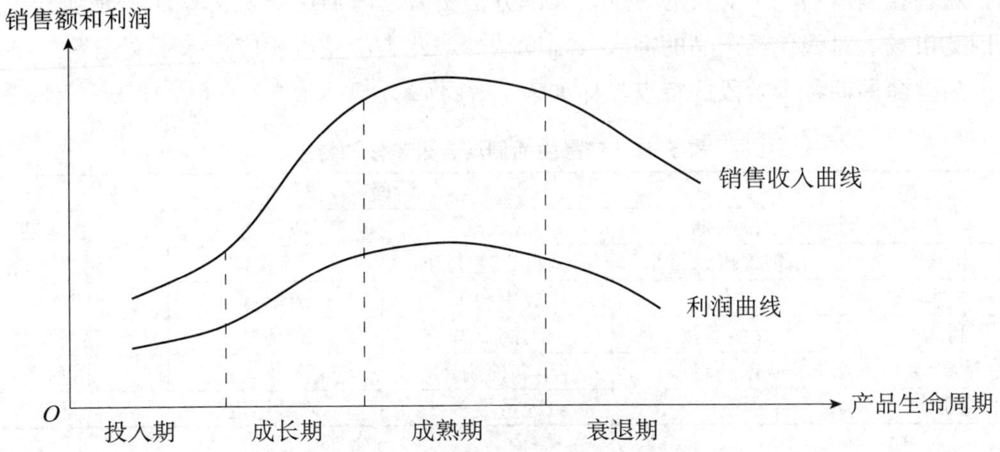

图 5-2 产品生命周期的四个阶段

无人实际购买该产品。生产者为了扩大销路，不得不投入大量的促销费用，对产品进行宣传推广。该阶段由于生产技术方面的限制，产品生产批量小，制造成本高，广告费用大，销售价格偏高，销售量极为有限，企业通常不能获利，反而可能亏损。

在这一时期，由于产品尚未定型，技术也不完善，在本国生产和销售是最好的选择。当生产发展到一定阶段后，可逐步向其他国家的市场进行扩散。

2. 第二阶段：成长期

当在投入期的销售取得成功之后，产品便进入了成长期。成长期是指产品试销效果良好，消费者逐渐接受该产品，产品在市场上站住脚并且打开了销路。这是需求增长阶段，需求量和销售额迅速上升，生产成本大幅度下降，利润迅速增长。与此同时，竞争者看到有利可图，将纷纷进入市场参与竞争，使同类产品供给量增加，价格随之下降，企业利润增长速度逐步减慢，最后达到生命周期利润的最高点。

在这一时期，企业应该不断改善和提高产品性能，并通过设立国外子公司或分公司来降低成本，打破国际市场上的各种贸易壁垒，保持和扩大国际市场份额。

3. 第三阶段：成熟期

成熟期是指产品步入大批量生产并稳定地进入市场销售的阶段。经过成长期之后，随着购买产品的人数增多，市场需求趋于饱和。此时，产品普及并日趋标准化，成本低而产量大，销售增长速度缓慢直至转而下降。由于竞争的加剧，同类产品生产企业之间不得不加大在产品质量、花色、规格、包装服务等方面的投入，在一定程度上增加了成本。在这一阶段，企业必须开拓发展中国家的市场，以取得规模经济效益。

4. 第四阶段：衰退期

衰退期是指产品进入了淘汰阶段。随着科技的发展以及消费习惯的改变等原因，产品的销售量和利润持续下降，产品在市场上已经老化，不能适应市场需求，市场上已经有其他性能更好、价格更低的新产品，足以满足消费者的需求。此时成本较高的企业就会由于无利可图而陆续停止生产，该类产品的生命周期也就陆续结束，直至最后完全撤出市场。

例如，随着我国市场电子支付的普及，大部分消费者已习惯用手机付款而不是随身携带现金，因此市场上对钱包类产品的需求大幅度减少，此类产品也相应进入了衰退期。

产品生命周期各个阶段的特点具体如表 5-1 所示。

表 5-1　产品生命周期各个阶段的特点

项目	阶段			
	投入期	成长期	成熟期	衰退期
销售	销售缓慢，量小	销售迅速上升	销售高峰	销售下降
成本	成本高	成本中等	成本低	成本低
利润	大多亏损	利润上升	高利润	利润下降
消费者	创新者	早期使用者	多数人	落后者
竞争者	极少	数量增多	数量稳定	数量减少

三、产品组合及其策略

（一）产品组合的概念

产品组合，也称产品搭配，是指一个企业提供给市场的全部产品线和产品项目的组合或搭配，即经营范围和结构。产品线是指互相关联或相似的一组产品，即我国通常所说的产品大类。产品线可依据产品功能上相似、消费上具有连带性、供给相同的顾客群、有相同的分销渠道，或属于同一价格范围来进行划分。

小贴士☞

普乐士公司作为一家文具专营企业虽然经营了十多年，仍没有多大起色。公司中一位刚工作 1 年的女孩子根据自己的消费体会设计了一种“文具组合”，一经面市，立即引起市场轰动，成为热门产品。在短短的 1 年 4 个月时间内，共销售出 340 万盒。事实上，这个“文具组合”只不过包含 7 件小文具：10 厘米长的尺子、透明胶带、1 米长的卷尺、小刀、订书机、剪刀、胶水。7 件小东西装在一个设计美观的盒子里，定价为 2 800 日元。

想一想：普乐士公司的员工运用了什么办法使公司销售量大增？请结合市场营销原理加以简单分析。

产品项目是指产品线中各种不同品种、档次、质量、款式、特色和价格的具体产品。例如：某商店经营化妆品、珠宝饰品、鞋帽、服装、针织品五大类产品（五条产品线），每大类中又有若干具体品种（产品项目），如服装可细分为外套、裤子、裙子、内衣等。所有这些产品大类和项目按一定比例搭配，就形成该店的产品组合。

小贴士☞

宝洁公司在全球 80 多个国家设有工厂或分公司，所经营的 300 多个品牌的产品畅销 160 多个国家和地区。宝洁公司的产品组合（大中华区）如表 5-2 所示。

表 5-2　宝洁公司的产品组合（大中华区）

婴儿护理	织物护理	女性护理	男士理容	秀发护理	居家护理	口腔护理	个人健康护理	皮肤和个人护理
帮宝适	碧浪 当妮 汰渍	丹碧丝 护舒宝	博朗 吉列 维纳斯	澳丝 发之食谱 海飞丝 植感哲学 潘婷 飘柔 沙宣	风倍清 JOY	佳洁士 欧乐 B	femibion 伊维安 NewChapter 新章	aio First Aid Beauty 玉兰油（皮肤护理） 玉兰油（身体护理） SK-Ⅱ 舒肤佳

想一想：宝洁公司有多少产品线和产品项目？

（二）产品组合对国际市场营销的意义

1. 产品组合的构成因素

产品组合包括四个构成因素：宽度、长度、深度和关联度。这四个因素是构成产品组合的关键因素。

（1）产品组合的宽度。它是指一个企业生产经营的产品大类有多少，也就是拥有多少条产品线。

（2）产品组合的长度。它是指一个企业所有产品线中产品项目的总和。

（3）产品组合的深度。它是指一条产品线中平均具有的产品项目数。

（4）产品组合的关联度。它是指各个产品线在最终用途、生产技术、分销渠道和其他方面的关联程度。

小贴士☞

宝洁公司（大中华区）有婴儿护理、织物护理、女性护理、男士理容、秀发护理、居家护理、口腔护理、个人健康护理、皮肤和个人护理等 9 个产品线，其产品组合的宽度为 9，产品品目总数是 28 个。根据“产品组合的平均长度＝产品品目总数÷产品线数”，宝洁公司（大中华区）产品组合的平均深度约为 3（＝28÷9）。

想一想：如果潘婷洗发水有 3 种规格（200ml、400ml、1 000ml）和 3 种功效（乳液修护型、丝质润滑型和烫染修护型），其产品组合的深度是多少？

2. 产品组合对国际市场营销的意义

合理的产品组合对国际市场营销具有重要的意义：

（1）企业适度增加产品组合的宽度，可以使企业，尤其是大型企业在资源、设备、技术、劳动力方面的优势得到充分发挥，提高经营效益。此外，实行多角化经营还可以减少风险。

（2）随着国际市场的变化，每一种产品的销售风险随时可能增大。企业增加产品组合的长度和深度，实现产品品种多样化，既可以迎合广大消费者的不同需要和爱好、提高消费者的满意程度，又可以减少经营风险、提高企业的适应能力和竞争能力。

（3）企业增加产品组合的关联度，既可以提高企业的生产能力和市场地位，便于分销促销和售后服务，又可以提高企业在某一国家和地区、行业的声誉。

小贴士

宝洁是一家拥有多个知名品牌和广泛产品线的消费品公司。通过不断扩大产品线，宝洁成功地在多个领域建立了市场领导地位。例如，宝洁在洗发水、护肤品、婴儿护理用品等领域都拥有多个知名品牌，如护舒宝、帮宝适、海飞丝等。这些产品的成功不仅满足了消费者的多样化需求，也为宝洁带来了稳定的收入来源。

想一想：试析宝洁公司成功的原因。

（三）产品组合策略

1. 扩大产品组合策略

扩大产品组合策略包括开拓产品组合宽度和加强产品组合深度。开拓产品组合宽度是指增添一条或几条产品线，扩展产品经营范围；加强产品组合深度是指在原有的产品线内增加新的产品项目。

当企业预测到现有的产品线的销售额和盈利会在未来有所下降时，就要考虑在产品组合中增加新的产品线或加强其中有发展潜力的产品线。

（1）扩大产品组合的具体方式有：

1）在维持原产品品质和价格的前提下，增加同一产品的规格、型号和款式。

2）增加不同品质和不同价格的同一种产品。

3）增加与原产品相类似的产品。

4）增加与原产品毫不相关的产品。

（2）扩大产品组合的优点是：

1）满足不同偏好消费者的多方面需求，提高产品的市场占有率。

2）充分利用企业信誉和商标知名度，完善产品系列，扩大经营规模。

3）充分利用企业资源和剩余生产能力，提高经济效益。

4）减小市场需求变动的影响，分散市场风险，降低损失程度。

2. 缩小产品组合策略

缩小产品组合策略是指削减产品线或产品项目，特别是要取消那些获利小的产品，以便集中力量经营获利大的产品线和产品项目。

在市场繁荣时期，较长、较宽的产品组合会为企业带来更多的利润和机会，但是在市场不景气或原料、能源供应紧张时期，缩减产品线反而能使总利润上升。企业剔除获利小甚至亏损的产品线或产品项目，可以集中力量发展获利多的产品线和产品项目。

（1）缩小产品组合的方式有：

1）减少产品线数量，实现专业化生产经营。

2）保留原产品线，削减产品项目，停止生产某类产品，外购同类产品继续销售。

3）集中资源和技术力量改进保留产品的品质，提高产品商标的知名度。

（2）缩小产品组合的优点是：

1）生产经营专业化，提高生产效率，降低生产成本。

2）有利于企业向市场的纵深发展，寻求合适的目标市场。

3）减少资金占用，加速资金周转。

3. 产品线延伸策略

每一个企业的产品线只占所属行业整体范围的一部分，每一个产品都有其特定的市场定位。产品线延伸即一个企业把自己的产品线长度延伸超过现有范围。产品线延伸策略全部或部分地改变企业原有产品的市场定位，具体做法有向下延伸、向上延伸和双向延伸三种。

（1）向下延伸。企业原来生产高档产品，后来决定增加生产低档产品。企业采取这种策略的主要原因是：

1）企业发现其高档产品的销售增长缓慢，因此不得不将其产品大类向下延伸。

2）企业的高档产品受到激烈的竞争，必须用入侵低档产品市场的方式来反击竞争者。

3）企业当初进入高档产品市场是为了建立其品牌形象，然后向下延伸。

4）企业增加生产低档产品是为了填补空隙，不使竞争者有机可乘。

企业在采取向下延伸策略时，会遇到一些风险，例如：

1）企业原来生产高档产品，后来增加生产低档产品，有可能使名牌产品的品牌形象受到损害，所以，低档产品最好用新的商标，不要用原先高档产品的商标。

2）企业原来生产高档产品，后来增加生产低档产品，有可能激怒生产低档产品的企业，导致其向高档产品市场发起反攻。

3）企业的经销商可能不愿意经营低档产品，因为经营低档产品所得利润较少。

小贴士

通用汽车是全球最大的汽车公司之一，其上海通用汽车公司主要拥有别克、雪佛兰、凯迪拉克三大品牌。在 2002 年中国的汽车市场中，自主品牌价格多在 5 万元以下，合资品牌价格多在 15 万元以上，可以看出，5 万元到 10 万元之间的市场是有空隙的。在这种情况下，上海通用果断以别克品牌推出 10 万元的“赛欧”（当时别克是中级车市场上最火的品牌），成功抢占紧凑型汽车市场。2010 年，上海通用把“赛欧”归入雪佛兰旗下，推出“新赛欧”，并打出不到 6 万元的车价，成功打入 5 万元市场。

想一想：为何同一款车以两个品牌先后两次打入市场都能获得巨大成功？

（2）向上延伸。企业在原有产品线上增加高档产品生产线，使产品进入高档市场。这样既可提高企业原有产品的销售量，又可以使企业的产品逐步转入高档产品市场，有效地提升品牌资产价值，改善品牌形象，从而谋求企业的长远利益。企业采取这种策略的主要原因是：

1）高档产品畅销，销售量增长较快，利润率较高。

2）企业估计高档产品市场上的竞争者较弱，易于被击败。

3）企业想使自己成为生产种类全面的企业。

企业在采取向上延伸策略时，会遇到一些风险，例如：

1）可能引起生产高档产品的竞争者进入低档产品市场，进行反攻。

2）未来的消费者可能不相信企业能生产高档产品。

3）企业的销售代理商和经销商可能没有能力经营高档产品。

一些知名品牌，特别是一些原来定位于中档的大众名牌，为了达到上述目的，不惜花费巨资，以向上延伸策略拓展市场。日本企业在汽车、摩托车、电视机等行业多采用此种方式。20 世纪 60 年代率先打入美国摩托车市场的本田公司，将其产品系列从低于 125CC 延伸到 1 000CC 的摩托车。雅马哈则紧跟本田，陆续推出了 125CC、600CC、700CC 的摩托车，还推出一种三缸四冲程轴驱动摩托车，从而在大型旅行摩托车市场上与本田展开了有力的竞争。

（3）双向延伸。一方面增加生产高档产品，另一方面增加生产低档产品，扩大市场阵地。这种策略在一定条件下有利于扩大市场占有率，增强企业的竞争能力。

小贴士☞

丰田汽车在推出豪华汽车品牌凌志（Lexus，2004 年改名为雷克萨斯）的同时，也保持了其原有的经济实用型汽车的生产。凌志作为奢侈品牌，定位于高端市场，而丰田则面向大众市场。这种双向延伸策略使丰田汽车能够覆盖更广泛的市场，满足不同消费者的需求。

想一想：丰田汽车采用的是何种产品策略？

任务二　明确国际市场新产品开发策略

任务概述

企业开发新产品的过程是一个充满了矛盾、风险和创新的工作过程，也可以说是一项十分复杂的社会工程。因此，我们既要了解新产品的含义，又要熟悉新产品开发的程序，还要把握新产品推广的过程。假设你是我国小米的营销人员，现在打算开发新产品，参照导入案例中比亚迪公司的成功经验，你应该制定哪些营销策略来开发新产品？

知识储备

新产品开发策略是国际市场营销产品策略的重要内容。新产品有全新产品、革新产品、改进新产品和仿制新产品四类。新产品开发经历寻求创意、筛选创意、形成产品概念、拟订营销战略、经营分析、产品开发、市场试销和正式上市八个阶段。新产品推广要遵循七个原则：正确把握新产品推广的时机，找准新产品市场定位，合理制定新产品的价格，建立合适的新产品销售渠道，选择有效的新产品推广方式，快速提高新产品的铺货率，做好新产品的促销。

一、国际市场新产品的含义及类型

（一）国际市场新产品的含义

新产品是指采用新技术原理、新设计构思、研制、生产的全新产品，或在结构、材质、工艺等某一方面比原有产品有明显改进，从而显著提高了产品性能或增加了使用功能的产品。从国际市场营销的角度来看，只要产品整体概念中的任何一部分有所变革或创新，并且给消费者带来新的利益、新的满足的产品，都可以认为是一种新产品，即凡是企业向市场提供过去没有生产过的产品都叫新产品。

（二）国际市场新产品的类型

1. 全新产品

全新产品是指应用新原理、新技术、新材料，具有新结构、新功能的产品。该新产品在全世界首先开发，能开创全新的市场，如第一次出现的电话、电视、手机、火车、飞机、电脑等。

2. 革新产品

革新产品是指为了满足消费者新的需求，在原有产品的基础上利用最新科技成果和新工艺创造出来的产品，即在原有产品的基础上，部分采用新技术、新材料制成的性能有显著提高的新产品。例如，电视机从笨重的显像管电视变革成轻薄的液晶电视，洗衣机从手动控制变革成全自动电脑控制，手机从模拟信号变成数字信号、从普通功能型手机变革成智能手机等。

3. 改进新产品

改进新产品是指在原有老产品的基础上进行改进，使产品在结构、功能、品质、花色、款式及包装上具有新的特点和新的突破，改进后的新产品，其结构更加合理、功能更加齐全、品质更加优质，能更多地满足消费者不断变化的需求。例如，手机显示屏从直板形状改进成折叠款式，扫地机器人从手动清洗抹布改进成自动补水自动清洗抹布，羽绒服从以前的普通涤纶面料改进成三防面料（防水、防油、防污）等。

4. 仿制新产品

这种产品市场上已存在，但对企业来说是新产品。一些企业不具备研发能力，于是研究国际市场上的产品样本并仿制，然后推向市场。企业仿制新产品可以缩短开发时间，降低开发成本，加速产品制造过程，但掌握不了核心技术，会受制于人。

综上所述，全新产品是最难研制的，如果企业率先推出的话，则市场竞争较少，也可获得可观的利益。仿制新产品相对容易，但市场竞争激烈。目前，从国际市场来看，大多数企业的重点都放在产品的改进上。

二、国际市场新产品的开发

（一）新产品开发过程

新产品开发是一项极其复杂的工作，从根据用户需求提出设想，到正式生产产品投放市场为止，其中经历许多阶段，涉及面广、科学性强、持续时间长，因此必须按照一定的程序开展工作，这些程序之间互相促进、互相制约，才能使产品开发工作协调、顺利地进行。

新产品开发过程大致可以分为以下八个阶段，如图 5－3 所示。

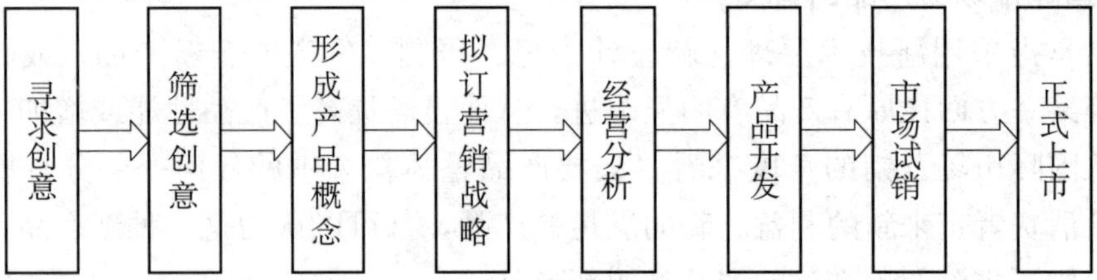

图 5－3　新产品开发过程

1. 寻求创意

新产品开发是一种创新活动，产品创意是开发新产品的关键。在这一阶段，企业要有组织化、系统性地搜寻新产品的设想和构思。创意的来源很多，主要有以下六个方面：

（1）消费者。由于生产产品是为了满足消费者的需求，因此消费者的需求是新产品构思的重要来源。了解消费者对现有产品的意见和建议，掌握消费者对新产品有何期望，便于产生构思的灵感。

（2）企业职工。企业职工最了解产品的基本性能，也最容易发现产品的不足之处，他们的改进建议往往是企业新产品构思的有效来源。

（3）竞争对手。分析竞争对手的产品特点，企业可以知道自己的产品在哪些方面是成功的，哪些方面是不成功的，从而对其进行改进。

（4）科技人员。许多新产品都是科学技术发展的结果。科技人员的研究成果往往是新产品构思的一项重要来源。

（5）中间商。中间商直接与消费者打交道，最了解消费者的需求。搜集中间商的意见是构思形成的有效途径。

（6）其他来源。可作为新产品构思来源的其他渠道还有很多，如大学、科研单位、专利机构、市场研究公司、广告公司、咨询公司、新闻媒体等。

2. 筛选创意

这一阶段是将前一阶段搜集的大量创意或构思进行评估，研究其可行性，尽可能地发现和放弃错误的或不切实际的构思，以较早避免资金的浪费。一般分两步对构思进行筛选：第一步是初步筛选，即根据企业目标和资源条件评价市场机会的大小，从而淘汰那些市场机会小或企业无力实现的构思；第二步是仔细筛选，即对剩下的构思利用加权平均评分等方法进行评价，筛选后得到企业所能接受的产品构思。

3. 形成产品概念

产品概念是指企业从消费者角度对产品构思所做的详尽描述。企业必须根据消费者对产品的要求，将形成的产品构思开发成产品概念。通常来说，一种产品构思可以转化为许多种产品概念。企业对每一个产品概念，都需要进行市场定位，分析它可能与现有的哪些产品产生竞争，以便从中挑选出最好的产品概念。

4. 拟订营销战略

产品概念确定后，企业就要拟订一个初步的市场营销战略，并在以后阶段不断发展完善。市场营销战略主要包括三个方面的内容：第一，描述目标市场的规模和结构，计划开发的新产品的市场定位，预设未来几年内的销售额、市场份额和目标利润；第二，概述新产品第一年的价格、分销渠道、促销方式和营销预算；第三，预测新产品的长期销售额、利润目标及营销组合策略等。

5. 经营分析

它是指对新产品的销售额、成本和利润进行分析，如果能满足企业目标，那么该产品就可以进入产品的开发阶段。

6. 产品开发

新产品构思经过一系列可行性论证后，就可以把产品概念交给企业的研发部门进行研制，开发成实际的产品实体。产品开发包括设计、试制和功能测试等过程。这一过程是把产品构思转化为在技术上和商业上可行的产品，需要投入大量的资金。

7. 市场试销

新产品开发出来后，一般要选择一定的市场进行试销，要注意搜集产品本身、消费者及中间商的有关信息，以便有针对性地改进产品，调整市场营销组合，并及早判断新产品的成效。值得注意的是，并不是所有新产品都必须经过试销，通常是选择性大的新产品需要试销，选择性小的新产品不一定需要试销。

8. 正式上市

如果新产品试销成功，企业就可以大批量投产新产品，将其推向市场。要注意选择适当的投放时机、投放国家和地区、市场销售渠道以及销售促进策略。

（二）新产品开发策略

1. 领先策略

这种策略就是在激烈的产品竞争中采用新原理、新技术、新结构优先开发出全新产品，从而先入为主，领略市场上的无限风光。这类产品的开发多属于发明创造，采用这种策略，投资数额大，科学研究工作量大，新产品实验时间长。

2. 超越自我策略

这种策略的着眼点不在于眼前利益，而在于长远利益。这种暂时放弃一部分眼前利益，最终以更新、更优的产品去获取更大利润的经营策略，要求企业有长远的“利润观”理念，注意培育潜在市场，培养超越自我的气魄和勇气，更需要有强大的技术作为后盾。

3. 紧跟策略

采用这类策略的企业往往针对市场上已有的产品进行仿造或进行局部的改进和创新，但基本原理和结构是与已有产品相似的。这种企业跟随既定技术的先驱者，以求用较少的投资得到成熟的技术，然后利用其特有的市场或价格方面的优势，在竞争中对早期开发者的商业地位进行侵蚀。

4. 补缺策略

企业不可能完全满足市场的任何需求，所以在市场上总存在着未被满足的需求，为企业留下了一定的发展空间。这就要求企业详细地分析市场上现有的产品及消费者的需求，从中发现尚未被占领的市场。

三、国际市场新产品的推广

在市场竞争日益激烈的今天，新产品如何上市？如何取得市场好的反响？如何在竞争中脱颖而出，迅速占领市场？如何持久占领市场？这些都需要精心的策划和设计，并进行精准、有效的传播和营销。新产品一般应按照以下原则进行推广：

（一）正确把握新产品推广的时机

1. 从产品生命周期出发

企业应在产品的增长期开始储备新品，增长期的后期导入新产品。这样，产品进入成熟期后就不会有太大压力，更加容易延长其生命周期。

2. 从淡旺季出发

很多产品都有淡旺季。对于新品来说，其切入市场的时机应在淡季。新品在淡季切入市场的好处有两个：一个是消费者对铺货和拉动有一个接受的过程，过程结束正好进入旺季，产品就能快速地进入增长期；另一个是淡季的竞争不会太激烈，而到了旺季，很多企业都会抢终端、做促销、开启广告轰炸，竞争非常激烈，如果在此时导入新产品，就会面临很多问题。

小贴士

甲企业是一家国内知名的冷饮企业，当在东北市场遭遇销售阻力时，其选择在淡季抢先造势，提前启动冬季市场。甲企业提前一个半月推出新品，通过大批量储货、强有力的广告宣传以及“买三送一”的促销力度，成功在淡季中打造出旺销的势头。当其他企业还在观望时，甲企业的新品已经成了市场上的明星产品。

想一想：甲企业是如何在淡季推出新品制胜的？

（二）找准新产品市场定位

在推出一个新产品时，需要找出这个产品的利益可以满足哪些人群，这就是新产品的市场定位。在市场定位之前，需要确认新产品是属于需要型产品、需求型产品，还是欲望型的产品，是靠产品的利益赢取市场还是靠产品的结果赢取市场。只有把产品划分清楚，才能根据新产品的类型去定位不同的需求人群。在明确了产品的市场定位后，要把产品和消费者的需求进行对接，避免信息不对称，让新产品顺利被市场接受。

例如：人们在购买服装的时候已经不是因为产品的原始功能而产生利益上的需求了，它的利益需要是“遮羞”，而利益需求是“御寒”，现在人们在购买服装更多会考虑产品的款式、面料、品牌、质量等可以表现结果和欲望的因素，其中，款式、面料和质量追求的是被别人如何欣赏和赞美的结果，而品牌则表现出一种欲望上的满足。因此，对于一个全新的服装产品来说，企业只能是从产品的结果或者欲望上去考虑如何进行定位。

（三）合理制定新产品的价格

随着市场的发展，零售业态的不断变化导致了渠道的多样化。但是，零售业态不管怎样变，都是终端，而终端的多样化决定了价格的多样化。要合理制定价格，就要对终端进行渠道结构的分类。厂家通过经销商到分销商再到终端，是三级结构；经销商直接做餐饮、做卖场等，是二级结构；厂家直接开专营店则是一级结构。渠道的结构层次不一样，给经销商、分销商、零售终端的供货价格就必须不一样。一般而言，给超市、卖场的供货价格不能比给分销商的价格低；给网店、旗舰店的供货价格不能比给经销商的价格低；给零售终端的供货价格可在区域范围里调控，但不能超过上一级的价格。

（四）建立合适的新产品销售渠道

1. 选择销售渠道

要使销售的效率最大化，就要充分考虑渠道的长度和宽度。很多企业在销售过程中过度依赖商超渠道或专卖店渠道，将销售渠道扁平化为直销渠道。其实，直销渠道存在着很多的问题，建立客户直销，平台管理的难度会非常大，销售效率会下降，很多企业都无法承受。因此，做消费品的销售，适合采用传统渠道。

2. 建立分销结构

在推广的初期，一个经销商要投多少个分销商、怎样建立稳定的分销结构，都是需要考虑的问题。在建立分销结构的过程中，可以首先用订货会的方式吸引批发商，然后进行铺货。铺货很重要，如果没有一定的铺货率，产品就很难到达消费者手中。铺货率对快速消费品行业尤为重要，快速消费品替代性非常强，如果没有一定的铺货率，很多销售机会就会丧失。

3. 避免渠道推广的风险

在推广期，经销商的进货量和销售速度之间容易存在矛盾。如果不能将进货快速下分，就可能进入三四个月的滞销阶段，导致产品推广失败。很多产品推广失败，并不是因为产品不好，而是因为推广方法有问题。要减少经销商的风险，就要尽快消化经销商的库存。如果有分销商，就去做分销商的推广；如果没有分销商，就开订货会；如果既没有分销商，也无法开订货会，就应该组织大量铺货，铺到终端，让有购买欲望的消费者能快速买到产品。

（五）选择有效的新产品推广方式

1. 线下推广

（1）新品发布会。在新产品推出时，召开新品发布会，借助新闻媒体与权威部门，迅速在电视、报纸、杂志、网络媒介等宣传开来，提高潜在客户对企业的认识，提升企业形象，为下一步的公关工作做好铺垫。

（2）产品展示会。在与新产品相关的展会上参展，制作形象样板间，邀请客户和同行参观企业的产品。展出的产品应以当前流行的产品为主，并辅以先进但有可能是后起之秀的产品，这会给客户留下一种既紧追形势又具备高端研发潜力的印象，既让客户了解了企业的产品，又在同行领域显露了自身优势，还是让媒体免费宣传产品的一个途径。

（3）大型展会。参加技术博览会或科技展览会，并提供产品实物和详细资料。展会不仅能提高企业的知名度，还能创造机会让企业和客户进行交流，知彼知己，百战不殆。

（4）商场展位推广。在一个消费群体不是大众化的行业，借助大众广告媒介推广就会浪费广告费，而高额的广告费对新成立的企业来说也是一项沉重的负担。找到与新产品最贴近的商场，也就找到了最大的消费资源，对于一个新生的企业或消费者还相对陌生的商品而言，借助商场展位，就与品牌商站在了同一个竞争平台上。此外，与商家合作最好的一点是可以省去自己寻找、培训、建立同期维修服务站的费用。

（5）广告媒体推广。通过报纸、杂志、广播、电视、邮寄、户外广告等传播载体向公众发布广告。广告媒体推广可以把新产品或服务的信息准确、及时地传递给大众或潜在消费者，让他们了解新产品的质量、性能、用途、特色、服务项目和方式等，提高消费者对产品或服务的兴趣，刺激人们的购买欲望，促进消费行为。

（6）利用现有客户资源。一个公司80%的利润通常来自20%的客户，企业可以对大客户进行详细的调查，了解他们对新产品的评价和要求，其优势在于不需要花太多成本而能够快速获得效果。

2. 网络推广

（1）搜索引擎优化及竞价排名。搜索引擎优化（Search Engine Optimization，SEO）是指通过优化网站结构、网页代码和内容，使网站对全文搜索引擎友好，从而提高网站在搜索结果中的自然排名。由于目前多数网站的多数流量都来源于搜索引擎，因此，能够在搜索引擎上排名靠前对一个网站是非常重要的。竞价排名是一种按效果付费的网络推广方式，企业在购买该项服务后，通过注册一定数量的关键词，其推广信息就会率先出现在用户相应的搜索结果中。每吸引一个潜在客户，企业就需要支付一些费用。当然如果存在竞争对手，那么谁出的钱多，谁就排在前面。

（2）专业类网站宣传。调查表明，在垂直化和细分化的网站上做广告，广告效果更加精准。这包括各大门户网站、企业供求信息方面的B2B电子商务网站（如阿里巴巴、慧聪网等）、新品资讯类网站、新科技网站（如尚品唛网等），以及各种专业的行业网站。在与自己产品相关的垂直门户网站、能明显提高自身曝光率的网站做宣传，应尽可能以精美图片宣传为主，起到品牌化的促进作用。

（3）微博及博客推广。每个企业都应该有自己的微博或博客，可以发表一些与新产品相关的知识，慢慢积累客户。特别需要注意的是，这是长期战略，任何短视行为都不会起到很好的作用。

（4）软文推广。让新产品和网站在互联网上脱颖而出的最有效的方法就是软文推广。通过写一些有分量的文章，不仅可以吸引特定领域的客户，也会受到搜索引擎的青睐，因为搜索引擎更钟情于那些文笔优美的文章。写文章是最能精确、有效吸引潜在客户的方法。

（5）群发邮件。这是以电子邮件为主的产品推广手段，常用的方法包括群发电子刊物、会员通信、专业服务商的电子邮件广告等。邮件内容需要减少广告对用户的滋扰、增加潜在客户定位的准确度、增强与客户的关系、提高品牌忠诚度等。一般中小企业慎用。

(6) 信息发布。将新产品的相关信息发布在潜在用户可能访问的网站上，利用用户在这些网站获取信息的机会实现新产品的推广，适用于这些信息发布的网站包括在线黄页、分类广告、论坛、博客网站、供求信息平台、行业网站等。产品推广前期可以和一些网站合作，一些新的网站为了增加人气和培养客户会推出一些体验活动，或者提供一些免费的广告资源。信息发布是免费产品推广的常用方法之一。发布的方法通常有两种：手动发布和利用辅助工具发布。手动发布信息的成功率比较高，而利用辅助工具发布的信息数量则比较广泛，通常可以发布到各大商贸平台，更节约成本。目前，此类工具很多。做好网络推广并不难，主要是找准方法，只有日积月累地去做，才会有成效，达到推广效果。

(7) 短视频推广。随着移动终端的普及和网络的提速，短视频成为近年来增长最快的网络媒介形态，也已成为品牌新的社交语言。其强娱乐性、强互动性、强话题性以及场景多元性的媒介优势，有利于进行营销内容的创意化呈现和病毒式传播。以抖音和快手为代表的平台已逐渐从娱乐内容社区成长为国民级基础应用。在进行短视频推广时，商家要注重优质内容的打造、垂直化受众的挖掘、电商消费场景的创设和品牌社交裂变的促进。例如，瑞幸咖啡视频号通过拍摄精美的咖啡饮品视频，突出饮品的新鲜原料和优质制作工艺；随后通过在上万个社群中群发视频内容，吸引社群粉丝点击视频领取视频中的优惠券，进入小程序下单，实现营销推广信息的社交裂变。

(六) 快速提高新产品的铺货率

1. 铺货率对销量的影响

铺货率是指在计算期内曾经销售该产品或品牌的商店的百分比，这个指标体现了铺货的覆盖程度。产品在上市初期，销量会随着铺货率的上升而上升。因此，在产品推广过程中，只有达到很高的铺货率，才能对产品的销售起到很好的拉动作用。

苹果公司在美国一直做直销，而且非常成功。进入中国后，考虑到中国市场太大、门店太多、管理分散，苹果公司调整了策略，即通过经销商进行再分销。摩托罗拉、诺基亚等正版手机在数码城是买不到的，必须从手机店、运营商那里才能买到。而苹果公司选择了很多经销商，将数码城里的很多小店都作为分销店，使渠道多样化。现在，在任何一家手机店、运营商、数码城小店基本都能看得到苹果公司的产品。苹果公司的高铺货率让其在中国市场拥有惊人的销量。

2. 高铺货率的技巧

要让新产品在推广期达到高铺货率，是需要技巧的。有些经销商不想将销售的蛋糕切给别人，因此不建分销商，铺货后发现，有些店卖得快，有些店卖得慢。而新产品在很多终端不可能补给太多，且运输成本很高，经销商不会为补一箱货从市里跑到县里，这将导致那些卖得动甚至卖得好的地方经常断货。如果将分销商建到县一级，就可以避免这些问题。

3. 网店的物流方式

网络营销通路最短，但物流制约着网店的发展。现在，大多数网店都采用第三方物流。第三方物流也称作委外物流或合约物流，指的是一个具有实质性资产的公司向其他公司提供与物流相关的服务，如运输、仓储、存货管理，或与相关物流行业者合作，提供更完整服务。第三方物流的主要优势：（1）可以使公司专心致志地从事自己所熟悉的业务，将资源配置在核心业务上。（2）灵活运用新技术，实现以信息换库存，降低成本。（3）减少固定资产投资，加速资本周转。（4）提供灵活多样的客户服务，为客户创造更多的价值。第三方物流有很多缺点：第一，服务存在问题。消费者收到商品签字后，物流公司就和整个服务脱离关系。第二，不专业。很多消费者对产品的性能并不了解，但物流公司不能给出解释。为了减少物流成本，很多企业在各地建立仓储，但问题并没有得到根本的解决。因此，价值不高的大宗商品是无法在网上销售的，必须由经销商、分销商、终端配送。

小贴士☞

最初，京东商城为了辐射到各个区域，在广州、北京、上海、成都、武汉建立大仓，然而仓储费用很高。另外，大仓只是将地区与地区之间的运输距离缩短，并没有从根本上解决问题，物流成本并没有降低很多，相应的管理成本却上升了上很多。

想一想： 京东商城在物流配送上该如何发展？

（七）做好新产品的促销

1. 促销的基本原则

广告和促销会让很多消费者产生购买的冲动，但如果消费者买不到货，企业就会损失很多销售机会。同时，很多企业在推销产品时，往往突出卖点，忽视买点。卖点是产品的特性，买点是消费者购买产品的理由。有时候促销员的一个微笑、一句问候都是消费者的买点。事实上，当前的促销不应该围绕卖点，而应该围绕消费者的购买理由去开展。只有将消费者充分调动起来，让消费者购买产品，才称得上是推广成功。

2. 产品促销方式的新发展

产品促销方式的新发展如图 5－4 所示。

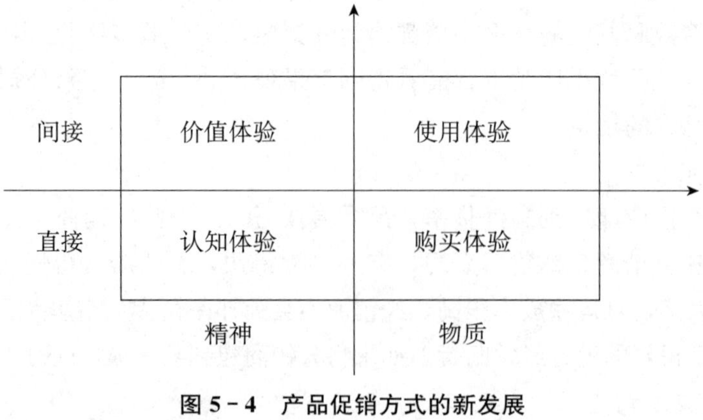

图 5－4　产品促销方式的新发展

（1）价值体验。这是指让消费者体验产品价值。当今社会极为提倡价值体验，特别是在推广新产品的时候，新产品的定价一般都很高，因此更要让消费者感觉到购买此产品是值得的。例如：某款哈根达斯冰激凌的售价是 68 元，对于一个冰激凌来说，这是天价。哈根达斯能够卖到 68 元的价格且效果很好，就是因为它给消费者传递的是一种价值观念。“如果你爱她，就请她吃哈根达斯。”这句广告词让哈根达斯与其他冰激凌区分开来，与爱和浪漫联系在一起。因此，在这种价值观念下，消费者愿意花 68 元购买一份浪漫。

(2) 认知体验。它也叫直接接触，这种体验对消费者的影响是潜移默化的，会影响消费者的购买行为。例如：服装行业的 T 台秀就是一种认知体验，以直观的方式告诉消费者今年夏天流行的款式。认知体验具有一种引导作用，通过广告或现场，给消费者直观的感受。

(3) 使用体验。现在，使用体验被越来越多的厂家重视。使用体验就是在突出产品性能的同时，让消费者体会产品是否物有所值。例如：苹果的体验店是按照产品功能来划分区域的，消费者如果要体验摄像的功能，就能在摄像功能的区域找到所有相应的产品，如果想进行手机体验，就可以在 iPhone 区域体验。iPad、iPhone 都是按照功能划分区域的，因此，在苹果体验店中，消费者能够直奔主题，找到自己想要体验的东西。这种方式吸引了很多消费者，对于产品的销售起到了至关重要的作用。

(4) 购买体验。大多数消费者是不理智的，其消费往往是一种冲动、跟风的消费。只要有人带头购买，在场的其他人就可能跟风购买，因此，购买体验非常关键。在促销活动中，购买体验应包括以下要点：第一，要能够让消费者主动参与进来，消除其怀疑和避险的心态；第二，要创造娱乐情绪，让消费者在轻松愉快的情绪中放下疑虑；第三，要带动现场氛围，让更多的消费者跟风消费；第四，要满足消费者的获利心态，使其对产品产生好感。

3. 进行体验式营销的注意事项

(1) 体验差异大于体验热闹。很多企业在超市门口搭台营销，自娱自乐，非常热闹，但如果消费者没有参与，这种热闹就没有用。体验差异应当要让消费者感觉此品牌与众不同。

(2) 倡导价值大于倡导实惠。在通货膨胀的时代，企业如果不想让自己的产品卖得更便宜，就要倡导产品的价值，找出本企业产品与其他产品不同的卖点。如果只是天天做特价，那么产品注定死亡。

(3) 主动娱乐大于被动娱乐。让消费者主动参与进来，比给消费者表演强得多。消费者一旦参与进来，后面的购买工作就好做了。

(4) 培训式体验大于推销式体验。培训式体验的过程能消弭很多推销的氛围，让消费者感受到服务和关怀，能使消费者对产品产生亲切感。

(5) 文化的氛围大于促销的氛围。文化能够贴近消费者。现在，越来越多的企业都在通过文化推销产品，特别是酒类产品。

(6) 数据说话大于凭感觉决策。对消费者而言，数据很有说服力。香飘飘的广告是“一年卖出十亿杯，可绕地球三圈”。这个销售量对消费者有足够的说服力，说明此产品足够让人放心购买。值得注意的是，虽然引用数据很重要，但不建议随意使用数据，以免被消费者质疑。另外，引用的数据一定要真实，要经得起推敲。

四、撰写新产品推广方案

新产品推广方案是企业在对市场有了充分了解与确切把握后，经深思熟虑制定出的方向策略与指导意见，它的好坏直接影响新产品的市场运作和推广。一份好的方案，不仅要通俗、简洁、明了、直白，还要具有实在的内容和可操作性。一般而言，一份完整的新产品推广方案具有以下几项内容：

（一）前言

前言应简述新产品推广的背景、推广的目标，以及推广方案的指导思想与策划思路等内容。需要注意的是，前言的内容只是概述性质的，不需要具体的分析。

（二）市场背景分析

（1）品类市场的总体趋势分析。

（2）消费者分析。

（3）竞争产品及该品类市场的区隔市场占比分析。

（4）得出结论：新产品迎合了哪些市场机会。

（三）新产品 SWOT 分析

SWOT 分析即全面分析新产品的优势（Strengths）、劣势（Weaknesses）、机会（Opportunities）与威胁（Threats）。通过进行 SWOT 分析，总结出新产品的优势是什么，应如何加强；劣势是什么，应如何克服；市场中的机会在哪里，应如何抓住；市场中的威胁又是什么，应如何避免。

（四）新产品描述及核心利益分析

（1）新产品的口味、包装、规格、价格、目标消费群等要素的详细描述。

（2）新产品的各要素相对竞争产品的优势。

（3）新产品相对竞争产品的诸多优势之中有什么特别优势。

（4）得出结论：新产品战胜竞争产品的理由。

（五）新产品策略

（1）产品定位。

（2）价格策略。

（六）新产品销售渠道的选择

这一部分要明确企业采用何种销售渠道进行新产品的推广，具体包括销售渠道的长度、宽度，现有渠道的适应性，不同类型渠道的特性（如进入成本、发展性、商业信誉、专业性等）。

（七）新产品上市进度规划

这一部分要明确新产品上市的时间表，具体包括明确新产品是否在各个国家或地区同时上市，规定上市前各项准备工作完成的具体时间等。

（八）新产品铺货进度计划

这一部分要明确企业如何通过铺货进行新产品的推广，具体包括制定适合产品生命周期的铺货率，选择有竞争力的铺货区域等。

（九）新产品推广方式的选择

这一部分要明确企业采用哪些方式进行新产品推广，具体包括计划选择投放的媒体，媒体广告具体播放时间、频率、版面价格等，各种宣传品、助陈物的样品和投放区域、方式及投放数量等。

（十）新产品市场促销活动

（1）结合新产品推广开展的各类促销活动。

（2）具体的时间、地点、方式等细节的落实。

（3）所需的相关费用，包括人力、公关、终端物料费用等。

（十一）其他

（1）新产品上市时间安排。

（2）新产品销量预估。

（3）新产品营销费用预算。

（4）新产品损益评估。

（5）相关部门职责。

（6）售后服务。

任务三　明确国际市场产品品牌、包装策略

任务概述

产品品牌是一种识别标志、一种精神象征、一种价值理念，是品质优异的核心体现。在国际市场营销中，产品的品牌、商标和包装象征着企业和产品的信誉，是企业在国际市场竞争中的重要竞争手段，因此，研究品牌和包装策略是国际市场营销中的一项重要工作。假设你是我国小米的营销人员，现在打算将一款新产品推进欧美市场，参照导入案例中比亚迪公司的成功经验，你应该做出哪些品牌和包装策略来开拓和适应欧美市场？

知识储备

在品牌战略中，企业必须决定是否制定品牌，是使用制造商品牌还是经销商品牌，用哪个品牌名称；在品牌策略方面，怎样合理运用品牌化、品牌归属、品牌名称、品牌扩展、品牌再定位等策略。国际市场营销人员必须根据产品和消费者的特点合理运用包装策略。包装策略主要有类似包装策略、配套包装策略、附赠包装策略、改变包装策略、更新包装策略、复用包装策略、企业协作包装策略、绿色包装策略、系列式包装策略、开窗式包装策略、分量式包装策略、等级式包装策略、艺术式包装策略、年龄式包装策略、性别式包装策略、礼品式包装策略等。

一、国际市场产品品牌策略

（一）品牌的概念

品牌是企业整个产品战略的一个重要组成部分。营销人员常说，品牌工作是一门融合艺术和营销的工作。企业给其产品选取适当的名字、正确设计品牌、向政府申请注册品牌，不仅有利于产品销售，还可以增加产品的无形价值。

美国市场营销协会对品牌的定义如下：品牌是一种名称、术语、标记、符号或设计，或是它们的组合运用，其目的是辨识某个销售者或某群销售者的产品或服务，并使之同竞争对手的产品或服务区别开来。品牌主要由品牌名称、品牌标志和商标组成。

1. 品牌名称

品牌名称是指品牌中可以用语言称呼的部分，如可口可乐、苹果、香奈儿、华为、中华、海尔、王老吉等，都是著名的品牌名称。

2. 品牌标志

品牌标志是指品牌中可以被认出但不能用语言称呼的部分，如符号（记号）、设计、与众不同的颜色或印字。它是一种“视觉语言”，通过一定的图案、颜色来向消费者传输某种信息，以达到识别品牌、促进销售的目的。

3. 商标

商标实质上是一个法律名词，是企业在政府有关部门注册、登记的品牌或品牌的一部分。企业注册成功后便获得商标专有权，受法律保护。相对于商标来说，品牌只是一个商业术语，没有经过合法注册，不受法律保护。

小贴士

1997 年，广药集团与香港鸿道集团签订了“王老吉”商标许可使用合同。合同规定，香港鸿道集团取得独家使用“王老吉”商标生产销售红色纸包装及红色铁罐装凉茶饮料的权利。之后，香港鸿道集团成立加多宝公司负责“王老吉”在内地的生产和经营。经过多年的品牌推广，到 2011 年，“红罐王老吉”的销售额已达到 160 亿元，商标价值达千亿元。2011 年 4 月，广药集团递交“王老吉商标”仲裁申请，要求从加多宝公司收回“王老吉”商标的使用权。2012 年 5 月，中国国际经济贸易仲裁委员会裁决广药集团收回红色罐装及红色瓶装“王老吉”凉茶的生产经营权，加多宝公司停止使用“王老吉”商标。2012 年 7 月 16 日，“王老吉”商标争夺战终审判决公布，北京市一中院驳回加多宝母公司——香港鸿道集团撤销仲裁裁决申请，加多宝公司无缘“王老吉”商标。这场旷日持久、价值 1 080 亿元的中国第一商标案终于尘埃落定。

想一想： 加多宝公司为何会在这场品牌之争中失败？如果你是加多宝公司的 CEO，你该如何去避免此类事件的发生？

（二）品牌的作用

1. 品牌对消费者的作用

（1）识别。品牌代表产品一定的质量和特色，有助于消费者识别产品的制造企业、产地等基本要素，使消费者更有效地选择或购买商品。

(2) 导购。品牌可以帮助消费者迅速找到所需要的产品，从而减少消费者在搜寻过程中花费的时间和精力。

(3) 降低购买风险。消费者都希望买到称心如意的产品，同时希望能得到周围人的认同。选择信誉好的品牌则可以帮助降低购买风险。

(4) 契约。品牌为消费者提供稳定优质产品和服务的保障，消费者则用长期忠诚的购买回报制造商，双方最终通过品牌形成一种相互信任的契约关系。

(5) 个性展现。品牌经过多年的发展，能积累独特的个性和丰富的内涵，而消费者可以通过购买与自己个性气质相吻合的品牌来展现自我。

2. 品牌的功能

(1) 存储功能。品牌可以帮助企业存储商誉、形象。品牌就是一个创造、存储、再创造、再存储的经营过程。

(2) 维权功能。通过注册专利和商标，品牌可以受到法律的保护，防止他人损害品牌的声誉或非法盗用品牌。

(3) 增值功能。品牌是企业的一种无形资产，它所包含的价值、个性、品质等特征都能给产品带来重要的价值。即使是同样的产品，贴上不同的品牌标识，也会产生悬殊的价格。

(4) 形象塑造功能。品牌是企业塑造形象、知名度和美誉度的基石，在产品同质化的今天，品牌为企业和产品赋予个性、文化等许多特殊的意义。

(5) 降低成本功能。一般而言，赢得一个新客户所花的成本约是保持一个既有客户成本的 6 倍，而品牌则可以通过建立客户的品牌偏好，有效降低宣传和新产品开发的成本。

(6) 易于营销和管理功能。品牌有助于企业进行经营管理。如在进行广告宣传和签订买卖合同时，都需要有品牌，以简化交易手续。品牌还有助于市场细分和定位。企业可按不同细分市场的要求，建立不同的品牌，以不同的品牌分别投入不同的细分市场。

3. 品牌对整个社会的益处

(1) 促进产品质量的不断提高。由于消费者按品牌购货，企业不能不关心品牌的声誉，加强质量管理，从而使市场上的产品质量普遍提高。

(2) 加强社会的创新精神。鼓励企业在竞争中不断创新，从而使市场上的产品丰富多彩，日新月异。

(3) 商标专用权可保护企业间的公平竞争，使产品流通有秩序地进行，促使整个社会经济健康发展。

(三) 品牌策略

1. 品牌化策略

品牌化策略是指企业决定使用品牌还是不使用品牌，以及是否把品牌注册为商标。当今社会，企业很看重品牌的商业作用，已经很少有产品不使用品牌了。大豆、水果、蔬菜、大米和肉制品等过去从不使用品牌的产品，现在也被放在有特色的包装袋内，冠以品牌出售，这样做的目的自然是获得品牌化的好处。

尽管品牌化是商品市场发展的大趋向，但对于单个企业而言，是否要使用品牌还必须考虑产品的实际情况，因为在获得品牌带来的上述好处的同时，建立、维持、保护品牌也要付出巨大成本，如包装费、广告费、标签费和法律保护费等，所以在欧美的一些超市中又出现了一种“无品牌化”的现象，如细条面、卫生纸等一些包装简单、价格低廉的基本生活用品，这使得企业可以降低在包装和广告上的开支，取得价格优势。

一般而言，对于那些在加工过程中无法形成一定特色的产品，由于产品同质性很高，消费者在购买时不会过多地注意品牌；对于那些消费者只看重其式样和价格而忽视其品牌的产品，品牌化的意义就很小。企业一旦决定建立新的品牌，就不仅仅只是为产品设计一个图案或取一个名称，而必须通过各种手段来使消费者识别品牌，否则这个品牌的存在也是没有意义的。未加工的原料产品以及那些不会因生产商不同而形成不同特色的产品仍然可以使用无品牌策略，这样可以节省费用，降低价格，扩大销售。

2. 品牌归属策略

品牌归属策略是指企业决定使用本企业（制造商）的品牌，或是使用经销商的品牌，或是两种品牌兼用。

（1）使用制造商的品牌。一般而言，使用制造商的品牌是应用最广泛的一种选择，制造商的品牌一直在零售行业中占统治地位，大部分制造商都有自己的品牌。制造商用自己的品牌出售产品，可以建立企业的信誉度、实施名牌战略，经销商使用制造商的品牌可以节省宣传费用。

（2）使用经销商的品牌。近年来，经销商的品牌日益增多，已经成为品牌竞争的重要因素。西方国家许多享有盛誉的百货公司、超级市场、服装商店等都使用自己的品牌，如美国的沃尔玛、法国的家乐福，这些著名商家经销的大部分商品都用自己的品牌。强有力的批发商也有许多使用自己的品牌，以增强对价格、供货时间等方面的控制能力。

使用经销商的品牌会给经销商带来一些问题。例如：经销商需大量订货，占用大量资金，承担的风险较大；同时，经销商为扩大自身品牌的声誉，需要大力宣传其品牌，经营成本提高。经销商使用自身品牌也会带来诸多利益，如因进货数量较大、进货成本较低、销售价格较低，所以竞争力较强，可以得到较高的利润，且可以较好地控制价格，在某种程度上控制其他中间商。

一般而言，在制造商具有良好的市场声誉、拥有较大市场份额的条件下，应多使用制造商的品牌，无力经营自己品牌的经销商只能接受制造商的品牌。相反，当经销商的品牌在某一市场领域中拥有良好的品牌信誉及庞大的、完善的销售体系时，使用经销商的品牌也是有利的。因此，企业进行决策时，要结合具体情况，充分考虑制造商与经销商的实力，以求客观做出决策。

小贴士

英国最大的连锁商店——玛莎百货（Marks & Spencer）前董事会主席西蒙·马克斯（Simon Marks）在经营中发现：消费者并不需要商店提供一大堆不同品牌的产品来

挑选，消费者真正需要的是能得到一种廉价且高品质的产品。为获得这种价廉质优的商品，玛莎百货自己设计产品交付制造商生产，并在选料、应用生产技术程序和技术、品质控制、生产工程等方面对制造商严加监督，生产出的产品不采用制造商的商标，而是采用玛莎百货自己独立的统一商标“圣米高”。玛莎百货在全英国自设的250家商店中全部只售卖“圣米高”这一个品牌的商品。

想一想：玛莎百货这种品牌策略与其他连锁商店采用的品牌策略相比有何优点？

(3) 品牌联合。品牌联合是指分属不同公司的两个或更多品牌的短期或长期的联系或组合。从直观上看，品牌联合主要表现为在单一的产品或服务中使用了多个品牌名称或标识等，如由索尼公司和爱立信公司联合生产的手机使用“Sony Ericsson”作为品牌名称，联想公司的个人电脑上印有“Intel Inside”的标识等。品牌联合是一种重要的品牌资产利用方式，对于品牌联合的发起方来说，实施品牌联合的主要动机是希望借助其他品牌所拥有的品牌资产来影响消费者对新产品的态度，进而增加购买意愿，并借以改善本品牌的品牌形象或强化某种品牌特征。可以说，企业实施品牌联合的好处是：能提高品牌资产价值，实现优势互补和资源共享，降低品牌营运成本。

3. 品牌名称策略

品牌名称策略是指企业决定所有的产品使用一个或几个品牌，还是不同产品分别使用不同的品牌。在这个问题上，大致有以下四种决策模式：

(1) 多品牌策略。多品牌策略是指企业根据各目标市场的不同利益分别使用不同品牌名称的策略。例如，通用汽车旗下拥有多个汽车品牌，包括别克（Buick）、雪佛兰（Chevrolet）、凯迪拉克（Cadillac）、五菱（Wuling）、宝骏（BaoJun）等。这种策略的优点是：采用多个品牌，可以为每种产品寻求不同的市场定位，强调各品牌的特点，吸引不同的消费群体，从而占有较多的细分市场。这种策略不仅有利于增加销售额和对抗竞争对手，还可以分散风险，使企业的整体声誉不会因某种产品表现不佳而受到影响。但品牌的创立是一个长期而复杂的过程，品牌过多会使业务工作量和宣传费用增大，而且品牌众多也不利于企业创立名牌。

多品牌策略由宝洁公司首创。宝洁公司在中国推出的美容护肤品牌就有近10个，占我国美容护肤品的主要品牌的1/3。消费者熟悉的“潘婷”“飘柔”“海飞丝”三大洗发护发品牌都是宝洁的产品，这三个品牌分别吸引三类不同需求的消费者，从而使得它在中国的洗发水市场占有率上升为第一，达50%以上，这显然是宝洁公司成功运用多品牌策略的成果。这种方法在美容用品、洗涤用品等行业中运用已经较为普遍。例如：上海家化联合股份有限公司拥有“佰草集”（草本护肤）、“玉泽”（皮肤屏障修护）、“六神”（花露水品类的领跑者）、“美加净”（高性价比的大众护肤）、“高夫”（男士护肤）、“启初”（宝宝护肤）、“汤美星”（婴幼儿喂哺）、“典萃”（科研级护肤）等诸多著名品牌，以期占有不同的细分市场。又如，联合利华公司的洗发水使用了“夏士莲”“多芬”“力士”“清扬”等品牌，洗涤用品使用了“奥妙”“金纺”等品牌，牙膏使用了“中华”等品牌，护肤品使用了“旁氏”“凡士林”等品牌，食品使用了“和路雪”“家乐”等品牌。

（2）单品牌策略。单品牌策略是指企业的所有产品都使用同一种品牌。对于那些享有高声誉的著名企业，全部产品采用单品牌策略可以充分利用其名牌效应，使企业所有产品畅销。同时，企业宣传介绍新产品的费用开支相对较低，有利于新产品进入市场。例如：雀巢公司的产品都用“雀巢”（Nestlé）这个品牌；统一食品公司的产品都用“统一”这个品牌。

（3）分类品牌策略。分类品牌策略是企业对生产经营的各类产品分别命名的一种品牌策略。如果企业所经营的各类产品之间的差别非常大，而且对于不同用途的产品来说，采取统一品牌策略容易令人混淆，也难以区分其品牌所代表的产品特色，那么企业就必须根据产品的不同分类归属来采取多品牌策略，即为各类产品分别命名，一类产品使用一个品牌。

美国西尔斯公司就是采取这样的策略，它的家用电器、服饰、家具等产品分别使用不同的品牌。这种策略特别适用于生产与经营产品种类繁多的大企业，由于它们所涉及吃、穿、用等各领域，如果两类产品之间的差距很大，则绝不能使用同一品牌。试想，一个企业既生产食品，又生产化肥，或既生产化妆品，又生产农药，如果使用同一品牌的话，消费者会出现什么样的反应？我国的海尔集团在销售其家用电器，如冰箱、彩电、洗衣机等产品时使用的是“海尔”品牌，而当其产品线延伸至保健品行业时，用的却是“采力”品牌，目的也是保持海尔集团在消费者心目中一贯的主体形象。

（4）企业名称加个别品牌策略。这种策略是指企业在考虑到产品之间既有相对同一性又有各自独立性的情况下，把其不同类别的产品分别冠以不同的品牌名称，且在品牌名称之前都加上企业的名称。在每一品牌之前均冠以公司名称，以公司名称表明产品出处，以品牌表明产品的特点。这种策略的好处是：在各种不同新产品的品牌名称前冠以企业名称，可以使新产品享受企业的信誉，而各种不同产品分别使用不同的品牌名称，又可以使各种不同的产品保持自己的特色，具有相对独立性。

这种做法在一些著名大企业的经营方针中屡见不鲜，就因为它们的企业是一笔巨大的无形资产，可以为个别品牌带来支撑。例如：海尔集团的冰箱依据其目标市场定位不同而分别命名为“海尔双王子”“海尔小王子”“海尔帅王子”等，洗衣机也有“海尔小小神童”洗衣机，这种品牌策略给海尔集团带来的巨大效益是有目共睹的。

小贴士

美国可口可乐公司与百事可乐公司几乎同时向市场推出低糖的健怡类饮料。百事可乐将其取名为“健怡百事可乐”，可口可乐公司却取名为“泰森”。结果“泰森”败在同类产品“健怡百事可乐”手下。因为“泰森”虽能迎合消费者的口味，却未能将可口可乐的大名延伸过来。可口可乐公司吸取教训，重新命名产品，推出“健怡可口可乐”，立即被消费者接受，“健怡可口可乐”很快成为美国第三大饮料产品。

想一想：“健怡可口可乐”所使用的企业名称加个别品牌策略有何好处？

4. 品牌扩展策略

（1）产品线扩展策略。产品线扩展策略是指企业现有的产品线使用同一品牌，当增加该产品线的产品时，仍沿用原有的品牌。这种新产品往往都是现有产品的局部改进，如增加新的功能、包装、式样和风格等。这种策略有利于进行新产品的宣传和扩张，但是随着产品线的不断加长，会淡化品牌原有的个性和形象，增加消费者认识和选择的难度。

（2）品牌延伸策略。品牌延伸策略是将现有成功的品牌用于新产品的一种策略。品牌延伸有助于加快新产品的定位，保证新产品投资决策的快捷准确；有助于减少新产品的市场风险，提高整体品牌组合的投资效益。尽管可以向不同产品领域实施品牌延伸，但延伸绝不能天女散花、八方出击，偏离产品定位。例如：TCL 从彩电延伸到手机、电脑、洗衣机等产品，但仍没有偏离家电、信息产品这一定位。

小贴士

ELLE 在进行品牌延伸时，始终传递着一个理念：ELLE 是年轻、时尚、国际化的女性品牌，其所做的一切都是以年轻时尚的职业女性为中心。在品牌定位的过程中，ELLE 选择在同质性比较强的领域进行品牌延伸，优势性地应用了其本来的时尚潮流形象，延伸出了男装、女装、童装、皮鞋、手表及装饰品等。这使得 ELLE 在消费者心中逐步建立和强化品牌的独特联想，延伸了品牌、开拓了新的产品线和种类的同时，形成并积累了品牌的资产价值，促进了品牌的健康良性发展。如今，ELLE 已经超出时尚杂志的范畴，成为一个国际性的时尚品牌，在全球拥有超过 150 个版权商，250 个产品种类。

想一想：ELLE 品牌延伸成功的关键因素是什么？

（3）主副品牌策略。主副品牌策略又称“母子品牌战略”，是指企业在生产多种产品的情况下，用一个成功品牌作为主品牌，涵盖企业生产制造的系列产品，同时给不同产品取一个生动活泼、富有魅力的名字作为副品牌，以主品牌展示系列产品社会影响力，而以副品牌凸显各个产品不同的个性形象。例如：海尔的家电品种繁多，所有家电都称“海尔”，则不便于消费者区分，让人印象模糊。因此，海尔把洗衣机叫“即时洗”、彩电叫“探路者”、美容加湿器叫“小梦露”，消费者对其一目了然。对同一种产品，也可用副品牌将它们区分开来，如长虹彩电，用于普通市场的叫“红太阳”，针对高端市场的叫“精显王”。以别克为例，别克作为主品牌，旗下有若干各具特点的副品牌，包括别克君越（高档轿车）、别克君威（中高档轿车）、别克英朗（中档轿车）、别克威朗（运动型轿车）、别克阅朗（旅行车）、别克昂科威（中档 SUV）、别克昂科拉（紧凑型 SUV）、别克 Electra E4（高档纯电动车）等。

与单品牌策略和多品牌策略相比较，主副品牌策略恰恰兼容了两者的优点，它既可以使企业新推出的产品享受到成功品牌的知名度和美誉度，节省广告宣传费用，降低市场进入成本，又可以避免在单品牌策略下，由于某产品经营不成功而给企业带来“殃及池鱼”的风险；既可以发挥企业现有成功品牌的优势作用，又可以充分发挥各个副品牌的个性化作用，还可以通过副品牌营销对主品牌形成的“叠加效应”，塑造主品牌的强势市场形象。

小贴士

西班牙 Inditex 集团是世界四大时装连锁机构之一。其旗下的 ZARA 是其众多品牌中最成功的，被认为是欧洲最具研究价值的品牌之一。ZARA 根据不同消费群体和消费需求延伸出了诸多产品品类，包括男装、女装、童装等，而细分品类所产生的副品牌具体到根据不同消费群体而细分的 ZARA MAN、ZARA WOMAN、ZARA GIRL、ZARA BOY、ZARA BABY，以及根据不同消费需求而细分的 ZARA TRF、ZARA BASIC、ZARA COLLECTION、ZARA NATURE、ZARA HOME，而这些副品牌几乎都汇集在 ZARA 大型专卖店的不同分区内。ZARA 的主副品牌延伸战略根据产品主品牌进行延伸，所有副品牌虽然面对的消费群或消费需求不同，但是其品牌定位和主品牌完全相同，都是紧随时尚潮流且价格易于接受的“快时尚”。

想一想：ZARA 采用这种品牌策略的优点是什么？

（4）新品牌策略。新品牌策略是指企业为新产品设计新品牌的策略。当企业推出新产品而现有品牌对新产品并不合适时，企业就要确立新品牌。合适的新品牌既能充分符合新产品的形象需要，又能避免对现有品牌造成影响。例如：原来生产保健品的养生堂公司开发饮用水时，使用了更好的品牌名称“农夫山泉”。

5. 品牌再定位策略

品牌再定位策略是指企业对品牌的重新定位，旨在摆脱困境、使品牌获得新的增长与活力。宜家以高档时尚的形象进入中国市场，然而随着中国家具市场的逐渐开放和发展，宜家没有坚持原有的高端定位，而是锁定工薪阶层，重新定位自己的目标消费者，并对在中国销售的上千种产品进行降价处理。自此，宜家实现了品牌再定位。所以说，品牌再定位不是对原有定位的全盘否定，而是企业经过市场的磨炼之后，对原有品牌战略的一次扬弃。

小贴士

宝马作为运动和操控性能突出的豪华轿车品牌，其目标客户群定位是“喜欢享受驾驶乐趣的专业人士”。而在中国，有些人认为宝马是暴富阶层用来炫耀身份的道具。在销量下滑的同时，宝马终于意识到中国市场的特殊性：对于中国“喜欢享受驾驶乐趣的专业人士”来说，宝马的高价位是一道很难跨越的屏障。为此，国产宝马在 2005 年开创了中国汽车市场有史以来的单车最大降价活动：国产宝马 3 系和 5 系轿车一次降价幅度达 13%～14%，其中 530i 的价格竟然一下子降了 10 万元，以求走出“有钱人”的奢侈品、炫耀性的奢侈品的定位，将它的目标客户群重新定义为有知识、有品位的成功人士。通过重新定位和一系列的营销公关活动，宝马汽车的销售量持续增长。

想一想：宝马汽车降价的原因何在？

二、国际市场产品包装策略

在现代经济生活中，包装已经成为产品生产的重要组成部分。人们对产品的需求已不仅仅局限在产品功能方面的满足，还希望得到心理上的满足。在国际市场中，一款优质的产品，能否引起消费者的兴趣，触发购买欲望，不仅是其内在质量的优秀所决定的，外在的包装策略也十分重要。有一些包装是闻名于世的，如“可口可乐”的瓶子等。许多营销人员把包装（Packaging）称为市场营销组合策略中的第五个“P”。

小贴士☞

百威啤酒一直以来注重产品包装的创新，并以其在包装上所体现出来的丰富创意闻名于世。百威（武汉）啤酒有限公司秉承了这一传统，不断在包装上推陈出新，为中国消费者提供更多选择，如1997年的压花玻璃小瓶装百威、1999年的大口盖拉环罐装百威、2000年的4罐便携装百威等。百威在包装上的每一个创新都为中国消费者带来惊喜。500ml百威是针对中国啤酒市场特别推出的产品，充分显示了百威对中国消费者的高度重视。

想一想：包装对产品的销售有哪些影响？

（一）包装的含义和作用

1. 包装的含义

包装是指采用适当的包装材料或容器，施以一定的科技手段将产品包封，并加以适当的装潢和标志。包装有两层含义：一是为产品设计、制作包裹物的活动过程；二是指产品的容器或包裹物。

2. 包装的作用

目前，包装已成为强有力的营销手段。设计良好的包装能为消费者创造方便价值，为生产者创造促销价值。

（1）保护产品，便于储运。产品包装最基本的功能便是保护产品，便于储运。有效的产品包装可以起到防潮、防热、防冷、防挥发、防污染、保鲜、防易碎、防变形等系列保护产品的作用。因此，在产品包装时，要注意对产品包装材料的选择以及包装技术的控制。

（2）促进销售，指导消费。包装能吸引注意力，说明产品的特色，使消费者对产品形成一个有利的总体印象。随着生活水平的日益提高，消费者越来越重视产品的包装，也愿意为好的包装支付费用。设计精美的包装不仅能激起消费者的购买欲望，也有助于消费者迅速辨认品牌。例如：胶卷购买者可以立刻识别出为人熟知的黄颜色包装的“柯达”胶卷。又如：苏州檀香扇，小巧玲珑，华美精致，是江苏著名的传统工艺品。起初扇子销量并不好，但在把包装换成锦盒，并加配红木或有机玻璃的插座后，产品档次大幅提升，且具有了一定的民族特色和观赏特色，受到国内外游客的欢迎，销量大幅提高。

（3）提供创新的机会。包装的创新给消费者带来了巨大的好处，也给生产者带来了利润。例如：尤尼达饼干公司在1899年创新出一种具有保鲜装置的包装，使饼干的货架寿命长于饼干盒、饼干箱和饼干桶；卡夫食品公司开发了听装混合乳酪，从而延长了乳酪的货架寿命，并使公司赢得了“可靠”的声誉。

（二）包装策略

1. 类似包装策略

企业对其生产的产品采用相同的图案、近似的色彩、相同的包装材料和相同的造型进行包装，便于消费者识别出本企业产品。对于忠实于本企业的消费者，类似包装无疑具有促销的作用，企业还可因此节省包装的设计、制作费用。但类似包装策略只适用于质量相同的产品，品种差异大、质量水平悬殊的产品则不宜采用。

2. 配套包装策略

按各国消费者的消费习惯，将数种有关联的产品配套包装在一起成套供应，便于消费者购买、使用和携带，还可扩大产品的销售，如洗浴套盒和护肤品套盒。在配套产品中还可加入某种新产品，可使消费者不知不觉地习惯使用新产品，有利于新产品上市和普及。

3. 附赠包装策略

在包装容器里附赠奖券或实物，或包装本身可以换取礼品，可吸引消费者，刺激其重复购买。许多儿童食品的包装是采用此种策略，例如：纳爱斯的儿童牙刷和伢牙乐牙膏都会随产品附赠各类儿童玩具，以引起小朋友们的关注。又如：我国出口的“芭蕾珍珠膏”，每个包装盒附赠珍珠别针一枚，消费者购至50盒，就能串起一条美丽的珍珠项链，这使珍珠膏在国际市场十分畅销。

4. 改变包装策略

改变和放弃原有的产品包装，改用新的包装。由于包装技术、包装材料的不断更新，消费者的偏好不断变化，因此采用新的包装可以弥补原包装的不足。需要注意的是，企业在改变包装的同时必须配合好宣传工作，以消除消费者以为产品质量下降或其他的误解。

5. 更新包装策略

更新包装，一方面是通过改进包装使销售不佳的产品重新焕发生机，重新激起消费者的购买欲；另一方面是通过改进使产品顺应市场变化。有些产品要改进质量比较困难，但是如果总是老面孔，消费者又会感到厌倦。经常变一变包装，给人带来一种新鲜感，销售量就有可能上去。

6. 复用包装策略

复用是指包装再利用的价值。根据目的和用途，复用包装基本可以分为两大类：一类是从回收再利用的角度来讲，如产品运储周转箱、啤酒瓶、饮料瓶等，复用可以大幅降低包装成本，便于产品周转，有利于减少环境污染；另一类是从消费者的角度来讲，产品使用后，其包装还可以作为其他用途，以达到变废为宝的目的，同时包装上的企业标识还可以起到继续宣传的效果。这就要求企业在包装设计时，考虑再利用的特点，以保证再利用的可能性和方便性。例如：各种形状的香水瓶可用作装饰物，瓷制的酒瓶可用作花瓶，精美的食品盒可被再利用。又如：用手枪、熊猫、小猴等造型的塑料容器来包装糖果，糖果吃完后，其包装还可以作为玩具。但是在使用该策略时，要避免因成本加大引起产品价格过高，从而影响产品的销售。

小贴士☞

星巴克一直致力于推动环保和可持续发展，其包装设计也体现了这一点。星巴克采用了可回收和生物降解的包装材料，以减少对环境的影响。同时，星巴克还在包装上印有鼓励消费者重复使用和回收的信息，进一步提高了消费者的环保意识。这种环保包装策略不仅有助于提升品牌形象，还赢得了消费者的认可和赞赏。

想一想：包装对产品的销售有哪些影响？

7. 企业协作包装策略

企业在开拓新的市场时，受宣传等的影响，其知名度可能并不高，所需的广告宣传投入费用又太大，而且很难立刻见效，这时可以联合当地具有良好信誉和知名度的企业共同推出新产品，在包装设计上重点突出联合企业的形象，这是一种非常实际且有效的策略，在欧美、日本等发达国家是一种较为普遍的做法。以伊利为例，2023 年伊利在迪士尼 100 周年之际与迪士尼公司合作，以“公主的快乐公主知道”为主题，推出迪士尼公主系列定制包装产品，在奶盒正面印刷了艾莎、白雪公主、木兰、爱丽儿、贝儿、乐佩 6 个不同姿态的迪士尼 IP，在奶盒背面印刷了真实与极具网感的文案，如“美丽，是我最不值一提的本事——白雪公主”“听说爱是泡沫，怪我没看破咯——爱丽儿”，让产品包装直接触发年轻人的情感价值共鸣。从伊利发布的 2023 年第三季度财报来看，公司营收、净利创历史新高。

8. 绿色包装策略

随着消费者环保意识的增强，绿色环保成为社会发展的主题。伴随着绿色产业、绿色消费而出现的绿色概念营销方式成为企业经营的主流。因此在包装设计时，选择可重复利用或可再生、易回收处理、对环境无污染的包装材料，容易赢得消费者的好感与认同，也有利于保护环境、与国际包装技术标准接轨，从而为企业的发展带来良好的前景。例如：用纸质包装替代塑料袋装，在羊毛材质衣物中夹放轻柔垫纸来取代硬质衬板等，既美化了包装，又顺应了发展潮流，一举两得。

小贴士☞

Nike 的鞋盒设计一直以其简洁、现代且富有标志性的风格而著称。鞋盒通常以黑色或白色为基调，搭配醒目的对勾标志，这种设计不仅增强了品牌的识别度，还提升了产品的价值感。此外，Nike 的鞋盒设计还注重功能性和环保性，采用可回收材料制成，既方便消费者存储和携带，又符合可持续发展的理念。

想一想：我们从 Nike 的包装风格能学到些什么？

9. 系列式包装策略

如果企业的产品包装采用相同材料、造型、图案、色彩（或近似色彩），就能显示共同的特色。这种包装策略主要是显示家族品牌的优点，建立品牌信誉，带动企业生产的系列产品，提高企业在消费者心中的威望，树立企业的公众形象。此外，系列式包装还可以节约设计和印刷成本，提高企业声誉，有利于新产品的推销，在销售货架上具有较强视觉冲击力，容易吸引消费者。

这种策略常见于饮料类的包装中，汇源果汁包装就是其中一例。它由多个包装组成家族式系列包装，如鲜橙汁、苹果汁等不同饮料汁组成系列，在单体包装群中，多个近似包装系列形成一个统一的整体，在众多的饮料产品中，颇有“鹤立鸡群”的效应，展现在消费者面前，起到了很好的促销作用。

10. 开窗式包装策略

开窗式包装策略是指在包装物上留有“窗口”，让消费者通过“窗口”来直接认识和了解产品，其目的在于直接让消费者体会、认识产品的品质。

小贴士

浙江绍兴的一位包装设计师曾设计出一种新颖包装，将绍兴名酒中的加饭酒、花雕酒、善酿酒、元红酒、绍兴酒、土绍酒六种不同风味酒，组合在一个包装盒内，与六只酒盅配套在一起组成一个花瓣形图案，并采用开窗式盒盖的可提携式包装，深受消费者青睐。

想一想：绍兴酒采用的是什么包装策略？能达到何种效果？

11. 分量式包装策略

分量式包装策略即对一些称重产品，根据消费者在不同时间、地点购买和购买量不同采用重量、大小不同的包装，也有一些价格较贵的产品，实行小包装给消费者以便利感，还有一些新产品，为让消费者试用而采用小包装，其目的也在于给消费者以便利感、安全感。

12. 等级式包装策略

由于经济收入、消费习惯、文化程度、审美眼光、年龄等存在差异，消费者对包装的需求心理也有所不同。一般而言，收入较高、文化程度较高的消费者，比较注重包装设计的制作审美、品位和个性化；而收入较低的消费者，则更偏好经济实惠、简洁便利的包装设计。因此，企业针对不同层次的消费者的需求特点制定不同等级的包装策略，可以此来争取不同层次的消费群体。

13. 艺术式包装策略

艺术式包装追求包装造型、色彩、图案的艺术感，通过包装的造型、色彩等来赋予产品一定的象征意义，其目的在于激发消费者的情感，使消费者产生联想。

当今社会，包装已成为沟通产品与消费者的桥梁，其设计不仅要考虑满足物质上的要求，还需通过包装的造型、色彩、材质和开启方式等为人们提供更多的情感体验和心理满足。艺术式包装正是迎合了现代人的这种心理需求和审美取向，强调了包装与消费者之间的共鸣与互动，既提高了产品的亲和力，又提高了产品的品牌效益，从而更易为人们接受和认可，为企业创造更多的经济与社会效益。例如：将包装盒设计成小动物或者一些卡通人物形象，将巧克力的包装盒设计成心形等。

14. 年龄式包装策略

年龄式包装策略是指按年龄段设计相应的包装，即包装采用年龄的造型、图案、色彩等，其目的在于满足不同年龄消费者的需要。

15. 性别式包装策略

性别式包装策略是指按性别不同采用与性别相适应的包装。男性用品包装追求潇洒、质朴，女性用品包装崇尚温馨、秀丽、新颖、典雅，其目的在于满足不同性别消费者的需要。

16. 礼品式包装策略

这种包装策略是指包装华丽，富有欢乐色彩，包装物上常冠以“福”“禄”“寿”“喜”“如意”等字样及问候语，其目的在于增添节日气氛和欢乐，满足人们交往、礼仪之需要，借物寓情，以情达意。

小贴士

家乐氏公司是全球知名谷物早餐和零食制造商。该公司在世界各大主要市场通过自己的销售网络进行营销，在发达国家则通过经纪人和经销商经营。它的广告和促销主要是让消费者认识到其产品的营养价值，广告和包装都强调健康与营养的主题。“麦圈”是其最著名的产品之一，在世界许多市场都有销售。

想一想：家乐氏公司的著名产品“麦圈”的商标和品牌有必要改变吗？家乐氏公司是否需要对产品的包装和标签做出调整？

思考练习

一、简述题

1. 如何理解国际市场营销中产品的整体概念？
2. 简述产品组合策略。
3. 分析产品生命周期各个阶段的特点。
4. 简述新产品开发过程。
5. 什么是品牌？品牌策略有哪些？
6. 在国际市场中，产品为什么要进行包装？有哪些包装策略？

小试牛刀五

趣味阅读五

二、案例讨论

耐克的品牌策略

在名牌如潮、竞争激烈的运动鞋市场，耐克以其优良的质量、合理的价格和著名的品牌赢得了广大消费者的青睐。尤其是生活在现代都市的年轻人，无一不对耐克推崇备至。美国 NBA 超级巨星迈克尔·乔丹加盟耐克的广告家族，使耐克更是名扬四海、家喻户晓，令年轻人趋之若鹜。耐克公司正是以树立英雄、营造时尚、关注和培育各国体育爱好者为切入点，将耐克品牌塑造成为消费者追求的一个“梦”。

1. 品牌创意——耐克成功的精髓

耐克在短短几十年间成为全球最著名品牌之一，其成功的原因是多方面的。耐克在全世界寻找条件最好的生产商为其生产，而自己则致力于不断开发新的产品。产品设计是耐克的一件有力的竞争武器，但耐克的成功更重要的还是得益于它的品牌创意。品牌不仅仅是用人物单纯反映产品特性或功能，还要善于在人物和产品之间找到可以折射观点的东西，赋予产品一种与众不同的“思想”，引起目标对象的共鸣，最终在消费者心中沉淀为良好的认知——品牌。耐克正是一种被物化了的体育精神或人类征服自然和超越自我的象征。耐克产品的功能已经被品牌所寓意的象征和情感所融化。一个简单的对勾图案，加上一句“Just Do It”，充分体现了人类从事各项体育运动、挑战自我极限的精神，这就是耐克品牌成功的精髓所在。优秀的创意赋予了耐克产品一种能够满足目标客户心理、视觉美感和情感的附加值，结合产品卓越恒久的品质，二者兼容并蓄，共同构筑起了耐克的国际品牌形象。

世界上恐怕没有第二种产品可以像耐克一样，将各种体育运动和自己的产品形象紧紧地结合在一起，成为一对天然的关系。优秀的品牌都会找到一种自然的象征，让品牌生长在另外一个物体上，来演绎产品自身所无法表现的个性。借助篮球运动建立品牌形象，是耐克长期以来不变的法则。以乔丹为代表的美国黑人运动员将耐克的品牌内涵推向了一个极致：卓越、力量和不可战胜的顶峰，篮球已经成为耐克品牌的象征。随着美国 NBA 在全球的影响力不断提高，耐克已经被注释为美国文化的象征。

1998 年，耐克推出了一种新型的气垫运动鞋。为了展示产品优良的性能，公司采用了这样一个广告：用一个运动员在沙漠旷野奔跑时留下的一串脚印，和一队风驰电掣的赛车形成强烈对比，这串脚印风一般迅速地穿越正在行驶着的车队，是车快还是人快？哪个速度占了上风？耐克运动鞋优良的性能给人留下无限的想象空间。穿上耐克就可以实现你心中的愿望——征服速度，它迎合了每一个人对自我极限挑战的潜在欲望。在另一个耐克运动鞋的广告中，著名跳远运动员杰西·乔伊娜·柯西（Jackie Joyner Kersee）跨越看似不可能的距离，暗示了运动员脚上的那双神奇的运动鞋带来的超越自我的力量。整个广告画面中只有耐克的标志，没有产品的功能介绍，可以让人充分展开想象的翅膀。人类征服不可能的事情都是从想象开始，耐克赋予人们好感的正是它带来的无限的想象空间。耐克对消费者而言，已不再是一双运动鞋、一套运动服，而是他们拥有或曾经拥有的梦——挑战自我、超越自我的梦。

2. 广告与品牌忠诚度

耐克是国际最知名、品牌忠诚度最高的品牌之一。耐克之所以深受众爱，与公司注重通过种种方式，特别是广告，与消费者密切沟通是分不开的。广告在耐克品牌的成长中起到了关键性作用。

耐克公司的早期广告作品主要侧重于宣传产品的技术优势，因为当时的目标市场定位在正式体育选手市场上。20 世纪 80 年代，耐克产品开始从田径场和体育馆进入“寻常百姓家”。于是耐克公司必须在不失去传统市场情况下，尽力扩大耐克广告的吸引力，为此耐克必须像李维斯（牛仔服的领导品牌）一样，成为青年文化的组成部分和身份象征。

青少年消费者有一些共同的特征：热爱运动，崇敬英雄人物，追星意识强烈，希望受人重视，思维活跃，想象力丰富并充满梦想。针对青少年消费者的这一特征，耐克公司发起“明星攻势”，相继与一些大名鼎鼎、受人喜爱的体育明星签约。

耐克公司在与体育爱好者消费群体沟通时，其内容着意于传递这样的信息：耐克和你一样是体育世界的“行家”，我们都知道体育界所发生的一切。因此，耐克公司在广告片中向体育爱好者展示的是一个真实客观的体育世界。例如：耐克公司雇佣“臭名远扬”的查尔斯·巴克利（Charles Barkley）拍广告，巴克利在篮球界有“拳师”的绰号，逞凶斗狠，脾气火爆，常有出格之举。耐克公司没有隐瞒遮掩这些，而是创作了一个电视广告片，主角就是尚武凶狠的巴克利，在球赛中击败对手，拉烂篮板……看到此片的体育迷们都会产生同感：是巴克利！他就是这样。于是耐克与消费者之间有了良好的沟通，这种沟通一次又一次地加强，不断与消费者产生共鸣，最终耐克公司和其品牌成为消费者忠实的“伙伴”和“知己”，甚至是相互一体、不分彼此了，耐克品牌的迅速崛起、独领风骚，自然在情理之中。

试讨论：

（1）耐克的品牌创意有哪些特色？

（2）耐克的品牌创意是如何向消费者传递的？

（3）耐克公司的广告对耐克品牌的推广作用是如何体现的？

（4）谈谈让你印象最深的一则耐克品牌广告，并说说你从广告中得到的启发。

三、拓展训练

1. 分组活动，每组选择一家知名跨国企业，分析其产品组合策略、市场推广方式、品牌策略、包装策略及成功的原因。

2. 每组选择一家我国的非知名企业，帮助其制定产品策略，并进行产品推广。

学习情境六 制定国际营销价格策略

国货出海六

一睹为快六

学习目标

【知识目标】

■ 了解国际市场产品定价的各种影响因素；掌握国际市场产品定价的不同方法和定价策略。

【能力目标】

■ 能够根据目标市场国的营销环境采用合适的产品定价方法，并能通过适当的定价策略进行修正。

【素养目标】

■ 国际市场营销人员应当具有正确的价值观、诚信观、职业观，在进行国际市场营销时，能够以诚待人、以义取利、以信接物，在风云变幻的国际市场中有定力、守初心。

导入案例

价格锚点

锚定效应（Anchoring Effect）是指当人们需要对某个事件做定量估测时，会将某些特定数值作为起始值，起始值像锚一样制约着估测值。在做决策的时候，人们会不自觉地给予最初获得的信息过多的重视。

许多金融和经济现象都受锚定效应的影响。例如：股票当前价格的确定会受到过去价格影响，呈现锚定效应。锚定效应同时发生在商品定价的其他经济现象中，它类似于宏观经济学中的“黏性价格”，只要把过去的价格作为新价格的一种参考（建议），那么新价格就会趋于接近过去的价格。商品的价值越模糊，参考价值就可能越重要，锚定就可能是更重要的价格决定因素。

价格锚点即商品价格的对比标杆。在市场营销中，企业通过各种锚点招数，或者利用对比和暗示来动摇人们对于商品价值的评估。

1. 星巴克卖依云水

依云水在星巴克卖22元一瓶，但是在京东买一整箱的话，平均大概不到5元一瓶。依云水在星巴克的售价，或许能给人一种“高端”的印象，有些顾客在需要时，会购买依云水。同时，根据星巴克咖啡的价格，中杯基本不超过30元，超大杯基本不超过40元。当顾客发现一瓶矿泉水都要22元后，对比之下就会觉得咖啡没那么贵了。

2. 优衣库商品打折

优衣库会在商品打折或限时优惠时，在打折价格旁清楚标注该商品的初上市价格，即商品售卖时的原价。例如：原价599元的羽绒服现在只需199元。这里599元就是价格锚点，有它作为参照，顾客会毫不犹豫接受199元的价格。当然，也会有一些“无良商家”利用这一点，先给商品标上昂贵的价格，然后宣称“一折甩卖”，尽管最后的成交价格在绝对值上并不低，但因为原价的存在，顾客还是乐于掏腰包。

3. 降序排列的价目表

酒吧或餐厅的菜单价格往往都是按照降序排列的，把最贵的放在前面，这个价格就成为起始参照物。当顾客从上往下浏览价目表的时候，随着价格越来越便宜，会产生一种获得感。尽管顾客明知价格下降，商品品质也会相应下降，但少付钱带来的快乐远胜于其他。因此为了平衡价格和品质，大多数顾客可能选择第二或第三贵的商品，实际上这是被最高价格“吓”到后做出的非理智选择。尤其针对酒类、饭菜、美容美发等商品或服务，顾客很难判断它的价格是否合理，因此很容易进入商家设置的价格情境中。

请思考：

星巴克实行的是何种价格策略？影响企业定价的因素有哪些？

任务一 分析影响国际市场产品定价的因素

任务概述

价格是市场营销组合的一个重要因素，价格策略是国际市场营销中的一个决定性的策略，在给国际产品制定具体价格之前，首先必须掌握影响产品定价的因素。在导入案例中，假如你是星巴克的营销决策人员，试分析星巴克制定价格的影响因素。

知识储备

价格是市场营销组合的一个重要因素。产品价格的高低，直接决定企业的收益水平，也影响产品在国际市场上的竞争力。产品定价原本就很复杂，当产品销往国际市场时，运费、关税、汇率波动、政治形势等因素更增加了国际定价的难度。因此，企业确定国际营销中的定价策略之前，首先应该了解并分析那些影响国际市场产品定价的因素。

概括起来，影响国际市场产品定价的因素主要有目标因素、成本因素、市场因素、政府因素。

一、目标因素

企业在为产品定价时，首先必须要有明确的目标。定价目标以企业营销目标为基础，是企业选择定价方法和制定定价策略的依据。面对不同的国外市场，企业的定价目标不可能完全一样。有些企业将国内市场作为主导市场，而将国外市场看作国内市场的延伸和补充，因此针对国外市场往往会采用比较保守的定价策略。另外，一些企业将国际市场看得和国内市场一样重要，甚至把国内市场当作国际市场的一部分，这类企业采取的定价策略往往是进取型的。企业针对各个国外市场设定的不同目标，对定价策略也有很大影响。在迅速发展的国外市场上，企业可能更注重市场占有率的增长而暂时降低对利润的要求，采取低价渗透策略。而在低速发展的国外市场上，企业可能更多地考虑投资的回收，而采用高价撇脂策略。与当地厂商合资的企业，在定价上除了考虑自己本身的目标，还必须考虑合作伙伴的要求。不同企业、不同产品在不同的市场、不同的时期有不同的营销目标，因此企业定价目标不是单一的，而是一个多元的结合体。在国际市场营销中，企业定价目标主要有以下几种：

（一）以获取利润为定价目标

获取利润是企业从事生产经营活动的最终目标，而能否获取期望利润在很大程度上取决于销售价格的制定。利润目标一般分为利润最大化目标和预期收益目标两种。

世界上的大多数企业都会把利润最大化作为定价目标，为了能够最大限度地获得利润而进行产品的创新、技术的更新、开拓新市场或者制定高价。企业通常追求两个方面的利润最大化：一是长远角度的总利润最大化。这样的话，一般企业要权衡好短期利益和长期利益之间的关系。如果短期定价过高，就有可能由于竞争者的加入或者顾客难以接受高价等因素而丧失市场优势，因而难以实现长期发展和利润目标。二是整体利润最大化。有些企业所生产的产品具有互补性，一般销售此类产品时，通常会对互补产品中的相对耐用些的产品采取低价策略，而对其中购买频率更高些的产品采取高价策略，其目的是实现整体利润最大化。很多零售商经常使用组合定价策略，即将有些产品的价格定得比较低，有时甚至低于成本以招徕顾客，借以带动其他产品的销售，从而使企业利润最大化。

小贴士

微软 Office 套件包括 Word、Excel、PowerPoint 等多个软件，这些软件之间互为互补产品。用户购买了一个 Office 软件后，可能会考虑购买其他软件以完善其办公需求。微软通过销售整个 Office 套件或单独的软件，实现了互补产品的盈利。

想一想：你还能想到哪些通过互补产品盈利的例子？

（二）以扩大销售为定价目标

有时企业会将定价的目标主要着眼于产品销售量的扩大，如在新产品刚进入市场的阶段，只有迅速扩大销售才有可能形成规模效应，从而使企业产品成本较低，所以企业在这个阶段不宜将目标利润定得太高，而应通过市场能够接受的价格迅速打开市场。另外，当产品进入成熟期后，为了迅速出清库存，进行产品结构的调整，这时通常以能够促进销售的价格策略来吸引广大消费者。

（三）以市场占有率为定价目标

以市场占有率为定价目标，即企业从占领市场的角度来制定产品的定价目标。市场占有率是企业经营状况和企业产品竞争力的直接反映，它的高低对企业的生存和发展具有重要意义，因此，这是企业定价的一个十分重要的目标。企业一般通过实行全部或部分产品的低价策略，以实现提高市场占有率这一目标。采用这种策略需具备如下条件：（1）目标市场的需求弹性较大，偏低定价能刺激市场需求。（2）随着生产、销售规模的扩大，产品成本有明显的下降。（3）低价能吓退现有的和潜在的竞争者。

小贴士

日本丰田汽车打入美国市场时，其目标是快速占领市场。为争取潜在顾客群，丰田汽车价格大大低于竞争对手的价格——同类车型和功能的轿车，丰田汽车比美国汽车低 400～1 000 美元。卡罗拉（Corolla）在进入美国市场时售价不到 2 000 美元，之后推出的 Corolla 售价不到 1 800 美元。低廉的售价，加上质量稳定、性能好和维修费用低，为丰田汽车树立起物美价廉的良好形象，美国汽车生产商无还手之力，大片的市场份额逐渐被丰田汽车蚕食。

想一想：以市场占有率为定价目标，企业需要具备哪些条件？

（四）以应对竞争为定价目标

企业营销活动在竞争激烈的环境中进行，定价决策也常以如何应付各种竞争为目标。

一般而言，企业对竞争对手的行为都十分敏感，尤其是对方的价格策略。故在选定定价策略之前，企业总是尽可能详尽收集竞争对手的资料，与自己产品的质量、性能及服务等方面相互对比。根据企业自身条件的不同，一般有以下四种情况：

（1）力量较弱的企业，可采用与竞争对手的价格相同或略低于竞争对手价格出售产品的方法。

（2）力量较强的企业，又要扩大市场占有率时，可采用低于竞争对手价格出售产品的方法。

（3）资本实力雄厚，并拥有特殊技术、产品品质优良或能为消费者提供较多服务的企业，可采用高于竞争对手价格出售产品的方法。

（4）为了防止别的企业加入同类产品竞争行列，企业在一定条件下往往采用一开始就把价格定得很低的方法，从而迫使弱小企业退出市场或阻止竞争对手进入市场。

此外，有些企业还要考虑其产品或公司在国际市场上的形象，并以此作为定价目标。在实际工作中，以上几种定价目标有时单独使用，有时也会配合使用。总之，企业定价目标一般与其战略目标、市场定位和产品特性相关。

二、成本因素

成本是决定产品市场价格的基本要素和重要依据，也是企业定价的底线。成本核算在定价中十分重要，国际市场产品价格构成，既要考虑产品出口前发生的成本费用（包括生产成本、流通环节费用等），又要考虑产品出口后发生的一切费用及各种风险成本。出口产品与内销产品虽然都在国内生产，其成本项目却不一样。如出口产品为了适应国外的度量衡制度、电力系统等方面做出了改动，其生产成本就可能增加；反之，出口产品被简化或者去掉某些功能，其生产成本就会降低。另外，国际产品定价还需要考虑除产品制造成本之外的出口成本因素，如关税、分销成本、融资成本以及汇率变动而产生的风险成本等。下面将对国际营销具有特殊意义的成本项目分别进行说明。

小贴士☞

某国外航空公司为了降低成本，从细节上入手，采取了一系列耐人寻味的举措，如飞机在飞行时不向乘客提供正餐，只提供花生与饮料；飞机座位不对号入座，想选择好座位就需抓紧时间登机，从而将登机时间降到最低；公司不提供集中的订票服务，也不办理行李的转运等，这些都成了乘客自己的事。这样做使得该航空公司70%的飞机滞留机场的时间只有15分钟，而通常客机需要一至两个小时。对于短途航运而言，一两个小时就意味着多飞了一个来回。

想一想：该航空公司为何采取这些措施？试上网查找“细节决定成败”的商界事例。

（一）关税

关税是指进出口商品经过一国关境时，由政府设置的海关向进出口商所征收的一种税。关税通常分为进口税、出口税、过境税。目前，世界各国为了鼓励出口，增加国家财政收入，通常不征收出口税，关税征收以进口税为主。征收进口关税不仅可以增加本国政府的财政收入，还可以保护本国商品免受过多的国外商品的冲击，因为关税会抬高进口商品的价格，从而影响该商品在当地市场上的竞争力。

关税水平一般用关税率来表示，可以按从量、从价或混合方式征收。从量税是按进口商品的实物数量征收的；从价税是按进口商品价值的一定百分比征收的；混合税既包括从量税，也包括从价税，如照相机每架 1 美元，再加上其价值的 10%来征收关税。关税对产品国际价格的影响较大。

事实上，除关税以外，其他形式的进口税还有消费税、交易税、增值税，国际贸易中的进出口许可证、报关与报检等费用。这些税费提高了产品的最终成本，继而在相当程度上提高了其最终售价。

（二）分销成本

产品或服务从本国生产者转移到目标市场国消费者手中，需要经过相应的中间环节，由此会发生相应的运输费用和中间商费用。运输成本主要受产品产地与最终用户之间地理距离的远近及运输难易程度的影响。据了解，我国的全部运输成本约占出口产品价格 15%左右。可见，运输费用也是构成出口价格的一个重要因素。

中间商费用主要受目标市场国的市场分销体系与结构的影响。各个国家的市场分销体系与结构存在着很大的差别。在有些国家，企业可以利用比较直接的渠道把产品供应给目标市场，中间商负担的储运、促销等营销职能的成本也比较低；而在另外一些国家，由于缺乏有效的分销系统，中间商进行货物分销必须负担较高的成本。

小贴士☞

曾经，IBM 的计算机在欧洲市场上售价比在美国本土市场昂贵得多，而同样的产品在日本销售的价格也比在美国的高很多。

想一想：IBM 为何采取这种差异化定价策略？哪些原因导致同一种产品在不同市场价格不同？

（三）风险成本

在国际营销实践中，企业从接受订单开始，到最终付款、交运，所花费的时间要比国内营销的长，融资、通货膨胀及汇率波动等风险成本也相应增加，销售价格就会反映出这种变化。此外，为了减少买卖双方的风险及交易障碍，经常需要有银行信用的介入，从而又会增加费用，这些因素在国际营销定价中均应予以考虑。

小贴士☞

国际金融市场实行浮动汇率制度后，国际主要货币之间的比价变动令人们很难预测某种货币未来的确切价值。美国惠普公司曾在一年内因国际汇率浮动而获得 50 万美元的额外利润，而雀巢公司则曾在六年中因国际汇率波动损失 100 万美元。

想一想：企业可以采取何种措施来减缓或避免汇率波动所带来的成本压力？

三、市场因素

（一）国际市场需求状况

产品的最低价格取决于该产品的成本费用，而最高价格则取决于产品的市场需求状况。国际市场需求是国际市场营销中产品定价的重要依据之一。影响国际市场产品需求的因素有很多，主要包括目标市场国的经济发展水平、居民收入水平，消费者的消费观念、消费偏好与消费习惯等。首先，目标市场国的经济发展水平、居民收入水平决定了需求水平和对价格的承受力。其次，消费者的消费观念、消费偏好和消费习惯可直接影响价格的高低。最后，需求分析还应对不同产品在不同国家的需求弹性进行分析。某一产品在目标市场国需求弹性比较大时，产品价格变动一般会引起其市场需求量更大幅度变动，则可以适度降低产品市场售价，以扩大市场占有率；反之，当产品需求弹性较小，产品价格的变动对其市场需求量变动的影响不明显时，如果该产品在市场上缺乏替代品，则适宜采用较高的市场售价以获取更高的利润。

（二）国际市场竞争状况

竞争是影响价格水平的又一个重要因素。产品的价格下限取决于该产品的成本费用；价格上限取决于产品的市场需求状况；在上限和下限之间，企业能把这种产品价格定多高，则取决于竞争对手提供的同种产品的价格水平。

分析竞争状况对价格的影响，首先，要弄清本企业在目标市场竞争对手的价格策略和同类产品的价格水平。在国际市场上，由于绝大多数产品都处于买方市场中，生产厂商之间的竞争异常激烈。当两家企业的产品相类似时，价格就成为影响消费者选择的主要因素，因而价格竞争成为国际市场竞争的主要因素之一。其次，必须弄清目标市场国同一行业的市场竞争程度。市场竞争按其程度不同可分为完全竞争、不完全竞争、垄断竞争和寡头垄断等几种情况。当前在国际市场上，一些大宗交易的产品（如谷物、石油、咖啡和矿砂等）基本处于完全竞争状态，而某些高科技产品和稀缺资源产品等则基本处于垄断状态，其余绝大多数产品处于垄断竞争或不完全竞争状态中。企业除了在垄断市场条件下对产品有较大的定价权，在完全竞争和不完全竞争市场条件下，企业在制定价格策略时都必须考虑竞争对手所采用的策略。

四、政府因素

政府因素对产品的国际市场定价也有着非常重要的影响，政府主要通过颁发一些价格管制法律法规或通过其他形式来对国际市场产品价格进行干预。这种干预主要表现在：

（一）价格控制

政府通过对进口产品最高价格和最低价格进行限制，来稳定市场秩序和防止恶性竞争，如一些国家对农产品制定最低进口价格的限制，就是为了保护国内市场上农产品的生产和销售。政府还通过反倾销法规，对低价进口产品征收反倾销税来保护国内厂商利益。

（二）价格补贴

价格补贴一般针对出口国政府而言，通过补贴的政策可以降低出口产品的成本和价格，从而增强其国际市场竞争能力。例如：对于一些农副产品和工业原料，政府一般就是采用价格补贴或者收购的方式来保护厂商的利益。价格补贴分为直接补贴和间接补贴两种，政府多采用间接补贴方式，其主要表现为减免税收、出口退税、信贷优惠、配额制度等。

（三）参与市场买卖

政府参与市场买卖是通过代理机构或直接出面，在国际市场上大量购进或抛售产品来控制或影响该产品价格，如西方国家在短期内对石油等重要原料和战略物资的大量购进或抛售的行为。

有时会发生很多国家一起对某些商品，如对农副产品和工业原料的价格进行干预的现象。为维护共同利益，主要生产国或出口国会组成国际卡特尔，或与主要进口国签订国际协议。例如：中东主要产油国组成石油输出国组织，在成员国之间分配石油产品和出口限额以影响国际市场油价走势。

任务二　选择国际市场产品定价方法

任务概述

由于企业在国际市场营销中面临的营销环境更为复杂，因此国际市场产品定价比国内市场产品定价要复杂得多，考虑到不同因素对定价策略的不同作用，企业在为出口商品定价时应灵活地采用不同的方法。一般而言，有三大类定价方法可供选择，即成本导向定价法、需求导向定价法和竞争导向定价法。在导入案例中，假如你是星巴克的营销决策人员，试分析星巴克制定产品价格的方法有哪些。

知识储备

一、成本导向定价法

成本导向定价法是一种以产品成本为基础，加上一定比例的利润来确定价格的方法。这里的成本包括生产成本和交易成本，前者包括固定成本和变动成本，后者包括运费、关税及营销费用等。根据定价时的分析角度不同，这种方法又可分为三种：成本加成定价法、目标收益定价法和边际成本定价法。

小贴士

凯莱汽车公司是销售美国三大汽车制造厂产品的销售量较高的汽车经销商之一。该公司经销高档大型轿车、中档中型轿车、低档小型汽车。大型轿车占其销售额的20%，中型轿车占30%，小型汽车占50%。该公司的销售经理一直执行一项稳健的价格策略：

大型轿车定价是公司经销成本加 300 美元，中型轿车是经销成本加 200 美元，小型汽车是经销成本加 100 美元。上一年公司的销售量分别为：大型轿车 200 辆，中型轿车 250 辆，小型汽车 325 辆。

想一想： 成本导向定价法有哪些优缺点？

（一）成本加成定价法

成本加成定价法是以产品成本为基础，结合销售量等有关情况，加上预期利润，确定产品的价格水平。由于利润的多少是按照总成本的一定比例来确定，这种比例就是人们俗称的“几成”，因此这种方法就称为成本加成定价法。其计算公式为：

价格＝单位产品总成本×(1＋成本加成率)

单位产品总成本＝(固定成本＋变动成本×总产量)/总产量

成本加成率＝总利润额/总成本×100%

小贴士

家乐福的大部分商品价格是以成本价加上一个固定的毛利率来计算的。其商品的一般毛利率是：食品、饮料、日用品类为 3%～5%，鲜活类为 17%，服装类为 30%，玩具类为 20%，家具类为 20%～30%，家电类为 7%，文化用品类为 20%。

想一想： 成本加成定价法适用的条件是什么？

成本加成定价法是一种比较普遍的定价法，关键是加成率的确定。加成率的大小和商品需求弹性及企业预期盈利有关，需求弹性大的产品，加成率低，企业可通过薄利多销来获利；反之，则可以提高加成率。成本加成定价法之所以受到企业的欢迎，主要是因为其计算简便，价格相对稳定，可以简化企业的定价过程，保证企业相对稳定的收益。许多刚从事出口业务的企业，因为对国际市场的需求和竞争分析不够透彻，就会选择这种方法。该方法的缺陷在于忽视了目标市场供求关系的变化及影响产品销售的其他因素，导致其所确定的价格水平既不科学也不合理。当市场供过于求时，如果价格低于市场价格，反会被误认为是产品质量低，影响产品和企业形象，也会损失很多利润；当市场供过于求时，如果不及时调整价格，就有可能使得产品滞销。

小贴士

某企业生产某种产品 10 000 件，单位可变成本为 25 元，固定总成本为 200 000 元，预期利润率为 15%。

想一想： 按照成本加成定价法，产品售价应为多少？

（二）目标收益定价法

目标收益定价法是指企业按照总投资额确定一个目标利润率，根据这一目标利润率计算出目标利润额，并对未来产品的销售进行预测，最后运用盈亏平衡分析的原理，在总成本、预测销售量及目标利润额基础上测算出单位产品的价格。其计算公式为：

单位产品价格=(产品总成本+目标总利润)/预测销售量

目标收益定价法的优点是将产品价格和企业的投资活动联系起来，可以保证企业既定目标利润的实现；其不足之处在于价格是根据估计的销售量计算的，而实际上，价格的高低反过来对销售量具有很大影响。销售量的预测是否准确对最终市场状况有很大影响，企业必须在价格和销售量之间寻求平衡，确保能够通过所定价格来实现预期销售量。这种方法一般适用于需求弹性小、在市场中有一定影响力或具有垄断性质的企业。

（三）边际成本定价法

边际成本定价法是指企业定价时不考虑固定成本，以单位变动成本作为定价依据，价格或者收益大于边际成本或高于变动成本。边际成本是指每增加或减少一单位产品所引起的总成本变化量。由于边际成本与变动成本比较接近，而变动成本的计算更容易一些，因此在定价实务中多用变动成本替代边际成本，将边际成本定价法称为变动成本定价法。其计算公式为：

单位产品价格=单位产品变动成本+单位产品边际贡献

这种方法一般在企业开拓新市场、追加订货、产品供过于求，或者卖方竞争异常激烈导致价格成为主要竞争手段时采用。但是由于这种方法的确定使得产品价格通常低于国内市场价格，因此很容易受到进口国倾销的指控。

二、需求导向定价法

需求导向定价法是指企业根据国外市场需求强度和消费者对产品价值的理解来制定产品销售价格。这种定价方法主要考虑的是消费者可以接受的价格以及在这一价格水平上的需求数量，而不是产品的成本。需求导向定价法主要包括以下三种方法：感受价值定价法、需求差异定价法、倒推定价法。

（一）感受价值定价法

这种定价方法是以消费者对产品的主观感受价值来制定价格。由于国际市场具有复杂性，不同目标市场经济发展水平、人均收入水平、消费者需求特性、审美观和风俗习惯等方面都有差异，因此同一产品的价格要灵活制定，以尽量与目标消费者的感受价值接近。

感受价值是有弹性的，消费者认为产品的价值有多大，企业就可以定多高的价格。为了加深消费者对产品价值的理解程度，提高其愿意支付的价格限度，企业定价时可以首先做好产品的市场定位，拉开本企业产品与市场上同类产品的差异，获得本企业的竞争优势，突出产品的特征，并综合运用各种营销手段，加深消费者对产品的印象，使消费者感到购买这些产品能获得更多的相对利益，从而提高他们接受价格的限度。企业则据此提出一个可销价格，进而估算在此价格水平下产品的销量、成本及盈利状况，最后确定实际价格。

感受价值定价方法充分考虑了消费者的需求及市场竞争状况，是一种较为全面、可行的定价方法。此种方法的难点和关键在于获得消费者对有关产品价值认知的准确资料，并能准确地估算产品在消费者心目中的全部感受价值。

（二）需求差异定价法

企业根据消费者对产品需求的差异性来确定产品的价格。需求差异定价法以不同时间、地点、产品及不同消费者的消费需求强度差异为定价的基本依据，针对每种差异决定其在基础价格上是加价还是减价。其主要有以下几种形式：

（1）因地点、场所而异。例如：国内机场的商店、餐厅向乘客提供的产品价格普遍要远高于市内的商店和餐厅。

（2）因时间、季节而异。例如：国庆、春节这两个购物黄金假期，产品价格较平时可以有一些增长或优惠。

（3）因产品而异。例如：在奥运会举行期间，标有奥运会会徽或吉祥物的T恤及一些产品的价格，比其他同类产品的价格要高。

（4）因消费者而异。职业、阶层、收入及年龄等不同的消费者，会有不同需求。企业在定价时给予相应的优惠或提高价格，可获得良好的促销效果。

实行需求差异定价要具备以下条件：市场能够根据需求强度的不同进行细分；细分后的市场在一定时期内相对独立，互不干扰；高价市场中不能有低价竞争者；价格差异适度，不会引起消费者的反感。

（三）倒推定价法

倒推定价法是指企业先大致估算出消费者对产品的需求价格，然后扣除各种中间环节（如关税、运费等），最后得出产品的出厂价（即FOB价格）。这种定价方法并不依据产品成本来计算，所以就算产品成本一致，只要需求弹性不一样，就可以制定出不同的价格。

小贴士

假设企业预计在国际市场上，消费者可以接受的产品的价格是100美元，其中，零售商加成30%，批发商加成15%，增值税为13%，关税为10%，运费及保险费为10美元。

想一想：由此推出其出厂价格是多少？

在推出产品的FOB价格后，企业可以对出口机会进行评估，若FOB价格高于国内的售价，则出口对企业有利；若FOB价格低于国内的售价，企业要详细分析后再决定是否出口。

倒推定价法对市场需求的适应性很强，既能确保企业在国际市场上的竞争力，又可防止产品价格过低遭遇倾销起诉。

三、竞争导向定价法

竞争导向定价法是以同行业竞争者的价格作为定价依据，随市场竞争状况的变化来调整价格的定价方法，主要有随行就市定价法、主动竞争定价法、密封投标定价法等。

（一）随行就市定价法

随行就市定价法是参照同行业企业的平均价格水平来定价，使产品的价格与竞争对手产品的平均价格保持一致。这种方法比较适合那些需求弹性较小或者供求基本平衡的产品。在这一定价方法之下，企业可以避免因价格高于市价而使产品滞销的局面，也不会因定价低于市价而招致恶性竞争，从而减少企业风险，通过与竞争对手和平相处来获得较为稳定和合理的收益。国际营销中的茶叶、棉花、石油、煤炭、小麦和咖啡等基础产品和农副产品一般采用随行就市定价法。这种定价方法的缺陷是主要基于竞争对手的价格，很少注意企业自身的成本或需求。

（二）主动竞争定价法

与随行就市价格定价法相反，主动竞争定价法不是追随竞争对手的价格，而是企业根据自身产品的实际情况及与竞争对手的产品差异状况来定价。

通常，那些拥有优质品牌且具有较明显竞争优势的企业可将其产品价格定得高于市价；那些在某行业中占据主导地位的领头羊企业会凭借其声誉、规模和资金等方面的优势地位来主导市场价格，它们的定价就成为本行业中的标准价格；而那些首次将新产品投放市场的企业，为获得更多的消费者，扩大市场占有率，或者想薄利多销，会将自己的产品价格定得低于市价。

（三）密封投标定价法

这种方法主要用于招投标交易方式。在国内外，许多大宗商品、原材料、成套设备和建筑工程项目的买卖和承包等，往往采用发包人招标、承包人投标的方式来选择承包者，从而确定最终承包价格。承包者在报价时，既要考虑企业的成本费用和利润目标，也要考虑竞争状况，提高中标率。

一般而言，企业利润和投标中标率成反比，报价高，利润高，但中标机会小；反之，报价低，利润低，但中标机会大。因此，投标者也要协调好这两方面的关系，最佳报价应为目标利润与中标率之间的最佳组合。运用这种方法，最困难的是估计中标率，这涉及对竞争者投标情况的估测。

任务三　选择国际市场产品定价策略

任务概述

国际市场产品定价策略是指企业在营销活动中，根据自身条件变化及所处的国际营销环境的具体情况，运用价格策略来获取竞争中的优势地位的一种手段。在导入案例中，假如你是星巴克的营销决策人员，试分析星巴克不同产品可供选择的定价策略有哪些。

知识储备

企业确定了产品的基础价格后，还要结合市场需求和市场环境的变化采取灵活多变的定价策略，主要有新产品定价策略、心理定价策略、折扣定价策略和地理定价策略。

一、新产品定价策略

在国际市场营销中，新产品是指企业在国外目标市场首次推出的产品，它既可以是企业新开发的产品，也可以是改进产品，或者是在国内很畅销但初次推向国际市场的产品。为新产品定价具有一定的挑战性。新产品定价策略主要有三种：撇脂定价策略、市场渗透定价策略和满意定价策略。

（一）撇脂定价策略

撇脂定价策略是指企业在新产品投放市场之初，制定较高的价格，以期在竞争对手以低价进入市场之前，尽可能获取市场利润，收回产品开发的成本和投资。一般而言，对于全新产品、受专利保护的产品、需求价格弹性小的产品、流行产品、未来市场形势难以测定的产品等，可以采用撇脂定价策略。

小贴士

爱普丽卡是日本专门生产童车的一家小公司，其产品在日本国内很畅销。1980 年，公司将这种产品拿到美国去推销。当时美国市场上也有各种各样的童车，价格最贵的仅为 58 美元一辆，而爱普丽卡童车到美国后，每辆定价高达 200 美元。爱普丽卡坚持不降价原则，通过树立其童车在美国市场上的“优质、高档、名牌”的产品形象，最终在美国市场上打开销路。

想一想：爱普丽卡能够在美国打开销路的原因是什么？

撇脂定价策略的优点包括：

（1）利用高价产生的厚利，使企业能够在新产品上市之初，即能迅速收回投资，降低了投资风险。

（2）在全新产品或换代新产品上市之初，消费者对其尚无理性的认识，此时的购买动机多属于求新求奇。利用这一心理，企业通过制定较高的价格，以提高产品身份，创造高价、优质、名牌的印象。

（3）先制定较高的价格，在其新产品进入成熟期后可以拥有较大的调价余地，不仅可以通过逐步降价保持企业的竞争力，而且可以从现有的目标市场上吸引潜在消费者，甚至可以争取到低收入阶层和对价格比较敏感的消费者。

（4）在新产品开发之初，由于资金、技术、资源、人力等条件的限制，企业很难以现有的规模满足所有的需求，利用高价可以限制需求的过快增长，缓解产品供不应求的状况，并且可以利用高价获取的高额利润进行投资，逐步扩大生产规模，使之与需求状况相适应。

撇脂定价策略的缺点包括：

（1）高价产品的需求规模毕竟有限，过高的价格不仅不利于市场开拓、增加销量，也不利于占领和稳定市场，容易导致新产品开发失败。

（2）高价高利会导致竞争对手的大量涌入，仿制品、替代品迅速出现，从而迫使价格急剧下降。此时若无其他有效策略配合，企业苦心营造的高价优质形象就可能受到损害，失去一部分消费者。

（3）价格远远高于价值，在某种程度上损害了消费者的利益，容易招致消费者抵制，甚至会诱发公共关系问题。

企业采用这种策略要注意三个方面：一是要选择好目标消费者，即选择那些具有较高购买力水平且崇尚新事物的消费者；二是要准确测定目标消费者的价格接受水平，防止因定价过高而失去市场；三是要关注市场竞争情况，以防竞争对手跟进，需要时调低价格保住自己的市场份额。

小贴士

苹果公司的第一款 iPod 零售价高达 399 美元，属于高价位产品，但是有很多“苹果迷”既有钱，又愿意花钱，所以还是纷纷购买。苹果认为还可以“撇到更多的脂”，不到半年又推出了一款容量更大的 iPod，定价 499 美元，仍然卖得很好。

想一想：苹果公司采用的是什么定价策略？采用这种定价策略的前提条件是什么？

（二）市场渗透定价策略

市场渗透定价策略又称薄利多销策略，是指企业把新产品投放国际市场时，制定一个较低的价格，以便迅速打开销路，争取到更多的购买者，提高生产占有率。这种策略一般适用于生产批量大、销售潜量高、产品成本低、消费者比较熟悉的产品。

渗透定价的优点是能够使产品迅速占领国际市场，并有效地阻止新竞争者进入；其缺点是不利于将产品塑造成优质形象，并且也无法尽快收回投资。

采用市场渗透定价策略的效果取决于三个方面：

（1）市场需求的价格弹性大，低价会刺激市场需求迅速增长。

（2）低价还能盈利，而竞争者一时难以推出如此“价廉物美”的替代产品。

（3）能够对目标市场的政治和经济环境正确分析和把握。因为短期内企业采取低价销售不可能实现预期的收益目标，必须在长期良好的政治经济环境和稳定的经营中获得利润。

小贴士

一个分析师曾这样形容英特尔公司的定价策略：“这个集成电路巨人每 12 个月就要推出一种新的、具有更高盈利性的微处理器，并把旧的微处理器的价格定在更低的价位上以满足需求。”

想一想：英特尔公司采取的是什么定价策略？

（三）满意定价策略

满意定价策略即企业将产品的价格定在介于以上两种策略之间的一个比较合理的水平，使厂商、中间商及消费者都能接受。这是一种被普遍使用、简单易行的定价策略，以兼顾生产者、中间商、消费者等多方面利益而广受欢迎。但由于这种策略过多兼顾多方利益，反而缺乏开拓市场的勇气，仅适用于产销较为稳定的产品，而不适应需求多变、竞争激烈的市场环境。

二、心理定价策略

心理定价策略是指企业针对消费者的购买动机和购物时的心理感受来制定产品价格，以诱导其购买。该策略主要用于零售商企业，包括整数定价、尾数定价、声望定价和招徕定价等。

小贴士

某珠宝店采购到一批漂亮的绿宝石，由于数量较大，店主担心短时间销售不出去，影响资金周转，便决心只求微利，以低价销售。本以为这批绿宝石会被一抢而光，结果却事与愿违。几天过去，绿宝石仅销出很少一部分。后来，店老板急着要去外地谈生意，便在临走前匆匆留下一纸手令：我走后若仍销售不了，可按1/2的价格卖掉。店员误认为店老板的指令是“按1～2倍的价格出售”，结果绿宝石一售而空。

想一想：该珠宝店用的是一种什么定价策略？

（一）整数定价

整数定价即企业在定价时，采用合零凑整的方法，把产品的价格定为整数。这种定价常常以偶数，特别是“0”作尾数。例如：精品店的服装可以定价为1 000元，而不必定为998元。由于现代商品比较复杂，在许多交易中，消费者只能利用价格辨别产品的质量，特别是对一些名店、名牌商品或消费者不太了解的产品，整数价格反而提高产品的“身价”，使消费者有一种“一分价钱一分货”的感觉，从而有利于产品的销售。

（二）尾数定价

尾数定价又称“奇数定价”或“非整数定价”，是指企业利用消费者求实、求廉的心理，制定一个以零头数结尾的非整数价格。曾有心理学研究表明，价格的微小差别，能够明显刺激消费者的购买行为。例如：将毛巾的价格定为2.97元，而不定为3元；将台灯的价格定为19.95元，而不定为20元，可以在直观上给消费者一种便宜的感觉，从而激起消费者的购买欲望，促进产品销售量的增加。

使用尾数定价，可以使价格在消费者心中产生三种特殊的效应：（1）便宜。标价99.97元的产品和100.07元的产品，虽仅相差0.1元，但前者给消费者的感觉是“还不到100元”，后者却使人认为是“100多元”，因此前者可以给消费者一种价格偏低的感觉，使之易于接受。（2）精确。带有尾数的定价可以使消费者认为产品定价是认真且精确的，连几角几分都算得清清楚楚，进而会产生一种信任感。（3）中意。由于民族习惯、社会风俗、文化传统和价值观念的影响，某些数字常常会被赋予一些独特的含义，企业在定价时如能加以巧用，则其产品将因之而得到消费者的偏爱。

一般而言，产品价格在10元以下的，末位数是“9”的定价最受欢迎；产品价格在10元以上的，末位数是“95”的定价最受欢迎；产品价格在100元以上的，末位数是“98”或“99”的定价最受欢迎。当然，尾数定价对那些名店、名牌优质产品就不一定适宜。

（三）声望定价

声望定价是指企业利用消费者求名的心理，给产品确定一个大大高于市场其他同类产品的价格。这一策略适用于名牌产品、高档产品、高级工艺品、礼品、具有鲜明的地方特色或民族特色的手工艺品等。消费者购买这些高价产品，关注的是产品的商标、品牌及其价格能否显示其身份与社会地位，因此，企业针对消费者的产品期望价值，可以制定出远远高于其他同类产品的声望价格。

采用这种策略必须正确评估企业或者产品品牌的声望，以及消费者对较高价格的接受程度。另外，经常降价和频繁调整产品市场售价，都会有损声望定价产品的形象。因此，对于采用声望定价的产品，其市场售价一般不会随成本的降低而下降，企业也不会因市场需求的短期变动而频繁调整产品售价。

小贴士☞

20世纪70年代末，我国某企业将出口到欧美的假发提价2～3倍，结果销售量迅速下降，大部分市场被日本、韩国的企业抢去。

想一想：采用声望定价需要注意哪些问题？哪些产品适用声望定价法？

（四）招徕定价

招徕定价也称促销定价，是指将某几种产品的价格定得非常高，或者非常低，在引起消费者的好奇心理和观望行为之后，带动其他产品的销售。招徕定价通常的做法是，将某些产品的价格定得低于正常价格，甚至低于成本价，一方面扩大这些所谓“牺牲品”的销售，另一方面以此为“诱饵”，来吸引消费者，购买其他价格比较正常的产品。许多商场和超市经常会利用节假日、周年店庆及换季时机，对部分产品降价打折，以吸引消费者光顾，同时购买其他正常价格的产品。

小贴士☞

日本东京有一家咖啡屋竟然推出了5 000日元一杯的咖啡，消息传开，抱着好奇心理的消费者蜂拥而至，往常冷冷清清的店堂一下子热闹了起来，咖啡屋的果汁、汽水、大众咖啡等饮料也格外畅销。

想一想：这家咖啡屋成功的秘诀在哪里？

企业需要注意的是，用于招徕定价的降价品，应该与低劣、过时产品明显地区别开来。招徕定价的降价品，必须是品种新、质量优的适销产品，而不能是处理品。否则，企业不仅达不到招徕消费者的目的，反而可能使声誉受到影响。

三、折扣定价策略

折扣定价是指对基本价格做出一定的让步，直接或间接降低价格，以争取消费者，扩大销售量。其中，直接折扣的形式有数量折扣、现金折扣、功能折扣、季节折扣。

小贴士☞

日本东京某西服店采用了一种折扣销售方法：先发一公告，介绍某商品的品质、性能等，再宣布打折销售的天数及具体日期，最后说明打折方法——第一天打九折，第二天打八折，第三、四天打七折，第五、六天打六折……依此类推，到第十五、十六天打一折。这种销售方法的实践结果是：第一、二天人不多；第三、四天人渐渐多起来；第五、六天打六折时，消费者如洪水般涌向柜台争购；以后连日爆满，没到一折售货日期，商品早已售罄。

想一想：该西服店成功的秘诀在哪里？

（一）数量折扣

数量折扣是指为了鼓励消费者大量购买，或集中购买其产品，根据消费者所购买的商品数量或者金额总数给予不同比例的折扣，购买数量越多，金额越大，则消费者所得折扣就越大。数量折扣包括累计数量折扣和一次性数量折扣两种形式。

累计数量折扣规定，消费者在一定时期内购买产品总数若达到一定数量或金额，则按其总量给予一定折扣。例如：某一消费者在一年中累计进货若超过 10 000 件，每次购货时按基本价格结算，到年终，企业则按全部价款的 5%返还给该消费者。其目的是鼓励消费者经常向本企业购买，成为可信赖的长期客户。

一次性数量折扣规定，消费者一次购买某种产品达到一定数量或购买多种产品达到一定金额，则给予折扣优惠。例如：根据每次交易的成交量，按不同的价格折扣销售，购买 500 件以上按基本价格的 98%结款，购买 1 000 件以上按基本价格的 95%结算，购买 2 000 件以上按基本价格的 85%结算。其目的是鼓励消费者大批量购买，促进产品多销、快销，同时减少交易次数，节约人力、物力等开支。

数量折扣定价策略常常被企业作为对待其中间商和批发商的一种鼓励方法。运用数量折扣策略的难点是确定合适的折扣标准和折扣比例。如果享受折扣的数量标准定得太高，比例太低，则只有很少的消费者才能获得优待，绝大多数消费者将感到失望；如果享受折扣的数量标准过低，比例不合理，又起不到鼓励消费者购买和促进企业销售的作用。因此，企业应结合产品特点、销售目标、成本水平、资金利润率、需求规模、购买频率、竞争对手手段以及传统的商业惯例等因素来制定科学的折扣标准和比例。

（二）现金折扣

现金折扣也称付款期限折扣，即对现款交易或按期付款的消费者给予价格折扣，消费者如果在规定的付款期限以前若干天付款，企业就会给予一定的折扣，其目的是鼓励消费者尽早付款，从而加速企业自身资金周转，降低销售费用，减少财务风险。

采用现金折扣一般要考虑三个因素：折扣比例、给予折扣的时间限制、付清全部货款的期限。在西方国家，典型的付款期限折扣表示为“3/20，Net 60”，其含义是在成交后 20 天内付款，客户可以得到 3%的折扣；超过 20 天，在 60 天内付款不予折扣；超过 60 天付款要加付利息。

（三）功能折扣

功能折扣又称贸易折扣。它是企业给某些国外批发商或零售商的一种额外折扣，促使他们愿意执行企业在国外市场上不便于执行的某些市场营销功能，如市场调查、储存、宣传、维修服务等。根据中间商在产品分销过程中所处的环节不同，其所承担的功能、责任和风险也不同，企业据此给予不同的折扣，可以达到充分发挥中间商潜能的目的。

企业通常给进口商和批发商较大的折扣，给零售商较小的折扣，从而促使进口商和批发商愿意大量进货，并有可能进行转批业务。功能折扣的结果是形成购销差价和批零差价，从而督促各类中间商，使他们充分行使各自的营销职能。

（四）季节折扣

有些产品的生产是连续的，而其消费却具有明显的季节性。为了调节供需矛盾，这些产品的生产企业便采用季节折扣的方式，对在淡季购买产品的消费者给予一定的优惠。通常而言，生产商利用这种折扣鼓励批发商、零售商提早进货，使企业的生产和销售在一年四季能保持相对稳定。例如：啤酒生产厂家对在冬季进货的商业单位给予大幅度让利，羽绒服生产企业则为夏季购买其产品的消费者提供折扣。

季节折扣比例的确定，应考虑成本、储存费用、基价和资金利息等因素。季节折扣有利于减少库存，加速产品流通，迅速收回资金，促进企业均衡生产，充分发挥生产和销售潜力，避免因季节需求变化所带来的市场风险。

上述各种折扣价格策略增强了企业定价的灵活性，对于提高厂商收益和利润具有重要作用。但在使用折扣定价策略时，必须注意国家的法律限制，保证对所有消费者使用同一标准。例如：美国1936年制定的《罗宾逊-帕特曼法》规定，折扣率的计算应以卖方实现的成本节约数为基础，并且卖方必须对所有顾客提供同等的折扣优惠条件，不然就是价格歧视。

四、地理定价策略

企业在国际市场上销售的产品，由于各目标市场与原产地距离不同而带来了成本费用的差异，因而企业需要对销售到不同地区的产品制定差异价格。地理定价策略的形式有如下几种：

（一）FOB原产地定价

FOB原产地定价或离岸价，就是消费者按照厂价购买某种产品，企业只负责将这种产品运到某种运输工具上（如卡车、火车、船舶、飞机等）交货。交货后，从产地到目的地的一切风险和费用都由消费者承担。采用这种定价方法，与企业相邻国家的消费者负担的费用小，与企业相距较远的国家的消费者负担的费用大，有可能导致离得远的国家的消费者不愿意购买这个企业的产品，而购买离他们近、运费低的企业的产品，使本企业失去地理位置较远的市场。

（二）统一交货定价

统一交货定价和FOB原产地定价正好相反，企业对在不同地区的消费者收取相同的费用。这种策略便于企业的价格管理，有助于企业在各国的广告宣传中保持价格的统一。

很明显，这种策略有利于巩固和发展离企业距离较远的目标市场的占有率，但容易失去距离较近的部分市场。

（三）分区定价

分区定价是指企业把销售市场划分为若干区域，对于不同区域的消费者，分别制定不同的地区价格，例如：在美洲各国用一种价，在欧洲各国用另一种价，在亚太地区用第三种价格。产品在同一地区的价格相同，在不同地区的价格有差异，离得远的区域产品的价格略高一些。采用此种方法的缺点是：（1）在同一价格区内，有些消费者距离企业较近，有些消费者距离企业较远，前者就不合算；（2）处在两个相邻价格区附近的消费者，他们相距不远，但是要按不同的价格购买同一种产品；（3）相邻区域的价格差异有可能导致中间商随意地跨区域销售，不利于企业对区域价格的控制。企业在划分区域时，要注意这些问题。

（四）基点定价

基点定价是企业选定某些地点作为基点，然后按同样的价格向其他地点供货，消费者购买价格的差异只包含离基点远近运费的不同。采用这种方法，减少了消费者购买价格的差异，有利于统一产品的市场价格。企业可以选定多个基点，按照消费者离得最近的基点计算运费。例如：企业出口产品到欧洲，可将产品先运输到荷兰的港口，然后通过集装箱将产品运到欧洲各地。

（五）运费免收定价

有些企业为了尽快开拓某个国家的市场，由企业负担全部或部分实际运费。企业认为，如果产品销售量增加，其平均成本就会降低，能够弥补运费开支。采取运费免收定价，有利于企业在国外市场实现快速渗透，在新市场尽快站稳脚跟。

五、国际营销调价策略

（一）产品的提价策略

由于国际市场供求关系及竞争状况的变化，产品价格在不断地变动，或者价格提高，或者价格下降。企业提高产品价格，有可能引起消费者和国外中间商的不满，甚至本企业的销售人员也会表示异议。但是，成功的提价策略可以使企业的利润大大增加。除了为追求更高利润，还有一些其他导致企业不断提高产品价格的因素。

1. 通货膨胀

世界范围内持续的通货膨胀，使得企业的成本费用不断提高。与生产率增长不相称的成本增长速度，压低了出口企业的创汇幅度，使得许多企业不得不定期提高产品价格。对于国际上普遍存在的通货膨胀趋势，企业可以采取很多方法来调整价格：

（1）采取推迟报价的策略。企业决定暂时不规定最后价格，等到产品制成时或交货时才规定最后价格。工业建筑和重型设备制造等行业中的企业一般采取这种定价策略。

（2）签订短期合同，或者在长期合同中附加调价条款。企业在合同上规定在一定时期内（一般到交货时为止）可按某种价格指数来调整价格。

（3）把产品供应和定价作为两个文件分别处理。在通货膨胀、物价上涨的条件下，企业不改变原有产品的报价，但将原来免费提供的某些劳务另外计价，不包括在原有定价范围内，实际上提高了产品的价格。

（4）提高最小批量，减少价格折扣。企业削减正常的现金和数量折扣，限制销售人员以低于价目表的价格来签订合同。

（5）取消那些以前为增加产品种类，而实际上为企业带来利润比较低的产品。对成套出口的系列产品，可以在中间增加一些利润高的产品种类。

（6）降低产品质量或者减少产品功能和服务。企业采取这种策略短期内能够获得一定的利润，但有可能影响企业声誉和形象，失去消费者的忠诚度。

需要注意的是，企业提高产品价格后，应该使用各种沟通渠道，向消费者说明提价原因并听取反映，企业的销售人员应该帮助消费者解决因提价而带来的各种问题。

2. 供不应求

如果企业的产品供不应求，就不能满足所有消费者的需要。在这种情况下，企业也必须提价，或者限额供应，或者两种措施同时采用。

3. 市场竞争

在国际市场营销实践中，企业会出于对竞争对手价格或产品的考虑而提价。当同行业主导企业提价时，为了避免与其抵触所造成的损失，必须考虑随之提价。当企业产品在与竞争产品的抗衡过程中，已在消费者心理上确立了某种差别优势时，企业可以考虑利用自己的独特优势提价。但此时，提价幅度必须是消费者能够承受，且能够维系消费者忠诚的。提价幅度过大，差别优势就可能丧失，消费者将依据价格另选品牌，转向竞争产品。

（二）产品的降价策略

在经济全球化的推动下，市场竞争已经从国内竞争扩展到国际竞争，企业由于诸多因素的交织作用，有时也会降低产品价格。如下情况可能导致企业降低产品价格：

1. 供过于求

当国际市场产品供过于求时，企业为了追加出口额，可能千方百计地改进产品，增加促销手段或者采用其他措施。当这些措施均不能奏效时，企业就要考虑降低售价。

2. 竞争加剧

当国际市场上出现了强有力的竞争对手时，往往会导致企业市场占有率的下降。例如：在美国的汽车、消费电子产品、照相机、钟表等行业中，由于日本竞争对手的产品质量较高、价格较低，美国产品已经丧失了一些市场份额。在这种情况下，美国一些公司不得不降低价格来竞销。

3. 成本优势

当企业进入国际市场的成本费用比竞争对手低时，一般会考虑通过降低价格来扩大市场或提高市场占有率，从而扩大生产和销售量，排挤竞争对手。

总之，企业在采取降价策略之前一定要考虑降价对整个产品线的影响以及对企业利润的影响。由于价格高低常常被视为产品质量的象征，当产品降价时，消费者可能以为产品质量出现了问题，且怀疑原先是否受骗了，从而影响产品线其他产品的销售。另外，降价势必减少企业的收益，因此，企业必须权衡利弊，慎重选择此策略。

小贴士

美国哈勒尔公司生产的“配方409”在美国喷液清洁剂这一细分市场上占有50%的份额。1967年，宝洁公司投入了大笔促销费用，试销品牌为“新奇”的喷液清洁剂。宝洁公司选择了丹佛市作为第一个测试市场，哈勒尔公司获悉这个信息后立即停止了在丹佛市供应“配方409”的产品，终止一切广告和促销活动，导致宝洁公司的“新奇”喷液清洁剂所向披靡，试销成绩惊人。当宝洁公司大量生产并向全国推销前，哈勒尔公司把16盎司装和半磅装的“配方409”喷液清洁剂组合在一起，以1.48美元的优惠价倾销。宝洁公司的“新奇”喷液清洁剂大量上市后，不管投入多少广告和促销经费也收效甚微。

想一想：哈勒尔公司采取的是何种价格策略？这种价格策略有什么优点？

（三）消费者对变价的反应

企业在国际市场无论是提高价格还是降低价格，都必然影响国外消费者的购买，进而影响企业产品的销量。一般而言，当产品降价时，消费者的购买量会增加，但也可能有其他因素影响消费者的购买量。例如：（1）降价的这种产品的式样老了，将被新型产品代替；（2）这种产品有某些缺点，销售不畅才降价；（3）企业财务困难，难以继续经营下去才会降价销售；（4）价格还要进一步下跌，于是消费者持观望态度；（5）现售的这种产品的质量下降了。

企业提高产品价格通常会使销售量减少，但是消费者也可能因提价而购买，其原因是：（1）提高价格，表明这种产品很畅销，不赶快买就买不到了；（2）认为这种产品很有价值。

一般而言，消费者对于不同价值的产品价格变动的反应有所不同。消费者对于价值高又是必需品的产品的价格变动比较敏感；对价值低、不经常购买的产品的价格变动不太注意。消费者对产品的价格变动，虽产生直接的反应，但他们通常更关心购买、使用和维护产品的总费用。因此，如果企业能使消费者相信某种产品购买、使用和维护产品的总费用较低，就会促使消费者积极购买，企业就可能把这种产品的价格定得比竞争对手高，并取得较多的利润。

（四）企业对竞争对手变价的反应

企业改变价格策略时，不仅要考虑消费者的反应，还必须考虑竞争对手的反应。当某一企业的产品数目很少，产品差别不大，消费者颇具辨别力时，竞争对手的反应就显得更为重要。

小贴士

休布雷公司所生产的斯米诺酒，在伏特加酒的市场上占有率达23%。20世纪60年代，另一家公司推出一种新型伏特加酒，其质量不比斯米诺酒差，每瓶价格却比它低1美元。按照惯例，休布雷公司有三条对策可用：（1）降价1美元，以保证市场占有率；

（2）维持原价，通过增加广告和推销支出来与竞争对手争夺市场；（3）维持原价，任由其市场占有率降低。

想一想：休布雷公司应该采用什么对策？

企业可以通过竞争对手的内部资料或借助其他方法来估计竞争对手的可能反应。内部资料来源于竞争对手以前的雇员、消费者、金融机构、供应商、代理商，也可由其他渠道获得。企业要调查研究竞争对手目前的财务状况、销售和生产能力、消费者忠诚度以及企业目标等。如果竞争对手的目标是提高市场占有率，则其可能随着本企业产品价格的变动而调整价格；如果竞争对手的目标是取得最大利润，则可能采取其他对策，如增加广告预算、加强促销或者提高产品质量等。总之，企业在变动价格时，必须善于利用企业内部和外部的信息来源，判断竞争对手的反应，以便采取适当的对策。针对竞争对手的反应，企业可以采取如下应变措施：

（1）维持原价。如果企业对产品一再降价会造成较大的利润损失，便可采用这一措施。

（2）提高感受价值。企业可以通过改进质量、加强和消费者之间的联系等手段，提高他们对产品的感受价值。

（3）降价。当企业发现市场需求弹性很大，夺回失去市场的代价远远高于降价所造成的损失时，就可以采取降低价格的策略，以求扩大销售量。

（4）提高产品质量和价格。企业为了在竞争中采取主动进攻的策略，推出高质、高价产品到国际市场销售，同时加强广告宣传，从两个方面来夹击竞争对手。

小贴士☞

吉列的安全剃须刀并不比其他剃须刀好，生产成本也更高，但其他品牌的剃须刀卖不出去，吉列的剃须刀却是供不应求，原因就在于吉列实际上贴本把剃须刀的零售价定为 55 美分，批发价定为 25 美分，这不到其生产成本的 1/5。但是，吉列以 5 美分/个的价格出售刀片，而每个刀片的制造成本不到 1 美分，而吉列剃须刀只能使用其专利刀片。

想一想：吉列的销售成功在于它采取了何种定价方法？采用这种定价方法需要具备什么条件？

思考练习

一、简述题

1. 影响国际市场产品定价的主要因素有哪些？企业的定价目标分别有哪些？

2. 以成本、需求、竞争为导向的几种定价方法有何联系和区别？我国企业进入国际市场为什么不宜采用成本导向定价方法？

小试牛刀六

趣味阅读六

3. 新产品定价策略有哪些？如何灵活地制定国际市场产品价格？

4. 国际营销调价策略有哪些？

5. 当企业需要对产品进行调价时，消费者及竞争对手会有哪些反应？

二、案例讨论

家乐福的定价策略及促销手段

家乐福曾是全球第二大跨国零售集团，也是欧洲第一大零售集团。家乐福坚持以“提供各种周到的专业服务和尽可能价廉物美的商品”为宗旨，不断扩张壮大。

家乐福从创立之初到现在，始终坚持统一的经营原则：商品实行折扣销售，缩短消费流程，加快资金回笼，降低流通领域成本，同时加快库存周转，减少库存费用；采用购物自选方式，既方便顾客，又减少员工开支，压缩工资费用；降低商品的利润，实现薄利多销，追求销售额和营业额，带来总利润的扩大；降低管理费用，控制管理成本，避免非经营性开支，将管理开支压缩到最低状态。家乐福的食品和百货的毛利仅为4%～6%。

成本控价和压缩供货商的利润空间是家乐福降低成本、实现折扣销售的主要手段。首先，家乐福要求所有进场经营的商家和供货商按照它的折扣方式出售商品。家乐福的折扣花样繁多，有销售总额折扣、销售数量累积折扣、限时折扣、促销折扣等。其次，进入家乐福设置货柜的商家必须支付进场费。再次，许多供货商为了保持市场份额和市场占有率，有时不得不以低于成本的价格向家乐福送货，满足商场提出的各种苛刻要求，如家乐福要求在其所有超市上柜的供货商以特别贡献的名义向家乐福再返回营业额的2%。最后，实行无商标自由产品战略。由于降价的潜力和空间越来越小，为了保持廉价形象，家乐福开始实行无商标自由产品战略或者贴牌战略，开发物美价廉的无商标自由产品，或者经营贴着“家乐福”商标的商品。这些商品的价格极其低廉，它是压缩和免去采购环节的费用而降低商品成本的结果。消费者可以在任何一家家乐福超市买到贴着家乐福商标和无商标的廉价商品。

家乐福的广告是：有家乐福，我就自信。为留住顾客，增加顾客向心力，家乐福在长期性促销方面主要采取的措施有：方便顾客，延长营业时间；免费停车，加油打折；每天都有特价商品销售；不满意就退货；设置五件以下商品收银台，节省小件购买顾客的结账时间；大件商品免费送货上门；免费提供购物小推车和篮子；商品价格自动查询服务等。在短期性促销方面，家乐福采用的措施有：节日（圣诞节、中小学开学等）降价；限时降价；免费品尝、赠送礼品等。家乐福还采取市场营销的一贯手段：悬念感——将折扣商品印成宣传广告散发，但每天只在收音机上宣布哪几种商品打折，刺激消费者的好奇心，增加其关心度；急迫感——降价商品的数量模糊化，让人觉得并不是每个人都可以获得折扣，刺激消费者的购买欲望；重复性——每天以同样的模式传播同样的信息，使物美价廉的形象在消费者心中根深蒂固，由此所产生的效果是销售额直线上升。

案例来源：杨汝生．家乐福的“变色龙”战略 [J]．环球财经，2002 (B11)：57－59.

试讨论：

（1）家乐福采取了何种定价策略？影响这种定价策略的主要因素是什么？

(2) 家乐福在长期促销方面采取了哪些措施？其核心是什么？请举例说明。

(3) 请结合此案例，分析国内零售业该如何应对国外零售企业的市场冲击。

三、拓展训练

1. 选择10种有明显差别的产品，分别确定其定价方法并说明理由。

2. 请搜集相关资料，分别列举因定价策略恰当获得成功、因定价策略不当导致失败的案例。

学习情境七　实施国际分销策略

国货出海七

一睹为快七

学习目标

【知识目标】

■ 了解国际分销渠道的概念、结构以及中间商的种类；理解国际分销渠道选择的影响因素；重点掌握国际分销渠道的选择和管理。

【能力目标】

■ 能够根据目标市场国的营销环境、渠道特点，选择最适当的中间商，构建合适的国际分销渠道，并进行有效控制和管理。

【素养目标】

■ 国际市场营销人员应当在国际市场营销过程中，充分展示中国特色社会主义制度的优越性和经济社会发展的巨大成就，增强道路自信、理论自信、制度自信、文化自信。

导入案例

“借船出海”：青岛啤酒的直接出口模式

青岛啤酒产自青岛啤酒股份有限公司，公司的前身是国营青岛啤酒厂。“青岛啤酒”品牌是我国首批十大驰名商标之一，在国内外市场具有强大的品牌影响力和较高的知名度。2024 年《中国 500 最具价值品牌》中，青岛啤酒位列第 22，品牌价值 2 646.75 亿元人民币。

作为最早走出国门的中国品牌之一，青岛啤酒早在 20 世纪 40 年代末就开始大批量出口至新加坡，20 世纪 70 年代进入美国市场。如今，青岛啤酒远销美国、英国、德国、韩国、日本等 100 多个国家和地区，已是欧美地区销量最大的亚洲啤酒品牌之一，青岛啤酒公司也成为全球第五大啤酒厂商。在国际市场，青岛啤酒着力强化更具国际化、互动化的品牌传播、推广与渠道创新，通过丰富产品线及一系列内容新颖、形式多样的品牌推广活动，巩固提升海外传统优势市场，拓展全球市场分销覆盖。

在拓展海外市场渠道方面，青岛啤酒一直以“借船出海”为主，即直接出口青岛啤酒到当地，由当地经销商负责售卖。选择“借船出海”，一是相较于收购或建厂而言，这种方式成本低、风险小，控制力强；二是经销商更了解当地市场，有利于青岛啤酒选择合适的铺货渠道。譬如在欧美市场，商超渠道竞争相对激烈，于是中餐馆就成为青岛啤酒在这些市场常见的经销渠道；而在韩国，消费者在便利店购买啤酒的情况很常见，于是其经销商在便利店着力颇多。对于青岛啤酒而言，“先市场后工厂，先品牌后销量”一直是其海外营销活动的宗旨，因此直接出口是一种较为稳妥的扩张方式。

请思考：

青岛啤酒是如何打造海外市场分销渠道的？

任务一　了解国际分销渠道

任务概述

进入经济全球化的管理时代之后，各制造企业纷纷将目光投向国际市场，积极参与国际分工和国际竞争，建立分销渠道，从而将自己的产品销售到国际市场。没有渠道，再好的产品也无法售出。而一个企业要把它的产品打入国际市场，首先必须考虑如何开拓国际分销渠道。强势的国际分销渠道是新产品成功进入国际市场的基本保证。假设你是我国海尔“数字及个人用品”部门的国际市场营销人员，你将如何调整渠道策略来拓展国际市场？

知识储备

企业产品在国外进行销售，必然经过一系列中间商环节，中间商在实现产品实体和所有权的转移中有着重要的作用。企业在国际分销中可利用的中间商有许多类型，常见的国际市场中间商可分为出口中间商和进口中间商两大类。根据中间商所处的国境的不同，可以把它们区分为国内中间商和国外中间商；根据中间商是否拥有商品所有权，又可以把它们分为经销商和代理商。这些中间商根据具体情况划分为各种不同类型。需要说明的是，中间商的类型划分并不是绝对的，有些中间商是混合型的。

一、国际分销渠道的概念和结构

（一）国际分销渠道的概念

国际分销渠道（International Distribution Channel）是指使所有产品及其所有权从生产者转移到国际消费者的过程中所经历的各种通道和市场组织的总和。在国际分销渠道中，有三个基本因素：制造商、中间商和消费者。其中，国际分销渠道的起点是制造商，终点是消费者，通过各种性质不同的中间商完成产品流通过程。

（二）国际分销渠道的结构

在国际市场营销中，产品从本国生产者流转到国外最终消费者手中，不仅要经过本国的分销渠道，还要经过进口国的分销渠道。因此，在国际市场上销售产品要经过三个环节：第一个环节是出口国的国内分销渠道，第二个环节是由出口国进入进口国的分销渠道，第三个环节是进口国的分销渠道。当企业采取不同的分销策略进入国际市场时，产品或服务从生产者向消费者的转移就会经过不同的中间商，从而形成不同类型的国际分销渠道的结构，具体如图 7－1 所示。

从图 7－1 中可以看出，国际分销渠道的结构是由出口国和进口国两部分组成。其中，制造商的产品不通过出口中间商直接进入进口国的渠道形式称为直接出口形式，而通过出口中间商进入进口国的渠道形式则称为间接出口形式。图 7－1 中的第①～⑤的渠道结构是直接出口形式，第⑥～⑩的渠道结构是间接出口形式。当企业通过国际邮购或者在进口国直接设立销售机构等方式把产品卖给消费者时，称为国际直接渠道模式；当企业选择国外中间商进入国际市场时，称为国际间接分销渠道模式。

在现实的国际市场营销中，不同国家、不同产品的国际分销渠道结构是极为复杂的。一般而言，同一产品在不同目标市场国的分销渠道是不同的，在同一目标市场国不同产品的分销渠道是不同的，同一产品在同一目标市场国的分销渠道也可以是不同的。国际营销人员不能以本国的产品分销习惯去衡量其他国家的分销渠道结构，因此，细致深入地调查分析目标市场国的分销渠道，选择正确的分销渠道策略是国际市场营销人员的一项重要任务。

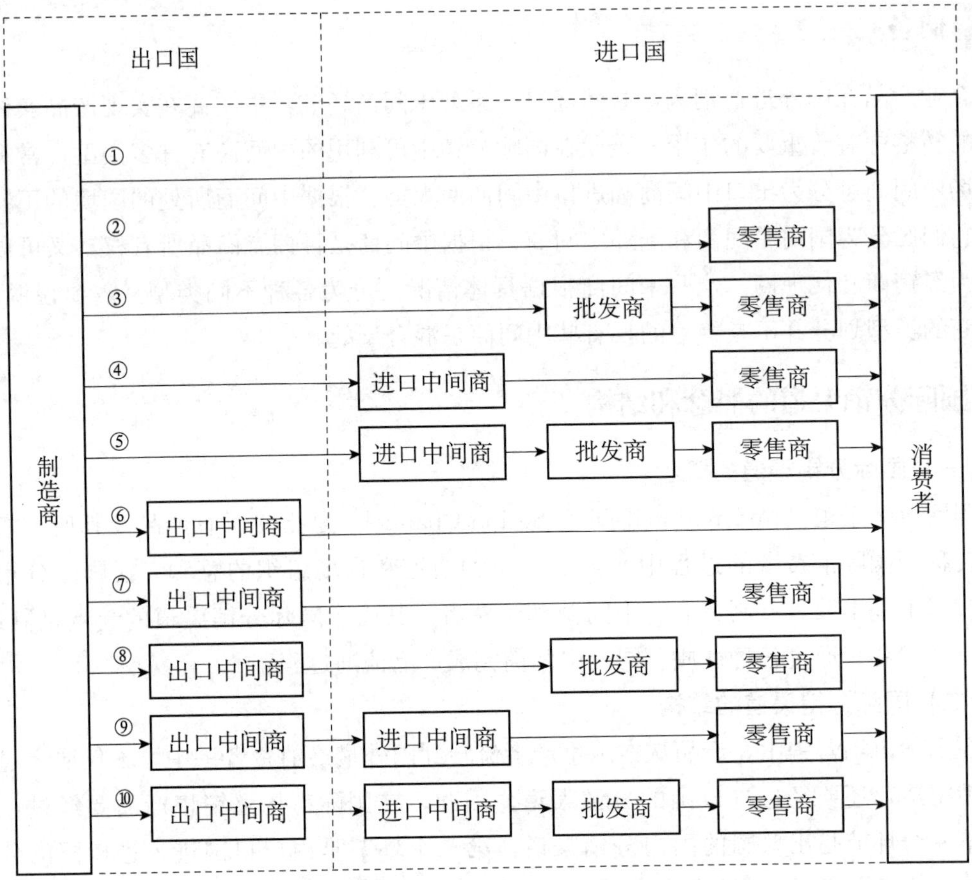

图 7－1　国际分销渠道的结构

小贴士

小米开拓欧洲市场时选择了两种建设运营商渠道的方式。

第一，小米与在欧洲市场经营电信业务的香港长江和记实业有限公司组建全球策略联盟，借助香港长江和记实业有限公司全球超万家零售及电讯店销售小米产品。小米也通过香港长江和记实业有限公司的电信渠道销售手机，并在欧洲市场建设小米之家。

第二，小米与欧洲头部营运商进行深入合作。小米和欧洲零售巨头、德国电器零售商陆续达成合作关系，逐步布局完善线下零售业务，销售网络覆盖英国等地。

想一想：小米在欧洲市场建设营销渠道的做法对你有何启示？

二、国际分销渠道的参与者

渠道参与者是指与生产企业产品分销有关的所有组织和机构。一件产品从生产开始到最终被消费者接受，其间可能会经历许多环节。在每个具体的环节中，又会有许多组织和机构参与。广义的国际分销渠道参与者是指产品进行跨国销售时，流经的各个环节的参与者的总称。狭义国际分销渠道参与者是指所有参与产品分销的组织和机构。

为了明确分销渠道参与者的具体范围，我们按照是否执行谈判职能，将其分为两个部分：渠道成员参与者和非渠道成员参与者，具体如图 7－2 所示。

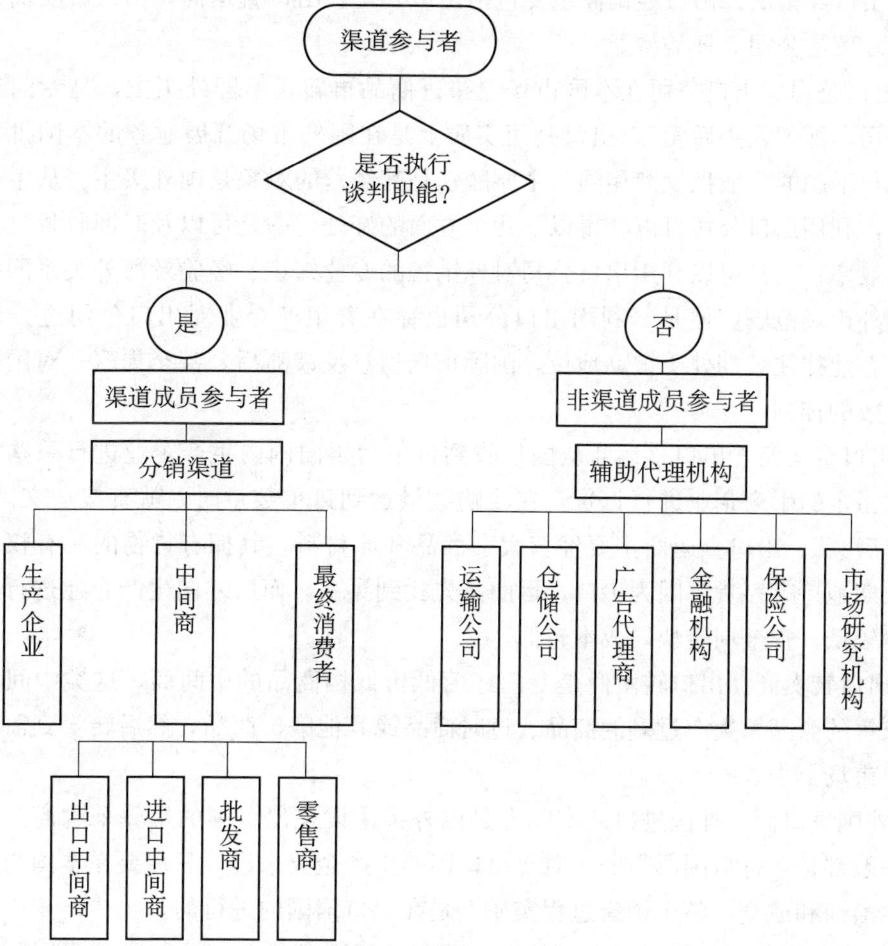

图 7－2 渠道参与者

（一）渠道成员参与者

渠道成员参与者由生产企业、中间商和最终消费者组成。在国际市场营销中，产品从出口国生产者流转到进口国最终消费者手中，不仅要经过出口国的分销渠道，还要经过进口国的分销渠道。在经过这些环节的时候，企业要与国内外不同的中间商打交道。常见的国际市场中间商可分为出口中间商和进口中间商两大类（有时还包括批发商、零售商）。

1. 出口中间商

出口中间商是指设在生产企业本国的中间商。生产企业在不具备直接与国外客户交易能力的情况下，可以利用国内出口商的国际市场营销知识和经验，为自身服务。出口中间商与生产企业同处在一个国家，社会文化背景相同，彼此容易沟通和信任。通过出口中间商进入国际市场是一条费用省、风险小、操作简便的有效途径。以是否拥有商品所有权为标准，出口中间商可以分为出口经销商和出口代理商两类。出口经销商拥有商品所有权；而出口代理商不拥有商品所有权，只是接受委托，以委托人的名义买卖货物，收取佣金。

（1）出口经销商。出口经销商主要包括出口公司、出口直运商、出口转卖商、外国进口商和国际贸易公司5种类型。

1）出口公司。出口公司在本国市场上买进商品再转卖给国外买主，是专门经营出口业务的公司，即“先买后卖”。出口公司实质上是在国外市场开展业务的本国批发商，其基本职能与本国的一般批发商相同，主要区别是其经营的对象是国外买主。从生产企业的角度来看，利用出口公司可以获得以下几个方面的好处：一是可以及时回收货款，提高资金的利用效率；二是可以利用出口公司对外销售的专业知识、经验及海外关系网络，扩大企业的国外市场范围。但是，利用出口公司也存在着生产企业对出口公司过分依赖的缺点。生产企业往往长期处于被动地位，国际市场信息反馈滞后，甚至失真，对国外市场难以进行有效的控制。

2）出口直运商。出口直运商从国外收到订单后再向国内生产企业进行采购，或者向国外买主指定的生产企业进行订货，在收购数量达到订单数量时，就直接运交国外买主，即“先卖后买”。出口直运商主要经营大宗商品和原材料，其拥有货物的所有权，但并不大量、长期地持有存货。因为出口直运商是先找到买主，而后才向生产企业进行采购，所以其风险较低，资金周转快，成本较低。

3）出口转卖商。出口转卖商是专门经营低价低档商品的中间商。这类中间商努力寻找降价求售的商品、生产过剩的商品、过时商品或其他廉价商品，然后转卖到需要这些商品的国外市场上去。

4）外国进口商。外国进口商实际上是国外买主设在出口国的常驻采购商。其所采购的货物一般都是该进口国所需的。对于出口国的生产企业来说，只需要在本国与外国进口商联系、洽谈和成交，整个销售过程实质上是在出口国国内进行的。

5）国际贸易公司。相对于专业的出口公司，国际贸易公司往往既从事国际贸易，又从事国内贸易，甚至还有一些生产、金融方面的业务。它对生产企业的服务是全方位的，既包括销售渠道服务，又承担提供信息，甚至为生产企业采购原材料等职能。日本的国际贸易公司，在日本称“综合商社”，是日本在世界各地经营进出口业务的主要企业，业务活动涉及面广，包括工业、商业、进出口贸易、进出口融资、技术服务、咨询服务等。

（2）出口代理商。出口代理商与出口商的区别是不以自己的名义向本国生产企业购买商品，而只是接受生产企业的委托，以委托人的名义，在规定的条件下代表委托人开展出口业务。出口代理商本身并不拥有商品所有权，只是在交易成功后，由委托人付给一定的佣金。在国际市场上，出口代理商既可以是一个组织机构，也可以是一个自然人，其主要形式有：

1）综合出口经理商。综合出口经理商为生产企业提供全面的出口管理服务，如海外广告、接洽客户、拟订销售计划、提供商业情报等。它以生产企业的名义从事业务活动，甚至使用生产企业的信笺，实际上起到生产企业出口部的作用。它一般负责资金融通和单证的处理，有时还要承担信用风险。综合出口经理商一般同时接受几个委托人的委托业务，其获得的报酬形式一般是收取销售佣金，此外每年还收取一定的服务费用。如果企业海外销售额占企业总销售额的比重不大，或者企业不愿设立外销部门处理国外市场业务，选择综合出口经理商就是一种理想的渠道。

2）制造商出口代理商。制造商出口代理商是一种专业化程度较高的出口代理商，其接受生产企业的委托，为其代理出口业务，以佣金形式获得报酬，相当于执行生产企业出口部的职能。制造商出口代理商是以自己的名义而非生产企业的名义做买卖，其所提供的服务一般要少于综合出口代理商，通常不负责出口资金、信贷风险、运输、出口单证等方面的业务。另外，由于制造商出口代理商同时接受许多生产企业的委托，其销售费用可以在不同厂家的商品上分摊，因此收取的佣金也较低，生产企业对其有较大的控制权。如在美国，凡数量大、已打开销路的商品，制造商出口代理商只收取销售额的2%作为佣金。

在国际市场上，中小企业多使用制造商出口代理商。此外，大企业在开拓新市场、推销新产品或面对的市场潜力不大时，也通常使用制造商出口代理商。但是使用制造商出口代理商的缺点是市场活动范围有限，影响生产企业开发国际市场的进度。

3）出口经纪人。出口经纪人是指经营出口业务的经纪人。这种出口代理商只负责给买卖双方寻找客户，既不拥有商品所有权，也不实际持有商品和代办货物运输工作，在双方达成交易后收取佣金，佣金率一般不超过2%。出口经纪人与进出口双方一般没有长期的固定关系，其职能是联系买卖双方达成交易。出口经纪人一般专营一种或几种产品，多数经纪人经营的对象是笨重货物或季节性商品，如机械、矿山、大宗农产品等。适合采用出口经纪人的企业有以下特点：一些缺乏国际市场营销经验的中小企业；经营的商品季节性强；需要开拓国外新市场，而自己又不能设立国外销售机构的企业；经营的产品不值得设立销售机构；目标市场遥远、市场分散、人口稀少等。

4）出口经营公司。出口经营公司行使类似生产企业出口部的功能，它提供服务的范围很广，包括寻找客户、促销、市场调研、货物运输等。它还可以为生产企业讨债和寻求担保业务。不过，出口经营公司最主要的职能是和国外客户保持接触，并进行信贷磋商。选择出口经营公司渠道的优点是生产企业可以用最小的投资将产品投放到国际市场，并可借此检验产品在国外市场的可接受程度，而生产企业本身无须介入。其缺点是这种分销渠道极不稳固，出口经营公司为了自己的利益不会为销售产品长期努力，一旦产品在短期内难以盈利或是销量下降，将很可能被出口经营公司抛弃。

总之，通过出口代理商开展国际市场营销的最大优点就是企业不必与外界打交道，避免国际营销的烦琐程序；其最大弊端是由于出口代理商要盈利，产品的价格就要上涨，企业就要比在从事国内贸易时付出更多。

2. 进口中间商

（1）进口经销商。进口经销商又称“进口行”，是以自己的名义从国外进口货物向国内市场销售，获取商业利润的贸易企业。进口经销商拥有货物所有权，因而须承担买卖风险。进口经销商既可以“先买后卖”（先从国外买进商品，然后卖给国内工业用户、批发商、零售商或其他用户），也可以“先卖后买”（先根据样品与买主成交，再从国外买进商品）。按其业务范围，进口经销商一般可分为三种：专业进口经销商、特定地区进口经销商，以及从国际市场广泛选购商品的进口经销商。进口经销商熟悉所经营的商品和目标国际市场，并掌握商品的挑选、分级、包装等处理技术和销售技巧，因此国内中间商很难取代进口经销商。

（2）进口代理商。进口代理商是接受出口国卖主的委托，代办进口、收取佣金的贸易服务企业。进口代理商一般不承担信用、汇兑和市场风险，不拥有进口商品的所有权。进口代理商主要有以下几种类型：

1）经纪人。经纪人是对提供低价代理服务的各种中间商的统称，主要经营大宗商品和粮食制品的交易。在大多数国家，经纪人为数不多。但由于其主要经营大宗商品，再加上在某些国家，经纪人组建了联营公司，熟悉当地市场，往往与客户建立了良好而持久的关系，常常是初级产品市场上最重要的中间商。

2）融资经纪人。融资经纪人是近年来迅速发展的一种代理中间商。这种代理中间商除具有一般经纪商的全部职能外，还可以为生产、销售的各个阶段提供融资，为买主或卖主分担风险。

3）制造商代理人。制造商代理人是指接受出口国制造商的委托，签订代理合同，为制造商推销产品并收取佣金的进口国中间商。制造商代理人有很多不同的名称，如销售代理人（Sales Agent）、国外常驻销售代理人（Resident Sale's Agent）、独家代理人（Exclusive Agent）、佣金代理人（Commission Agent）、订购代理人（Indent Agent）等。制造商代理人可以对一个城市、一个地区、一个国家或者相邻几个国家出口企业的产品负责。其不承担信用、汇兑和市场风险，也不负责安排运输、装卸，不实际占有货物。其忠实履行销售代理人的责任，为委托人提供市场信息并为出口企业开拓市场提供良好的服务。当出口企业无力向进口国派驻自己的销售机构，但希望对出口业务予以控制时，利用适当的制造商代理人是一种明智的选择。

4）经营代理商。经营代理商在亚洲及非洲国家较为普遍，在某些地区也称作买办。经营代理商根据同出口国的供应商签订的独家代理合同，在某一国境内开展业务，有时也对业务进行投资，其报酬通常是所用成本加出口企业利润的一定百分比。

（二）非渠道成员参与者

非渠道成员参与者是指一些辅助代理机构。辅助代理机构是指那些并未直接参与商品交换（指买卖双方为达成交易而进行的谈判过程），但对商品交换的实现提供支持的各种机构，如运输公司、仓储公司、广告代理商、金融机构、保险公司、市场研究机构等。从分销渠道的建设和发展来看，这些辅助代理机构也是必不可少的，有时甚至会直接影响营销渠道的效率。

任务二 选择国际分销渠道

任务概述

选择何种渠道在国外目标市场上销售商品，并不能仅由企业的主观愿望和自身条件决定，还要视各国现有的渠道模式来定。由于国际市场环境比国内市场环境更为复杂，其不确定性、不可控性更强，因此，如何选择与管理国际分销渠道成为跨国公司最富有挑战性的决策之一。假设你是我国海尔“数字及个人用品”部门的国际市场营销人员，你将如何选择和控制分销渠道来拓展国际市场？

知识储备

在国际市场营销中，产品从本国生产者流转到国外最终消费者手中，不仅要经过本国的分销渠道，还要经过目标市场国的分销渠道。根据渠道层级的多少，国际分销渠道分为长渠道和短渠道；根据中间环节的有无，国际分销渠道分为直接分销渠道和间接分销渠道。国际市场分销渠道的宽度一般是通过一个渠道的每个层次中使用同种类型中间商数量的多少来衡量的。企业在选择国际分销渠道时，一般要考虑六个因素，即成本、资金、控制、覆盖、特性和连续性。

在进行国际分销渠道管理时，首先是制定国际分销目标，然后就是选择中间商，并对其进行激励、评价、控制等。对那些经营情况不太好的中间商进行分析判断，应采取相应的激励措施以改善其经营状况。对不符合企业要求的中间商，则应终止双方关系，调整分销渠道，以保证分销渠道符合企业的要求，进而使得企业对分销渠道实现一定程度的有效控制。

一、国际分销渠道的选择

（一）国际分销渠道的长度

分销渠道的长度是指从生产者到消费者所经过的中间层级的数目。分销渠道的长度取决于产品在整个流通过程中经过的流通环节或中间层级的多少，经过的流通环节或中间层级越多，分销渠道就越长；反之，分销渠道就越短。在国际营销中，产品从本国生产者流转到国外最终消费者手中，不仅要经过本国的分销渠道，还要经过目标市场国的分销渠道。因此，国际市场的分销渠道一般要长于国内市场的分销渠道。根据渠道层级的多少，国际分销渠道分为长渠道和短渠道；根据中间环节的有无，国际分销渠道分为直接分销渠道和间接分销渠道。

1. 长渠道和短渠道

根据中间商介入的层次，可将分销渠道按级数来进行划分，如零级渠道、一级渠道、二级渠道、三级渠道。渠道越长，企业产品市场的扩展可能性就越大，但企业对产品销售的控制能力和信息反馈的清晰度就越差；相反，渠道越短，企业对产品销售的控制能力和信息反馈的清晰度就越好，但是市场的扩展能力则会相应下降。

（1）零级渠道，又称为直接渠道，是指没有渠道中间商参与的一种渠道结构。零级渠道也可以理解为一种分销渠道结构的特殊情况。在零级渠道中，产品或服务直接由生产者销售给消费者。零级渠道是大型或贵重产品以及技术复杂、需要提供专门服务的产品销售采取的主要渠道。

（2）一级渠道包括一个渠道中间商。在工业品市场上，这个渠道中间商通常是一个代理商、佣金商或经销商；而在消费品市场上，这个渠道中间商则通常是零售商。

（3）二级渠道包括两个渠道中间商。在工业品市场上，这两个渠道中间商通常是代理商和批发商；而在消费品市场上，这两个渠道中间商则通常是批发商和零售商。

（4）三级渠道包括三个渠道中间商。这类渠道主要出现在消费面较宽的日用品中，如肉食品及包装方便面等。在IT产业链中，一些小型的零售商通常不是大型代理商的服务对象，因此，便在大型代理商和小型零售商之间衍生出一级专业性经销商，从而出现了三级渠道结构。

小贴士

在IT行业，戴尔几乎就是直销的代名词。戴尔直销，即戴尔公司建立一套与客户联系的渠道，由客户直接向戴尔发订单，订单中可以详细列出客户所需要的配置，然后戴尔接到订单后按单生产。戴尔的直销模式致力于了解客户真正的需求，从设计、制造到销售的整个过程都有客户参与。这种直销模式省略了中间商的时间和成本耗费，加强了与客户的直接交流，提供了最快最好的服务，深得客户的好评。

想一想：戴尔直销属于哪种渠道模式？采用这种渠道模式的优点是什么？

2. 直接分销渠道和间接分销渠道

（1）直接分销渠道。直接分销渠道是产品从生产者到流向最后消费者或者用户的过程不经过任何中间的分销渠道，只有两个层次的分销渠道，是最短的分销渠道，即企业不通过国内中间商，而是直接从事所有的出口营销活动。它可具体分为三种方式：第一种是直接接受外国政府或公司的订货或参加国外工程项目的招标、投标，中标后按合同规定的要求组织生产、出口产品；第二种是直接与国外客商签订产品的生产、销售合同，企业按外商要求进行生产，外商购买并在国际市场上进行销售；第三种是在国外市场上建立企业自己的营销机构，直接在国际市场上从事营销。

国际直接分销渠道模式的优点包括：第一，信息反馈快。企业可以全面、及时、直接地获取有关国际市场环境变化、消费者需求变化、产品生产工艺技术、产品性能和品种质量等方面的大量信息，从而及时、恰当地改进所生产的产品和经营策略，加强企业在国际市场的竞争能力。第二，具有一定的经营灵活性。企业与国外经销商所签订的合同期限较短，投资不大，也有助于提高企业的国际市场经营水平，获取较大的潜在利益，所得利润也可能比间接出口有所增加。第三，自主性较强。国际市场营销的控制权掌握在企业手中，企业可独立地从事国际市场营销活动，如市场调研、目标市场选择、产品定价、产品运输和保险等营销所必需的活动皆由企业自己决定。

国际直接分销渠道模式的缺点包括：第一，经营成本、费用较高。以此方式进行产品出口，不仅要增设专门的国际市场营销机构和专业人员，而且一切活动都由本企业自己承担，必然增加企业的开支，使企业的经营成本和费用加大。第二，企业所面临的风险较大。国际市场变幻莫测，在这种环境中进行直接出口，如果其中某一环节发生变故，而没有及时采取补救措施，就有可能造成企业的重大损失。

(2) 间接分销渠道。间接分销渠道是产品从生产者流向最后消费者的过程中经过若干中间商转手的分销渠道，有两个层次以上的渠道，是分销渠道的主要类型。也就是说，企业把生产出来的产品卖给国内或设在国内的外国贸易机构、中间商等，由后者负责向国际市场销售。在这种方式下，企业的主要任务是负责生产的组织，而不是直接从事国际市场的营销活动。

国际间接分销渠道模式可分为以下三种形式：第一种是企业生产产品，由外贸公司收购，并将产品销售到国际市场；第二种是代理制，即生产企业委托外贸公司（国内或国外的中间商）办理各种出口业务，但在接受订货、产品报价等方面要取得本企业的同意，产品保留使用本企业的厂牌和商标；第三种是合作方式，既有工贸结合，也有若干个同类生产企业联合组建的专门从事产品外销业务的组织。

国际间接分销渠道模式的优点包括：第一，产品进入国际市场快，企业利用出口贸易机构、国外中间商提供的市场信息资料及现有的业务机构、销售渠道、国际营销经验、商标信誉等，可快捷、方便地使自身生产的产品进入国际市场；第二，所需营销费用较少，这是因为以此方式出口产品，企业本身可不亲自进行市场调研、建立销售网点，也不需要设立办理出口业务的专门机构、增加从事国际市场营销的专业人员，从而节省了许多生产之外的投资和费用；第三，具有较小的经营风险，因为在国际市场进行营销的不是企业自身，而是出口贸易机构或外国中间商，所以国际市场的各种风险基本上由出口贸易机构或外国中间商承担。

国际间接分销渠道模式的缺点包括：第一，国际市场的信息反馈较慢，既难以直接、及时掌握国际市场环境、行情、竞争及发展趋势等信息，也难以直接听取国外用户的意见；第二，对国际市场营销的控制程度低，企业几乎不能对自身产品的市场营销进行有效控制，当市场发生变化，其他企业进入竞争时，中间商有可能抛弃本企业；第三，企业对中间商依赖性大，这也易造成中间商利用其优势对本企业进行反控制，压低产品购买价格，使自己获利丰厚，从而使本企业难以得到更多的利益。

（二）国际分销渠道的宽度

国际销售的中间商包括出口中间商、进口中间商、批发商和各种类型的零售商。渠道的宽度是通过一个渠道的每个层级中使用同种类型中间商数量的多少来衡量的。如果某生产企业通过许多中间商将某种产品推销到世界广大地区和广大消费者和用户手中，这种产品的分销渠道即为宽渠道（如纺织品）。如果某生产企业是通过较少的中间商推销产品，或是在某一个地区只授权议价中间商经营其产品，这种分销渠道即为窄渠道（如专用机床）。

分销渠道的宽度受产品性质、市场特征、用户分布以及企业分销战略等因素的影响，主要有以下三种类型：

1. 密集型分销渠道

密集型分销渠道也称为广泛型分销渠道，就是指制造商在同一渠道层级上选用尽可能多的渠道中间商来经销自己的产品的一种渠道类型。密集型分销渠道多见于消费品领域中的便利品，如牙膏、牙刷、饮料等。

小贴士

可口可乐公司与它的装瓶商、批发商和零售商紧密合作，向大学、药品连锁店等一大批零售店推销其分销协议。同时，可口可乐公司对那些给予其产品最佳展示位置，并且将竞争对手排除在外的便利店进行奖励。因此，可口可乐的产品不仅出现在百货公司、连锁超市，也出现在每个便利店，包括学校、沙龙、俱乐部、诊所和球场等，总之，在任何地方人们只要想买饮料，就能买到可口可乐的产品。

想一想：可口可乐公司采用的是什么渠道策略？请说明理由。

2. 选择型分销渠道

选择型分销渠道是指在某一渠道层级上选择少量的中间商来进行商品分销的一种渠道类型。这种分销渠道适用于消费品中的选购品、特殊品及工业品中专业性强、用户较固定的设备和零配件等。有些产品为了能迅速进入国际市场，在开始时往往采用密集型分销策略，但经过一段时间后，为了减少费用，保持产品美誉度，便转而采用选择型分销渠道，逐步淘汰那些作用小、效率低的中间商。在 IT 产业链中，许多产品都采用选择型分销渠道。

小贴士

耐克公司在六种不同类型的商店中销售其生产的运动鞋和运动衣：(1) 专业体育用品专卖店；(2) 大众体育用品商店，那里有许多不同样式的耐克产品；(3) 百货商店，那里集中销售最新样式的耐克产品；(4) 大型综合商场，那里仅销售折扣款式耐克产品；(5) 耐克产品零售商店，包括大城市中的耐克城，在那里有耐克公司生产的全部产品，但其重点是销售最新样式的耐克产品；(6) 工厂店，那里销售的大部分是二手货和存货。同时，在一个城市里，耐克公司还限制销售其产品的商店的数量。例如：在一些地方耐克仅允许个别商店销售其所生产的产品。

想一想：耐克运动鞋和运动衣的销售采取的是什么分销策略？试解释原因。

3. 独家分销渠道

独家分销渠道是指在某一渠道层级上选用唯一一家中间商的一种渠道类型。在 IT 产业链中，这种渠道结构多出现在总代理或总分销一级。另外，许多新品的推出也多选择独家分销的模式，当市场广泛接受该产品之后，许多公司就从独家分销渠道模式向选择型分销渠道模式转移。

小贴士

1962 年，日本开放刀片市场后，舒适公司和吉列公司等其他公司一起进入日本市场。舒适公司在日本市场选择了一家日本的独立代理商——精工公司。精工公司从美国进口舒适刀片，然后卖给遍布日本全国的约 150 000 个批发商，舒适刀片在日本的市场占有率达到了 60%以上。与此同时，吉列公司则靠自己攻打日本市场，采用独家经销的策略，主要通过自己的销售人员销售刀片，结果显示，吉列刀片在日本的市场占有率一直徘徊在 10%左右。

想一想：为什么吉列公司惨遭失败？

（三）国际分销渠道的广度

渠道的广度是渠道宽度的一种扩展和延伸。渠道的广度结构，实际上是渠道的一种多元化选择。许多企业实际上使用多种渠道的组合（即采用混合渠道模式）来进行销售：在产品的分销过程中，根据市场密度不同而设置直销或不同层次的分销制；或根据渠道末端零售商的购买数量，采取不同的渠道环节送达。例如：针对大的行业客户，在企业内部成立大客户部直接销售；针对数量众多的中小企业客户，采用广泛的分销渠道；针对一些偏远地区的消费者，则可能采用邮购等方式来覆盖。

小贴士

戴尔电脑公司首创个人电脑的直接分销渠道，并大获成功，而当时的市场领袖康柏电脑公司则被“锁”进了涉及多个中介机构的分销系统。为全力解决分销问题，康柏电脑公司决策层根据市场情况，最终决定将其 40 家经销商缩减为 4 家最大的零售商。

想一想：企业应如何根据市场情况采用适合本企业的销售渠道？

国际分销渠道广度的类型划分为：

1. 垂直渠道

垂直渠道是由生产企业、批发商和零售商纵向整合组成的同一系统，是近年来效益最好的一种渠道发展形式。

垂直渠道系统中的渠道成员或属于同一家企业，或将专卖特许权授予其合作成员，或有足够的能力使其他成员合作，有利于控制渠道行动，消除渠道成员为追求各自利益所造成的冲突。

垂直渠道有三种主要形式：其一是企业式垂直渠道系统，即由一家企业拥有和管理若干工厂、批发机构和零售机构，控制渠道的若干层次，甚至整个分销渠道，综合经营生产、批发和零售业务；其二是管理式垂直渠道系统，即通过渠道中某个有实力的成员来协调整个产销同路的渠道系统；其三是契约式垂直渠道系统，即不同层次的独立生产企业和中间商，以契约为基础建立的联合渠道系统，如批发商组织的自愿连锁店、零售商合作社、特许专卖机构等。

2. 水平渠道

面对一个新出现的市场机会，有时单个企业或因资本、生产技术、营销资源不足无力单独开发市场机会，或因惧怕承担风险，或因与其他企业联合可实现最佳协同效益，就会组成共生联合的渠道系统，这便是水平渠道。

这种联合既可以是暂时的，也可以是联合创办一家新的独立企业的长期联合，国外也称共生营销。这是在同一层次的若干生产企业之间或若干批发商之间或若干零售商之间采取的横向联合经营的方式。许多国外企业进入中国市场，通常采用这种方式，即寻求合适的企业进行合资，借助中方企业的营销资源和优势推销它们的产品。

3. 多渠道

多渠道是对同一或不同的细分市场采用多条渠道的分销体系。多渠道大致有两种形式：一种是生产企业通过两条以上的竞争性分销渠道销售同一商标的产品；另一种是生产企业通过多条分销渠道销售不同商标的差异性产品。此外，还有一些企业根据同一产品在销售过程中的服务内容与方式的差异，形成多条渠道以覆盖不同的消费者。

在实际设计过程中，大多数生产企业采用的是多渠道进行产品分销。采用多条渠道的好处在于：能够有效降低成本；能够扩大市场覆盖面；能够提高产品交易量。不少企业70%的销售量是由两三条渠道实现的。采用多渠道的不足之处在于：用两个或两个以上的渠道应付同一细分市场时，如果生产企业管理不到位，就很容易产生渠道冲突；新渠道的独立性相对较强，不利于生产企业监督控制。

（四）选择国际分销渠道的影响因素

企业在选择国际分销渠道时一般要考虑六个因素：成本（Cost）、资金（Capital）、控制（Control）、覆盖（Coverage）、特性（Character）和连续性（Continuity）。这六个因素被称为分销渠道的六个“C”。

1. 成本

成本包括开发渠道的投资成本和维持渠道的持续成本。在这两种成本中，维持渠道的持续成本是主要的、经常的。它包括维持企业自身销售队伍的直接开支，支付给中间商的佣金，物流中发生的运输、仓储、装卸费用，各种单据和文书的费用，提供给中间商的信用、广告、促销等方面的维持费用，以及业务洽谈、通信等费用。支付渠道成本是任何企业都不可避免的，营销决策者必须在成本与效益间做出权衡和选择。如果增加的效益能够补偿增加的成本，渠道策略的选择在经济上就是合理的。消费者总是希望从分销渠道上得到更多的服务，如及时的交货、大量可供选择的商品类别、周到的售后服务等。评价渠道成本的基本原则是以最小的成本达到预期的销售目标。

2. 资金

这是指建立分销渠道的资本要求，如果制造商要建立自己的国际市场分销渠道，使用自己的销售队伍，通常需要大量的投资。如果使用独家中间商，虽可减少现金投资，但有时需要向中间商提供财务上的支持。这些都对国际市场营销渠道类型的选择产生了影响。

3. 控制

企业自己投资建立国际分销渠道，将最有利于渠道的控制，但相应增加了分销渠道成本。如果使用中间商，企业对渠道的控制将会相对减弱，而且会受各中间商愿意接受控制的程度的影响。一般而言，渠道越长、越宽，企业对价格、促销、服务等的控制就越弱。渠道控制与产品性质有一定的关系。对于工业品来说，由于使用它的客户相对比较少，分销渠道较短，中间商较依赖制造商对产品的服务，因此制造商对分销渠道进行控制的能力较强。而对于消费品来说，由于消费者人数多，市场分散，分销渠道也较长、较宽，因此制造商对分销渠道的控制能力较弱。

4. 覆盖

渠道的市场覆盖面是指企业通过一定的分销渠道所能达到或影响的市场。国际市场营销人员在考虑市场覆盖时要注意三个要素：一是渠道所覆盖的每个市场能否获取最大可能的销售额；二是这一市场覆盖能否确保合理的市场占有率；三是这一市场覆盖能否取得满意的市场渗透率。市场覆盖面并非越广越好，主要看其是否合理、有效，能否给企业带来好的效益。国外不少大企业在选择分销渠道时，并不是以尽可能地拓展市场的地理区域为目标，而是集中力量在核心市场中进行尽可能的渗透。如在日本，60%的人口集中在东京、名古屋、大阪这三个连成一体的城市区域。企业若能在这一城市区域中成功渗透，即使市场覆盖的地域范围不广，也可以较少的分销成本获得满意的销售额。从事国际市场营销的人员在进行国际市场分销渠道设计时，必须考虑自身的企业特性、产品特性及参与营销的企业的性质，即在考虑市场覆盖时还必须考虑各类、各个中间商的市场覆盖能力。大中间商尽管数量不多，但其市场覆盖面非常广；中小中间商虽然为数众多，但单个中间商的市场覆盖面非常有限。

5. 特性

国际市场营销人员在进行国际市场分销渠道设计时，必须考虑企业自身的特性、产品特性，以及目标市场国的市场特性、环境特性等因素。

（1）企业自身的特性。企业自身的特性涉及企业的规模、财务状况、产品组合、营销政策等。一般而言，规模越大的企业越容易取得中间商的合作，因此，企业可选择的渠道方案也越多。如果企业的财务状况好、资金实力强，可自设销售机构，少用中间商；反之，则主要借助中间商进入国际市场。如果企业的产品组合中的种类多、差异大，一般要使用较多的中间商；如果产品组合中产品线少而深，则使用独家分销比较适宜。企业的营销政策也对分销渠道的选择产生影响，如果企业奉行的是快速交货的营销政策，就需要选择尽可能短的分销渠道。

（2）产品特性。产品特性，如标准化程度、易腐性、体积、服务要求等，对渠道选择和设计具有重要影响。对鲜活、易腐产品等，应尽量使用较短的分销渠道；对单位价值较低的产品、标准化的产品，分销渠道可相应地长一些；对技术要求高，需要提供较多客户服务的产品，如汽车、机电产品等，较宜采用直销的方式；对原材料、初级产品，一般宜直接销售给进口国的制造商。

（3）目标市场国的市场特性。各国的市场各有其自身的特性。这些特性主要包括市场特征、顾客特性、中间商特性、竞争特性等。这里的市场特征主要分析市场集中程度，即市场与顾客在地理上的集中或分散程度。如果市场集中，可采用短渠道或直销渠道；反之，则采用长渠道或间接渠道。如果顾客多、市场容量大且分布地区广，可采用较长的渠道。顾客特性对分销渠道的设计有重要影响。因为各国顾客的收入、购买习惯及购买频率等千差万别，所以要采取不同的分销渠道。从顾客的购买习惯和购买频率来看，日用品一般是就近购买，可采用较广泛的分销渠道；对于特殊品，顾客一般是向专业商店购买，不宜采用广泛的分销渠道。如果市场中顾客购买某种产品的次数频繁，但每次购买数量不多，宜采用中间商；如果顾客一次购买批量大，则可采用直接渠道。在国际市场营销中，必须认真研究目标市场国的分销体系，并与本国和其他国反复比较，选择适宜的销售中介。例如：日本的分销渠道是世界上较长、较复杂的，并且零售商总是期望退货可以被完全接受，以及大量融资和定期送货上门服务。竞争对手的分销渠道是渠道决策需考虑的另一重要因素。国际市场营销人员对付竞争对手的分销一般采取两种策略：第一是建立能与竞争对手相抗衡的分销渠道体系。日立公司拥有 1 000 个特许零售商、一支几百家有业务联系的摩托车商店和其他设备销售队伍，为与其竞争，IBM 在公司系统外招聘了 60 多个中间商来销售其产品。第二是采取与竞争对手不同的分销方式，以获得竞争优势。

（4）目标市场国的环境特性。就法律环境而言，目标市场国的法律和政府规定可能限制某些销售渠道，如美国禁止某些实质上减少竞争或造成垄断的渠道安排；有些国家规定某些进出口业务必须由特许的企业经办；有些国家规定要对代理商征收代销税。就经济环境而言，当一国经济衰退时，一般可能采用短渠道，以低价格将产品尽快销售给最终消费者。

6. 连续性

保持渠道的连续性是国际市场营销人员的一项重要任务。中间商是谋求自身利益最大化的组织，在确保产品能在市场站稳脚之前，一般不会介入。中间商从生产厂商那里挑选市场需要的品牌，而不会为推销产品做任何努力，一旦无利可图，即使出现短期困难，制造商也可能被中间商放弃。

分销渠道的连续性会受到三个方面力量的冲击：第一是中间商的终止，因为中间商本身存在一个寿命问题，如某些中间商机构的领导人及原业务人员的更迭而变更经营范围，或企业经营不善而倒闭等引起寿命缩短。第二是激烈的市场竞争。当竞争激烈及产品销路不佳，或者利润较低时，原来的渠道成员可能退出。第三是随着现代技术尤其是信息技术的不断变革，以及营销上的不断创新，一些新的分销渠道模式可能出现，而传统的模式因此而失去其竞争力。因此，企业必须维护分销渠道的连续性。为此，一是要慎重地选择中间商，并采取有效的措施提供支持和服务，同时在消费者中树立品牌信誉，培养中间商的忠诚度；二是对已加入本企业分销系统的中间商，只要其愿意继续经营本企业的产品，而且符合本企业要求，则不宜轻易更换，应努力与之建立良好的长期关系；三是对那些可能不再经营本企业产品的中间商，企业应预先做出估计，提前安排好潜在的接替者，以保持分销渠道的连续性；四是时刻关注竞争对手渠道策略、现代技术以及消费者购买习惯与购买模式的变化，以保证分销渠道的不断优化。

二、国际分销渠道的管理

（一）制定国际分销目标

国际分销渠道管理的首要任务是制定国际分销的目标。目标可能是预期达到的服务水平、中介机构应该发挥的功能、在一定的渠道（如超级市场）内取得大量的分销、以尽可能少的投资在新的国际市场上实现产品分销数量的增长、提高市场渗透率等。在制定国际分销目标时，除了必须考虑上文所述的六个“C”，更重要的是必须考虑目标市场顾客对分销服务的需要。

（二）选择国际中间商

中间商的选择也是国际分销渠道的管理中十分重要的一个环节，如果企业决定使用国际中间商，就需要对具体的中间商做出选择，以确保企业高效率地完成国际营销目标。

1. 寻找中间商

寻找中间商的最佳方式是主动寻找。企业寻找中间商有很多渠道，如外国政府机构、国外领事馆、常驻国外的商务团体、中间人团体及银行、顾客和杂志等。制造商也可以通过更为直接的方式来吸引分销商，其中登载广告是一种选择范围很广的方式，贸易展览会也是寻找潜在分销商的场所。企业还可以用代理商机构或咨询公司提供的服务来挑选分销商。例如：美国专门设立了两种寻找外国代理人的服务方式——代理商（或分销商）服务（A/DS）是用来寻找对美国企业递交的出口协议感兴趣的外国企业；世界交易商数据报告（WTDR）是一种有价值的服务项目，它提供了具体的国外企业的贸易概览及由商务部官员拟订的、对可靠的外国企业进行调查之后的一般描述性报告。所有的服务费用并不高，一次代理商（或分销商）服务的费用约为 90 美元。

2. 选择中间商

企业应根据分销目标和自身条件制定选择中间商的适应标准。这些标准中有一些是容易定量化的，可对各中间商进行分析与比较；有些标准则只能定性化。同时，企业必须仔细分析信息来源可靠性。企业选择中间商的主要标准有以下几个方面：

（1）财力和业绩。中间商能否按时结算，能否在必要时预付货款，取决于中间商的经济实力和财务状况。如果财务状况不佳，流动资金短缺，中间商往往很难保证履约、守信。了解中间商财务状况的方式之一是审查其财务报表，尤其是对中间商的注册资本、流动资金、负债情况做出判断。当然，财务报表并非全面和可靠，企业还要借助相关的参考资料。销售额是另一个重要的指标，中间商目前的业绩在一定程度上预示着其将来的表现如何。

（2）市场覆盖率。市场覆盖率的分析不仅包括覆盖的地区大小，销售点数目、所服务市场的质量、销售人员的特点和销售代理人的数目也是主要参考指标。

（3）目前正在经营的业务。国际市场的经营者经常会发现，某个市场中最合适的分销商已经在经营竞争性的产品，因而不能再争取到其帮助。在这种情况下，该经营者可寻找另一个具有同样资历的经营相关产品的中间商。产品的互补性可能对双方均有好处。

（4）信誉。中间商的信誉必须审查。这是一种抽象的衡量方法，应通过中间商的顾客、供应商、关联机构、主要竞争对手和其他当地商业伙伴进行分析研究。

（5）合作态度。有的中间商尽管有健全的分销网络，但如果它对制造商的产品分销不能给予足够的重视，中间商所提供的货架空间、商品陈列位置等难以达到理想水平，制造商也应考虑其他的选择。

企业按照制定的标准寻找到初步符合标准的中间商名单后，应对其进行逐一论证和筛选。企业可给每位中间商候选人去函，概述产品情况并提出对经销人的条件要求。对答复满意者再提出更为具体的询问，如产品种类、商场区域、销售人员数量及其他背景材料等。筛选的最好方法是与之面对面晤谈。

（三）控制国际分销渠道

国际分销渠道的控制包括对中间商的业绩评估、激励、约束及各分销商之间的关系协调。国际市场分销渠道一般长于国内市场分销渠道，这就增加了企业控制渠道的难度。不少企业通过建立自己的分销主体来解决这个问题，有些则通过特约代销或独家经销方式来维持对渠道前几个阶段的管理控制。但这种控制并不仅仅是针对独家经销商的，而是应尽可能地直接影响更多的渠道成员。国际分销渠道的控制可分为以下几个方面：

1. 评估中间商

企业可以确立一些标准来加以对照衡量，如中间商是否接受配额，销售指标完成情况如何，是否努力完成既定目标，付款是否及时以及市场覆盖面、促销工作的合作情况如何等。通过这些指标的分析来发现问题，进行诊断和改进。

2. 激励中间商

企业在确定了中间商之后，为了更好地实现营销目标，促使中间商与自己合作，还必须采取各种措施不断给予中间商激励，以此来调动中间商经销企业产品的积极性，并通过这种方式与中间商建立一种良好关系。对中间商的激励不仅包括给予丰厚的报酬，还包括人员培训、信息沟通、感情交流、给中间商独家专营、共同开展促销等。

从总体上说，激励方式的选择要具有针对性。依据企业销售产品的不同和企业选择中间商的不同，激励方式也会有所不同。任何一家企业在选用激励方式之前都要分析激励对象（即中间商或其他分支机构）的需求，然后设法满足。如果不分析中间商的需求情况而随便采取一种激励手段，其激励效果可能不会很好，有时甚至起负面效果。在很多情况下，有的企业只注重利益的刺激，如销售利润、折扣、奖赏、销售比赛等，这种高报酬的刺激方法的代价很高，且不见得有很大的成效。所以说，在进行激励时，要注意采用多元手段，这是因为中间商与生产企业如果仅仅只有利益关系，在市场不稳定，出现利润下降甚至没有利润时，中间商就可能流失。而如果相互之间的纽带多元化，就可以化解很多危机。生产企业应更多地保持与中间商的沟通与联系，努力与其建立长久的合作关系。如有的企业在自身发展的同时，扶持起一大批一流经销商，企业不惜花较多的时间指导中间商的经营工作，从提供产品，发展为提供管理、培训人员，合作领域扩大，接触面扩大，与之相随，企业对中间商的影响力也随之扩大。

小贴士

由于在起步阶段市场拓展难，企业一般都是选择代理商进行销售。等到网点铺开、市场做大时，企业往往就以各种形式取缔代理商。奥普公司却反其道而行之：在市场导入初期先去开拓市场，等到产品销路畅通时，再把市场交给合适的代理商操作，奥普公司则在当地开设办事处来协助代理商做好产品销售和品牌维护。在工作中，办事处会主动协助代理商做好渠道建设、导购培训等基础管理工作；在新产品的信息、存货情况、企业经营动向、广告诉求方向等方面都会定期主动沟通，使代理商感到“我就是奥普的一员”。

想一想：你如何看待奥普公司的这种做法？

3. 调整渠道成员

销售渠道各成员之间既存在合作，又存在矛盾和竞争。企业除了让各中间商了解企业本身的目标政策，还应平衡各成员间的关系，彼此互相协调，共同受益。国际市场分销渠道的调整方法主要有：增减渠道或中间商；改变整个渠道系统。后者的难度更大。例如：日本企业进入美国市场时，初期几乎是请美国中间商或制造商代销，并打上美国公司商标。经过一段时间后，日本企业开始尝试用自己的商标，自己开设门店或直接找连锁商店和百货公司销售。当条件成熟后，日本企业就完全摆脱美国公司，自己设立分公司。

小贴士

北京同仁堂是我国中药行业的老字号企业，其国际经营活动是以由间接出口到直接出口，再由直接出口走向对外投资的渐进方式展开的。

为了进一步拓展市场，同仁堂先后在我国香港地区、马来西亚、澳大利亚、韩国、印度尼西亚、泰国等地开设了分店。在经营方式上，同仁堂根据不同目标市场的特点采取了不同的经营策略。在我国香港地区，以坐堂医生咨询服务和零售为主；在马来西亚则以批发为主，主要解决新产品进入当地市场和向东南亚国家和地区辐射的问题；在澳大利亚则以当地原料——鹿茸销售为主，逐步扩大中成药的销售；在韩国、印度尼西亚、泰国等地则采取经销商模式进行市场渗透。

想一想：北京同仁堂在不同国家和地区采取不同的渠道策略可以给我们带来哪些启示？

（四）调整国际分销渠道

国际市场处于不断的变化中，如市场范围的扩大或缩小、新竞争对手的出现、顾客偏好及购买方式发生变化等，设计再好、再完善的渠道也有不适应的时候，因此企业必须不断维护或调整分销渠道。不断地对分销渠道进行调整是企业的一项重要工作。

1. 增减分销渠道中的中间商

经过考核，对推销不积极或经营管理不善、难以与之合作的中间商，企业在必要时应与其终止合作关系；企业为了开拓某一新市场，需要在该地区物色一个中间商，经过调查分析和洽谈协商，在符合企业对中间商的要求和中间商愿意合作的基础上，可以选定其作为企业在该地区的经销商或代理商。

2. 增减某一种分销渠道

当某种分销渠道出售本企业的某种产品的销售额一直不够理想时，企业可以考虑在全部目标市场或某个区域内撤销这种渠道类型，而另设一种其他的渠道类型；企业为满足消费者的需求变化而开发新产品，若利用原有渠道难以迅速打开销路和提高竞争能力，则可增加新的分销渠道，以实现企业营销目标。

小贴士☞

20 世纪 90 年代，人们购买录像带常常需要去文化商店或者电器商店，但是随着生活节奏的加快，人们没有太多的时间去专门逛这些售卖录像带的店，录像带的销售渐渐不畅。于是迪士尼公司率先进行革新，大胆选择在超级市场和儿童玩具店出售录像带，把录像带与色拉油、蔬菜、水果及游戏机、毛绒玩具列在一起。

想一想： 迪士尼渠道拓展的成功带给我们什么样的启示？

3. 调整整个分销渠道

有时由于市场情况变化太大，企业对原有渠道进行部分调整已难于实现企业的要求和市场情况的变化，因此企业必须对分销渠道进行全面的调整。

小贴士☞

为了应对不断变化的市场形势，百事公司对渠道管理进行了一系列变革。在进行渠道变革之前，百事公司借助经销商完成全国的网络覆盖，经销商承担了所有零售终端的供货。由于现代营销渠道的运作常常需要越过经销商与制造商直接做生意，而且部分经销商也难以提供配套的销售服务，同时，大量的经销商存在，导致其覆盖区域狭小甚至重叠，常常发生窜货、价格失控，因此，百事公司被迫重新审视其渠道策略。经过调整，百事公司打破了原有的渠道格局，将大卖场、超市、便利店等现代渠道独立出来，由百事直接负责供货；其余的客户全部归类到传统渠道，仍然由经销商负责供货。

想一想： 百事公司为什么要进行这样的渠道调整？

思考练习

一、简述题

1. 国际分销渠道结构有哪几种形式？
2. 国际分销渠道由哪些参与者构成？
3. 什么是国际分销的长度、宽度和广度？
4. 影响国际分销渠道选择的因素有哪些？
5. 简述如何管理国际分销渠道。

小试牛刀七

趣味阅读七

二、案例讨论

“非洲手机之王”传音控股的营销模式

深圳传音控股股份有限公司（以下简称传音控股）主要从事以手机为核心的智能终端的设计、研发、生产、销售和品牌运营，致力于成为新兴市场消费者喜爱的智能终端产品和移动互联服务提供商。传音旗下拥有手机品牌TECNO、itel及Infinix，数码配件品牌Oraimo、家用电器品牌Syinix以及售后服务品牌Carlcare。

经过积累和发展，传音已成为全球新兴市场手机行业的中坚力量。据统计，2023年传音控股在全球手机市场的占有率为14%，在全球手机品牌厂商中排名第三。2023年，传音控股保持非洲市场竞争优势，继续推进新市场开拓战略。根据统计，2023年传音控股非洲智能机市场的占有率超过40%，在非洲排名第一。

作为公司主要市场的非洲，经济发展水平低，仍处在2G、3G时代，手机市场以功能机为主，智能手机的渗透率较低。近年来，随着基建水平的提升，手机市场开始逐渐由功能机向智能机过渡。非洲作为全球人口第二大洲，人口超14亿人，占到了全球人口的六分之一，联合国预测，从2019年至2050年，撒哈拉以南非洲地区的人口预计将增长一倍。在非洲市场巨大的人口基数以及极高的增速支撑下，消费者的手机迭代速度加快，非洲智能机市场的发展空间巨大。

从成立之初，传音控股就扎根非洲。在产品定位上，传音控股抓住了非洲市场智能机渗透不高的特点，建立了TECNO、itel和Infinix三大品牌，并通过“智能机+功能机”的产品组合划分市场。如今，无论是从功能机还是智能机来看，传音控股都在非洲拥有着绝对领先的地位。传音控股在非洲市场的成功离不开以下三点：

（1）本土化策略精确定位消费者需求。

（2）低价策略匹配当地人民消费水平。

（3）遍地营销的策略与遍布非洲市场的渠道。

首先，在产品上，为了贴合非洲消费者的需求，传音控股对手机的功能进行了本土化创新。在通信功能上，非洲的通信运营商众多，但运营商之间的信号不稳定，通话资费高，消费者通常会携带多张电话卡，普通单卡手机便难以满足消费者的需求。针对这一问题，传音控股定制化地开发出了“四卡四待”功能，解决了非洲消费者的痛点。在摄影功能上，主流手机拍照采取面部识别，相比浅肤色的人群，深肤色用户很难被识别。针对这一问题，传音控股开发出了基于眼睛和牙齿定位的拍照技术，解决了非洲消费者的拍照需求。另外，针对非洲地区经常停电、早晚温差大、天气炎热等问题，传音控股也开发出了低成本高压快充技术、超长待机、耐磨耐手汗陶瓷新材料、防汗液USB端口等。

其次，在价格上，为了匹配非洲消费者的消费能力，传音控股推出了定价显著低于同行的手机。非洲的经济发展水平不高，手机市场以低端产品的为主，数据显示，截至2021年第四季度，非洲市场200美元及以下的手机市场份额占比达到了81.1%。根据非洲市场的特点，传音控股推出的机型定价极具吸引力。2018年，传音控股下属的功能机均价仅在65元人民币/台，智能手机均价也仅在454元人民币/台。

最后，通过遍地营销的策略和遍布全非洲的渠道网络，传音控股得以实现快速占领市场。非洲地域广阔，且基础设施建设不完善、互联网不发达，手机难以做到集中推广，广告上以刷墙广告、贴海报广告、FM广告等传统形式为主。于是，传音控股便采取了遍地营销的策略，快速走入消费者内心。在渠道建立上，以经销商为主的销售模式，传音控股建立了遍布非洲各地，渗透力强、稳定性高的销售网络。一方面，传音控股通过给经销商足够的让利空间，充分调动经销商的积极性，加速产品渗透；另一方面，通过驻厂指导、统一宣传等形式，助力各地经销商的销售，提高了自身与经销商合作的黏性。

一位通信行业的记者曾这样描述在东非商品大市场卡里亚库看到的情景："我看到了铺天盖地的、从近到远、密密麻麻、让我永远不会忘记的TECNO。全世界都是TECNO，每个店的海报，每个公告牌，每块玻璃，每个店门，都是TECNO的广告。"

资料来源：黄艳阳．"非洲之王"传音控股泡沫破灭：股价跌去70%，市值蒸发1 500亿[EB/OL]．新浪科技．

试讨论：

（1）你是否认同传音控股"非洲手机之王"的称号？为什么？

（2）你认为传音控股的海外营销模式有哪些亮点与特色？

三、拓展训练

结合当前国际市场环境，选定一家跨国企业的产品进行国际分销渠道的选择和控制。

学习情境八 实施国际促销策略

国货出海八

一睹为快八

学习目标

【知识目标】

■ 了解各种国际促销方式；通晓各种国际促销策略。

【能力目标】

■ 能结合实际，为企业选择合适的国际促销方式，并能制定一套合理的国际促销组合策略。

【素养目标】

■ 国际市场营销人员应当具备合作共赢、与时俱进的国际营销理念，能够从历史和文化的视角分析国际促销方式和促销效果的影响，能够居安思危，具备底线思维。

导入案例

亚马逊的网络营销策略

亚马逊是世界上销售量最大的网店之一。下面就让我们来看看这个零售网站的网络营销策略。

1. 页面布置

该公司的网站页面布置非常合理。例如：其书籍销售页面主要分为三列——左边一列是当日的礼物介绍和一些进入其他页面的超链接，中间一列是一系列主题分明的广告、最佳书籍简介和购物指南，右边一列是其他两个主页（音乐类和影视类）的最新动态和产品排行榜。这种菜单和页面布置方式使得产品分类清晰，便于用户购买。同时，不同类别和主页之间又有相互交叉，有助于公司对多种产品的推销。另外，在每个页面左上角最显眼的地方都放置了“Search”功能按钮，方便用户查询和购买。

2. 运作活动

亚马逊本身并不涉及产品的生产，因此，从它的网页中很少能够看到涉及生产价值活动的部分，但可以看到产品的客户化职能。它是如何运作的呢？例如：你在亚马逊网站买了一本书并再次访问该站点，屏幕上就会出现“欢迎回访”的内容。通过分析你的当前购买习惯及你已经做出的对其他书的估量，屏幕上将建议你购买几种你可能喜欢的新书。同时，系统能记住你的个人信息，这样，以后买书就不用输入个人信息，只须输入顾客号，用鼠标点击就可以轻松实现一站式购书。

3. 经营销售

亚马逊的营销活动在其网页上体现得最为充分，其在营销方面的资金投入也令人瞩目。例如：亚马逊每收入 1 美元就要拿出 24 美分进行营销，吸引用户，而传统的零售商店则仅花 4 美分。

（1）产品策略。亚马逊为每一类所售商品都设置了专门的页面，在各个页面中也很容易看到其他几个页面的内容和消息，它将网店中不同的商品进行分类，并对不同的商品实行不同的营销对策和促销手段。

（2）定价策略。亚马逊网店采用了折扣价格策略。折扣价格策略是指企业为了刺激消费者增加购买而在商品原价格上给予一定的回扣。它通过扩大销售量来弥补折扣费用、增加利润。亚马逊网店对大多数商品都给予了相当大的回扣。例如：在音乐类商品中，亚马逊承诺“对 CD 类予以 40%的折扣，其中包括对畅销 CD 的 30%的回扣”。

（3）促销策略。常见的促销方式主要有四种，分别是广告、人员推销、营业推广和公共关系。在亚马逊网店的网页中，除了人员推销，其余部分都有体现。

1）广告。广告是营销中一项重要的价值活动，它作为企业同目标用户和公众沟通的主要工具之一，具有高度的公开性和强烈的渗透性，可以迅速地把信息传递给用户，有助于人们了解商品和扩大销售。例如：逛书店的享受并不一定在于是否有足够的钱来买想要的书，而在于挑选书的过程。手里捧着书，看着精美的封面，读着精练的简介往往是购书的一大乐趣。在亚马逊网店的书页上，除了不能直接捧到书，这种乐趣并不会减少，精美的多媒体图片、简洁明了的内容简介和权威人士的书评都可以使人有身临其境的购书的感觉。亚马逊网店的广告位置也很合理。例如：在亚马逊的图书频道，首先是当天的最佳书，而后是最近的畅销书介绍，还有读书俱乐部的推荐书，以及著名作者的近期书籍等。不仅亚马逊网店的网页上有大量的多媒体广告，而且在其他相关网络站点上也经常可以看到它的广告，例如：在雅虎上搜索书籍网站时就可以看到亚马逊网店的广告。

亚马逊网店的广告还有一大特点就在于其具有动态实时性。每天都更新的广告版面使得用户能够了解最新的商品和最权威的评论。

2）营业推广。营业推广是鼓励消费者增加购买和提高中间商交易效益的又一种促进销售的策略。营业推广又可以分为中间商的交易推广和消费者的营业推广两种。

中间商的交易推广主要是制造商针对中间商采用的促销策略。例如：免费向首次或大额购买的零售商、批发商提供一定数量的产品；组织销售竞赛并奖励购货领先的中间商等。亚马逊网店千方百计地推销自己的网点，不断寻求合作伙伴。由于有许多的合作伙伴和中间商，用户进入其网点的方便程度和购物机会都大大增加。

消费者的营业推广的主要目的是鼓励用户购买产品。亚马逊网店专门设置了一个礼物页面，为大人和小孩准备了各式各样的礼物。这实际上是价值活动中促销策略的营业推广活动。它通过向各个年龄层的用户提供赠券或者精美小礼品，吸引用户长期购买其商品。另外，亚马逊网店还给予长期购买其商品的用户优惠，这也是一种营业推广的措施。

3）公共关系。公共关系的基本目标是在公众中树立良好的形象，谋求公众对企业的理解、信任、好感和合作，并获得共同的利益。开展公共关系营销是企业营销活动中必不可少的重要环节。公共关系的内容十分广泛，主要包括以下几个方面：第一，努力处理好和新闻界的关系；第二，做好企业的消息沟通；第三，和政府官员处理好关系；第四，咨询和处理公众的意见。亚马逊网店的很多地方也体现了这一促销手段。

在处理好企业和公众的关系方面，亚马逊网店设置专门的礼品页面，为网上购物的用户（包括大人和小孩）提供小礼品。这既属于一种营业推广活动，也属于一种公共关系活动。在做好企业和公众的消息沟通方面，亚马逊网店虚心听取、搜集各类公众以及有关中间商对企业和其商品、服务的反映，并向他们和企业的内部职工提供企业的情况，经常沟通信息。此外，亚马逊还专门为首次上该网店的用户提供一个页面，为用户提供各种网上使用办法的说明，帮助用户尽快熟悉，这也是经营好公共关系的一种方法。

请思考：

亚马逊网店实施了哪些促销策略？促销效果如何？

任务一　进行国际市场人员推销

任务概述

人员推销又称直接推销，是一种传统的促销方式。在现代企业市场营销和社会经济中，推销人员有着相当重要的地位和作用，被人们称为“开拓市场的先锋”。在国际市场营销中，人员推销也是最常用的促销方式之一。根据导入案例，假如你是亚马逊的营销决策人员，试分析亚马逊在进行人员推销方面应该注意哪些问题。

知识储备

国际市场营销中的人员推销是指由企业派出专职或兼职推销人员直接与国外顾客接触、洽谈，宣传、介绍商品和劳务，以实现销售目的的活动过程。推销主体、推销客体和推销对象构成推销活动的三个基本要素。人员推销是最古老的销售方法之一，对于那些专业性强、结构复杂的产业用品和价格昂贵的耐用消费品，人员推销有着其他促销方式不可替代的作用。

一、国际市场人员推销的特点、任务及类型

（一）国际市场人员推销的特点

（1）信息传递的双向性。在推销过程中，销售人员一方面把企业信息及时、准确地传递给目标顾客，另一方面把市场信息及顾客的要求、意见和建议反馈给企业，为企业调整营销方针和政策提供依据。

（2）销售过程的灵活性。人员推销的灵活性源于推销人员和顾客之间活跃的互动关系。推销人员本身是信息传播的媒介，他们会根据具体的顾客或其他对象的情况，适时地调整信息传播的方式和内容。推销人员还可以根据不同的对象制定不同的推销策略，以配合广告和其他促销方式，适应各种不同的情况，提高推销效果。

（3）与顾客建立长期的业务关系的便利性。销售人员在与顾客直接打交道的过程中会逐渐产生信任和理解，容易培育出忠诚顾客，有助于建立长期业务协作关系，并获得稳定的销售渠道。例如：中东地区和非洲一些国家的企业十分重视彼此间的友谊，很难同陌生人谈生意。

尽管人员推销具有很多优势，但也存在一些不足。首先，人员推销的市场覆盖面有限，费用较高，特别是在市场范围较大的情况下，人员推销的开支较多，增加了产品的销售成本，因此，人员推销并非处处适用。对于顾客分布区域集中或购买批量大的情况适宜采用人员推销；相反，对于顾客数量多而地理分布分散的情况，人员推销就不合适。其次，国际营销中对推销人员的综合素质和能力要求较高，他们在目标市场国应表现出很强

的文化适应能力，包括语言能力、较强的市场调研能力和果断决策的能力。因此，企业要选拔和培养合适的推销人员比较困难，所需费用也较高。

（二）国际市场人员推销的任务

（1）探寻市场。推销人员要积极寻找和发现更多的现实购买者和潜在购买者。

（2）传递产品信息。推销人员要让现有顾客和潜在顾客了解企业的产品和服务，树立形象，提高信誉。

（3）销售产品。推销人员要灵活运用营销技术和手段，扩大企业产品销售。

（4）开展售前、售中、售后服务。推销人员要根据企业和顾客的要求，为顾客购买称心如意的产品提供全方位的服务，包括提供咨询、技术帮助、资金融通和迅速交货等。

（5）搜集情报。推销人员在推销过程中还要搜集市场情报信息，反馈顾客对本企业产品的建议，帮助企业调整营销策略。

小贴士

现代人员推销的任务，即“六大员”功能：

（1）交易员——寻找、发现顾客，销售产品，开拓市场。

（2）宣传员——向顾客宣传企业及其产品，树立、维护企业形象。

（3）服务员——为顾客提供服务、解决问题，或提供解决问题的方案。

（4）公关员——同顾客建立、保持良好关系，维护顾客合法权益。

（5）信息员——搜集市场信息，整理、保存销售记录，做出分析评价，向企业反馈信息。

（6）调度员——协调产需，分配产品，调剂余缺，化解矛盾。

想一想：推销人员需具备哪些条件才能充分发挥“六大员”功能？

（三）国际市场人员推销的类型

在国际市场上，人员推销通常包括以下四个类型：

1. 企业自行派出外销人员或跨国公司派出销售人员进行推销

这类人员在国外专门从事推销和贸易谈判业务，或在定期到国际市场调研、考察和访问时代为推销。这是国际市场人员推销的一般类型。

2. 企业临时派出有特殊任务的推销人员和销售服务人员进行推销

这种形式一般有三种情况：当国际目标市场出现特殊困难和问题，其他办法不能解决时，必须由企业组织专业推销人员或其他人员前往解决；企业突然发现了一个庞大的值得进入的市场，有必要派出一个专业推销小组，集中推销；企业建立一个后备推销小组和维修服务组织，待命而行，任务一到，出国推销兼做维修工作，或在开展维修服务时，开展推销工作。西方国家的许多企业还特别组织一个专家小组，在国际市场巡回考察、调研、推销，解决与本企业有关的经济、贸易和技术问题。

3. 企业利用在国外分支机构（或附属机构）的推销人员进行推销

国外许多大公司特别是跨国贸易公司，都在国外有分支机构（或附属机构），这些机构一般都有自己的推销人员，专门负责本公司产品在有关地区的推销工作。这些推销人员不仅有本国人，往往还包括大量雇用的当地人员或熟悉当地市场的第三国人员。

4. 企业利用国际市场的代理商和经销商进行推销

在许多情况下，企业不是自己派员推销，而是请国外中间商代为推销。但是，请国外代理推销人员，必须进行适当的监督和控制，而不能单听代理推销人员的意见，或者完全交给代理推销人员去做。在必要时，企业应该直接了解目标市场顾客的有关情况，或派出专业人员陪同代理推销人员去推销，或企业派自己的推销人员去推销。此外，企业还可以在主要市场派出常驻贸易代表，协助代理推销人员，在该市场上开展推销工作。

二、国际市场人员推销的组织结构

国际市场人员推销的组织结构根据推销人员在国际市场的分布和内部构成情况而异，它一般包括以下四种类型：

（一）地区结构型

按区域选配推销人员，每个推销人员负责一两个地区内本企业所有产品的推销业务。这种结构比较常见，也很简单。因为划定国际市场销售地区，推销人员责任明确，容易考核推销人员的工作成绩，发挥推销人员的综合能力，也有利于企业节约推销费用。但是，当产品或市场差异性较大时，推销人员不易了解众多的产品和顾客，会直接影响推销效果。

（二）产品结构型

每个推销人员专门推销一种或几种产品，而不受国家和地区的限制。如果企业的出口产品种类多，分布范围广，差异性大，技术性能和技术结构复杂，采用这种结构效果就比较好。拥有对产品的技术特征具有深刻了解的推销人员，有利于集中推销某种产品，专门服务于有关产品的顾客。但这种结构的最大缺点是，不同产品的推销人员可能同时到一个地区（甚至一个单位）推销，这既不利于节约推销费用，也不利于制定统一的国际市场促销策略。

（三）顾客结构型

按顾客类型（如新顾客与老顾客，重要顾客与一般顾客）或行业派遣推销人员，使每个推销人员分别负责向不同类型的顾客或不同的行业推销企业的产品。

由于国际市场顾客类型众多，因此国际市场顾客结构形式也有多种。例如：按服务的产业区分，企业可以对机电系统、纺织系统、手工业系统等派出不同的推销人员；按服务的企业区分，企业可以让甲推销人员负责对 A、B、C 企业推销产品，而让乙推销人员负责对 D、E、F 企业推销产品；按销售渠道区分，批发商、零售商、代理商等可以由不同的推销人员包干；按客户的经营规模及其与企业关系区分，企业可以对大客户和小客户、主要客户和次要客户、现有客户和潜在客户等分配不同比例的推销人员。采用这种结构的突出优点是，企业与顾客之间的关系密切而又牢固，因而有着良好的客户关系，但当顾客分布地区较分散或销售路线过长时，这种结构的推销费用往往过大。

（四）综合结构型

按地区、产品和顾客的某种组合派遣推销人员。当在一个广阔的市场范围内向不同类型的顾客推销多种类型的产品时，企业可以采用这种结构。在企业规模大、产品多、市场范围广和顾客分散的情况下，上述三种单一的结构都无法有效地提高推销效率，则可以采取综合结构型。

三、国际市场人员推销的步骤

（一）寻找潜在客户阶段

寻找潜在客户有很多方法，如广告开拓法、资料查阅法、市场咨询法、通过现有满意客户的介绍等，寻找潜在客户的目的是找准目标客户。

（二）推销准备阶段

推销之前，推销人员必须具备三类知识：（1）产品知识，即本企业产品的特点及用途等；（2）顾客知识，包括潜在客户的个人情况或所在企业情况等；（3）竞争对手知识，即竞争对手的产品特点、竞争能力和竞争地位等。

（三）推销实施阶段

推销实施阶段关系推销活动的效果，是人员推销的实质性阶段。国际市场推销人员要促进目标顾客采取购买行为，一般需要经历以下四个阶段：

一是引起顾客注意。推销人员要充分运用说话方式与技巧，抓住核心问题，综合运用多种推销手段来引起顾客对产品的注意，使之产生良好的第一印象。

二是引起兴趣。推销人员可以对现场产品演示或出具权威部门的产品鉴定材料，并尽可能让顾客亲自体验，以增加顾客对产品的信任度，引起顾客购买产品的兴趣。

三是激发购买欲望。推销人员要以顾客需求为切入点，尽可能突出产品性能与顾客需求相联系的方面，以刺激购买欲望，形成购买动机。

四是诱发购买行为。当顾客的言谈举止已显示其明显的购买欲望时，推销人员要抓住时机，进一步集中再现产品优点及其利益；或者假设顾客已经购买的情况下设想其拥有产品后的情景；或者做出适当让步，以成交优惠或售后服务保证等方式及时促进交易达成。

（四）售后跟踪服务阶段

订单中所保证的条款，如交货期和安装、维修等，要得到执行。推销人员要了解顾客是否对自己的选择感到满意，发掘可能出现的各种问题，表示诚意和关心，以促使顾客做出对企业有利的购后行为。

售后服务跟踪阶段既是推销工作的结束，又是新一轮销售工作的开始。良好的售后服务可以树立企业及其产品良好的形象，加深顾客对企业及其产品的好感，不仅会促使顾客重复购买，也会带来更多的潜在客户。

四、国际市场推销人员的管理

国际市场推销人员是企业开拓国际市场、进行国际市场营销活动的重要力量，往往被人喻为“企业代表”与“企业形象”。加强国际市场推销人员队伍建设与管理非常重要。国际市场推销人员的管理包括招聘、培训、激励、绩效评估等。

（一）国际市场推销人员的招聘

推销人员的素质高低直接影响员工的工作效率和企业的经济效益。优秀的推销人员除应具有强烈的进取心、熟练的沟通技巧外，还要具备对文化的适应力及独立工作的能力。国际市场推销人员的招聘相对比较复杂，一般而言，其方式主要有：在国内招聘人员外派到目标市场国，在目标市场国招聘推销人员，招聘第三国人员。国际市场推销人员的招聘多数是在目标市场国进行，因为当地人对本国的风俗习惯、消费行为和商业惯例等更加熟悉，并与当地政府、工商界，或顾客或潜在客户有着各种各样的联系。但在目标市场国进行招聘，会受到当地市场人才结构、知识结构和职业特征的限制。

（二）国际市场推销人员的培训

（1）培训地点与培训内容。推销人员的培训既可在目标市场国进行，也可在企业所在地或者企业地区培训中心进行。跨国公司的推销人员培训多数是安排在目标市场国。培训内容可根据推销人员的来源和实际情况确定，主要包括产品知识、企业情况、市场知识、推销技巧和商务沟通等方面。如果针对来自国外目标市场国的推销人员，培训重点应是产品知识、企业概况与推销技巧；如果针对从企业总部选派的推销人员，则应加强对目标市场国营销环境和商业习惯等方面的培训。

（2）对高科技产品推销人员的培训。对于高科技产品，企业可以把推销人员集中起来，在企业培训中心或者地区培训中心进行培训。因为高科技产品市场在各国具有很高的相似性，培训的任务与技术要求也更加复杂，需要聘请有关专家或富有经验的业务人员任教。

（3）对推销人员的短期培训。对于这类性质的培训，企业既可采取组织巡回培训组到各地现场培训的方法，也可将推销人员集中到地区培训中心进行短期集训。

（4）对海外经销商推销人员的培训。为海外经销商培训推销人员，也是工业用品生产厂家常常要承担的任务。对海外经销商推销人员的培训通常是免费的，因为经销商推销人员素质与技能的提高必然会带来海外市场销量的增加，生产厂家与经销商均可从中受益。

（三）国际市场推销人员的激励

对国际市场推销人员的激励，通常分为物质奖励、精神鼓励、环境激励和目标激励。

（1）物质奖励是通过给予推销业绩优秀的推销人员以丰厚的薪金、奖金或佣金等形式，调动推销人员的积极性。物质奖励往往和目标激励一起使用，这种激励方法效果最明显。

（2）精神鼓励可采取进修培训、晋级提升、特权授予或颁发荣誉证书等多种方式。精神鼓励和物质奖励相辅相成，综合运用效果更佳。

（3）环境激励是为推销人员创造一种宽松、良好的工作氛围，以更好地调动其工作积极性。环境激励体现了企业对推销人员的重视程度。企业对那些工作绩效差的人员重视程度低，其离职率也会相对较高。

（4）目标激励是为销售人员制定一定的绩效目标（如销售定额、毛利、访问顾客数量、获得新客户数量等），以此来激励销售人员积极工作。

企业要综合运用多种方式对推销人员进行激励，调动推销人员的积极性，提高其销售业绩。对海外推销人员的激励，更要考虑到不同社会文化因素的影响。海外推销人员来自不同的国家或地区，有着不同的社会文化背景、行为准则与价值观念，因而可能对同样的激励措施做出不同的反应。

（四）国际市场推销人员的绩效评估

对海外推销人员的激励，建立在对其推销业绩进行绩效评估的基础上。但是企业对推销人员的绩效评估，不仅是为了表彰先进，还要帮助销售业绩不佳的人员分析原因，找出问题，加以改进。

人员推销效果的绩效评估指标可分为两个方面：一是直接推销效果，如所推销产品的数量与价值、推销的成本费用、新客户销量比率等；二是间接推销效果，如访问的顾客人数与频率、产品与企业知名度的增加程度、顾客服务与市场调研任务的完成情况等。企业在对人员推销效果进行绩效评估时，同样应考虑到当地市场的特点以及不同社会文化因素的影响。

任务二　进行国际市场广告促销

任务概述

在企业的国际市场营销活动中，广告占有举足轻重的地位，是跨国公司采用得最广泛的一种市场营销方式。广告是培育品牌知名度和美誉度的最佳工具，当企业要打入一个新的目标市场，或为新产品建立知名度时，广告的促销作用尤为突出。那些拥有国际知名品牌的跨国公司，几乎都是世界各国媒体的主力广告商。根据导入案例，请你选择某一跨国公司，帮助该公司进行国际广告促销。

知识储备

一、国际广告促销的内涵

从市场营销学的角度来看，广告是由明确的广告主以付费的方式、非人员的手段介绍和促销产品、服务或观念的一种信息沟通活动。国际广告是指为了配合国际营销活动，在目标市场国或地区所做的企业及其产品的宣传活动，使企业及其产品能够迅速打开并进入国际市场，从而实现企业的国际营销目标。

小贴士

雀巢咖啡在打入日本市场时，广告发挥了巨大的作用。针对日本市场上雀巢咖啡的包装特点，雀巢公司采用了多种广告形式。例如：“集 43 粒咖啡豆于一匙中”的广告词经常出现报刊上，由弘田三枝子主唱的广告歌曲《43 料》，雪村泉主唱的《咖啡，就是雀巢》也家喻户晓，甚至成了儿歌的唱词。后来，“雀巢金牌咖啡”上市后，各类的电视广告更是紧锣密鼓上阵。这种多角度的广告宣传，使雀巢咖啡在大众的心中留下非常深刻的印象。

想一想： 雀巢咖啡的一系列广告的创作主题是什么？雀巢咖啡在亚洲的广告风格与其在欧洲的广告风格有什么不同？

当前，国际广告呈现以下特点：

（1）高科技手段在广告业中得到广泛运用。

（2）电子信息技术对广告业的渗透越来越引人关注。

（3）广告设计更加贴近消费者的心理及需求，着力突出民族、地域特征。

（4）广告更加注重树立企业及其产品形象。

（5）广告制作呈现专业化的趋势，许多专业的广告公司在国际广告舞台上发挥越来越大的作用。

（6）广告业的国际间合作进一步加强。

小贴士

一个有生活规律的消费者早上醒来，在梳妆时会打开收音机，收听到某电台一则关于科龙集团赞助社会“龙腾”科技基金的报道；出门骑车上班时，在市中心的繁华街道，这个消费者看到了科龙空调、科龙冰箱科技形象的巨幅户外广告；中午饭后，这个消费者翻开报纸，看到一则科龙集团的“科技精品大放送”的全国促销活动的广告；晚上在家，他又看到科龙集团重奖科技功臣的电视专题报道。

想一想： 科龙集团使用的是什么营销策略？该种营销策略能够发挥多大作用？

二、国际广告促销策略的影响因素

（一）语言的限制

广告信息可以是标准化的，但语言必须是地方化的。

小贴士

百事可乐公司的一幅英语广告“Come alive with Pepsi”，意指“喝了百事可乐，使您充满活力”。这在美国是颇有吸引力的，但到了法国，这句话直译成法语的意思就变成“喝了百事可乐等于从坟墓里爬出来”。

想一想： 企业应如何避免类似翻译错误？

（二）政府的限制

1. 对某些产品的广告进行限制

例如：英国、法国、加拿大、意大利、丹麦、挪威、瑞典、芬兰等国家都禁止香烟广告。哥伦比亚政府规定，酒类广告必须经政府批准后才能播放。

2. 对广告信息的限制

例如：世界上有多个国家规定，某些含有特殊信息的广告在播出之前必须经有关部门审批。

3. 对广告媒介的限制

以电视媒介为例，有些国家完全限制电视广告，有些国家限制某些产品在电视上做广告。另外，有些国家则规定电视台每天播放广告的时间。例如：荷兰规定每天电视广告不得超过 10 分钟，法国规定不得超过 13 分钟，瑞士规定不得超过 15 分钟，德国规定不得超过 27 分钟，美国较宽松，平均每一频道每天播放广告的时间可达 180 分钟。

4. 对广告开支的限制

许多国家的大企业广告开支越来越大，因此，政府便采取措施进行干涉和限制，降低产品广告费用，以达到降低产品零售价格的目的。例如：英国政府曾要求宝洁公司减少在英国的广告费用。

（三）广告媒介的限制

有些国家通信基础设施落后，某种或某些广告媒介的普及率很低，也限制了企业对媒介的利用。

（四）广告代理商的限制

限制国际广告的另一因素是各国广告代理商的可获得性。有些国家广告业很发达，广告代理商数量多、规模大、服务质量高；而在另外一些国家中就很难找到合适的广告代理商。

小贴士

日本有一家名叫“知音”的化妆品公司，推出新产品“祛斑灵”。为了在国内众多同行业竞争对手中迅速打开销路，该公司不惜耗巨资别出心裁地在日本知名度极高的几家大报社和电视台上做了这样一则广告：第一天，几大报社和电视台同时亮出一个大大的“?”号，弄得人们不知究竟是怎么回事。第二天，广告上提问“您脸上长有雀斑吗?”，引发消费者关心下文。第三天，广告便推出主题“知音公司的祛斑灵化妆品，是您根除雀斑的好知音”。结果广告一出，产品便立刻在市场上打开了销路。

想一想：知音化妆品公司广告的成功之处何在?

三、国际广告决策

国际广告决策是指企业在分析环境因素、广告目标、目标市场、产品特性、媒体可获得性、政府控制和成本收益关系等的基础上，对广告活动的开展方式、媒体选择和宣传劝告重点的总体原则做出的决策。要制定国际广告策略，必须有一个具体的广告目标。总的来说，广告目标一是要通过广告在公众中树立企业或产品的良好形象，二是要引起和刺激公众对本企业产品的爱好并导致购买。当然，广告最终的目标是盈利。但国际广告要实现其目标，必须使广告适应目标市场国的各类环境，并在此基础上选择广告方式和广告媒体。

（一）国际广告的形式决策

1. 标准化策略和差异化策略

标准化是指企业在不同国家的目标市场上，使用主题相同的广告宣传。例如：麦当劳快餐店的广告宣传基本上采用标准化策略，使不同国家的消费者一看到金色拱形的 M 标志就联想到麦当劳。

差异化是指企业针对各国市场的特性，向其传送不同的广告主题和广告信息。例如：雀巢公司在世界各地雇用了 150 家广告代理商，为其在 40 多个国家和地区的市场上做各种主题的咖啡广告宣传，运用的是国际广告差异化策略。

国际广告标准化策略的主要优点有：可以降低企业广告促销活动的成本；充分发挥企业人、财、物的整体效益；易于与企业营销总目标保持一致，并以统一的整体形象传递给目标市场国，从而增强消费者对企业及产品的印象。但是，国际广告标准化也有其不足之处，其中最主要的是没有考虑到各国市场的独特性，当独特性成为矛盾的主要方面时，标准化的策略更显得力不从心，所以很多企业采取差异化的国际广告策略。由于不同国家或地区存在着不同的政治、经济、文化和法律环境，消费者对产品需求动机差异甚大，因此，应根据不同的市场特点，设计不同的广告主题，传递不同的信息，以迎合不同消费者的需求。例如：李维斯牛仔裤之所以能在 70 多个国家和地区打开销路，就是因为采用了差异性广告策略。

小贴士

可口可乐公司“Can’t beat that feeling”的广告语，在日本改为“我感受可乐”，在意大利改为“独一无二的感受”，在智利又改成“生活的感觉”。广告信息始终反映着当地的文化，在不同时期有不同的依托对象、显示途径和生成方式，无一不是随着具体的时空情境来及时调整自身在文化形态中的位置。

想一想：可口可乐公司广告采取的是什么策略？

国际广告差异化策略的主要优点有：可以适应不同文化背景的消费者的需求；有利于克服当地市场的进入壁垒；针对性较强。差异化策略的缺点在于企业总部对各国市场的广告宣传控制较差，甚至会出现相互矛盾，从而影响企业形象。

企业采用哪一种广告策略主要取决于消费者购买产品的动机，而不是广告的地理条件。当不同市场对相同的广告做出相同程度的反应时，即对同类产品的购买动机相似时，或企业采取全球营销战略时，就可采用标准化广告策略。标准化策略并不排斥就地区差异作一定程度的修改。当消费者对企业产品购买动机差异很大时，或企业实行差异化国际营销战略时，应采用差异化广告策略。

目前，跨国公司采用差异化广告策略的不在少数。很多有实力的跨国公司为了控制广告成本以及世界范围的促销活动，都力求实行广告标准化，由总部研制一套典范性的广告方案，然后把其推向子公司，每个子公司以这个广告主题为基础，对其做出适当改变。这样，既控制了跨国公司在全世界所做广告的主题，也照顾了地方市场的特点。

小贴士☞

当前，国与国之间的经济合作、电信交通以及商务旅游的发展，使得国际广告呈现一致化的趋势。日本先锋电子公司的音响设备及日本美能达公司的复印机在欧洲采用标准化的广告，美能达公司的广告用福尔摩斯当主角，以多种语言表现这位代表地道英国文化的侦探拿着自己的招牌工具——放大镜，检查复印机的质量。宝洁公司在欧洲宣传其“干净先生”品牌家庭清洁剂时，广告主角造型和美国广告相同，只是语言不同而已，此广告使宝洁公司节省了50%的成本。

想一想：案例中的公司采用的是哪种广告策略？这种广告策略的优点有哪些？

2. 形象广告策略与产品广告策略

不管是标准化广告还是差异化广告，都要根据广告目标进一步制定更加具体的广告策略，以使其更加具有可行性。

小贴士☞

巴黎有家报纸曾刊载过这样一则广告：“兴隆牌保险柜最大的缺点是必须用密码开锁，否则就要用焊枪切开。记密码有困难的人，请不要使用兴隆牌保险柜，免得麻烦。”乍一看，这好像是在暴露自己产品的“缺点”，其实不然。兴隆牌保险柜非密码莫开的“最大缺点”，不正反衬出其保险性能非同寻常吗？

想一想：你还能想到其他更好的广告创意吗？

采用形象广告策略，广告主的广告目标是塑造企业及其产品、商标的形象，并巩固和发展这一形象，使消费者对企业及其产品产生信赖和感情，而不是单纯地销售产品。

采用产品广告策略，广告主的广告目标是推销产品，其核心是要采用各种方式介绍、宣传产品的特点和优点，利用各种劝说内容和形式，诱导人们购买。例如：各种降价销售广告、抽奖广告等。

小贴士☞

李维斯牛仔裤成功运用国际广告策略，使其在70多个国家打开销路：在美国，广告突出李维斯牛仔裤是美国货，塑造充满神奇色彩的西部荒漠中的“西部牛仔”形象；在日本，广告主题是“英雄穿李维斯”，通过放映日本偶像影片片段，认识李维斯牛仔裤的日本人由35%增加到95%；在巴西，李维斯牛仔裤让时尚青年做广告，展示“疯狂一族”的品牌内涵；在澳大利亚，李维斯牛仔裤运用广告词“合身不紧身，一夜好逍遥”来突出品牌的特点……

想一想：李维斯牛仔裤采用了何种国际广告策略？李维斯牛仔裤采用的国际广告策略有何优点？

形象广告与产品广告并不是完全分开的。形象广告的最终目标也是推销企业的产品，获得更大的利润，而产品广告也必须考虑产品形象、企业形象的树立，绝不能与产品形象、企业形象背道而驰。

（二）国际广告的信息决策

广告信息决策就是根据广告目标设计广告内容，把企业的广告策略用艺术的、直观的、形象的方式表现出来。广告信息要具有鲜明的主题、独特的构思、简洁的语言、生动的形象。

1. 广告内容设计形式

广告内容的设计是一项较为复杂的工作，既要有科学性，又要有艺术性。广告设计者还必须将广告目标融于广告内容之中。广告目标是广告设计的指导思想，广告创意是广告目标的信息传递和体现形式。国际广告内容设计形式一般要注意以下几点：

（1）广告是以强调情感为主，还是以强调理性为主。以强调情感为主的广告称为情感诉求式广告，以强调理性为主的广告称为理性诉求式广告，两者的主要区别是诉求的方式和侧重点不同。大多数企业采用以其中一种诉求式广告为主、兼顾两者的策略。

（2）广告内容是以对比为主，还是以陈述为主。对比广告就是将本企业的产品与其他同类产品进行对比分析，以凸显本企业产品的独特之处。例如：生产洗发水的美国苏埃弗公司将本公司产品与宝洁公司、强生公司的洗发水进行对比，广告强调“他们的产品功能我们也具备，然而，我们产品的价格仅为他们产品的一半”这一主题，结果美国苏埃弗公司的洗发水在市场上占据了优势地位。

小贴士

20 世纪 70 年代，美国商人乔治·约翰逊（George Johnson）研制出一种特别适宜黑人使用的粉质化妆膏，但却苦于无法推向市场，因为当时的化妆品多为佛雷化妆品公司垄断。面对实力雄厚、竞争力强的佛雷化妆品公司，乔治·约翰逊经过深思熟虑，推出了这样一则广告：“当你用过佛雷化妆品公司的产品以后，再用一次约翰逊粉质膏，你将收到意想不到的效果！”

无独有偶，美国福特汽车公司有这样一则广告：“将一辆福特牌汽车和一辆价格为 22 000 美元的奔驰牌汽车并列在一起，也许有人会笑话我们。可是，多数人并不这样想，他们会各买一辆。”

想一想： 这两则广告属于什么广告？有何共同特点？

（3）广告内容是以正面叙述为主，还是以全面叙述为主。正面叙述是指在广告中只强调产品的优点；全面叙述是对产品进行全面宣传，既阐述优点，也不避讳缺点。如果广告受众文化素质高，可采用全面叙述广告；反之，则适宜采用以正面叙述为主的广告。

（4）广告主题长期不变，还是经常改变。从理论上讲，反复播放相同主题的广告可以加深受众的印象。如国内的保健品脑白金，其主题长期为“今年过节不收礼，收礼只收脑白金”，使得消费者送保健品时很容易想到脑白金。不过，一些产品广告长期重复播放，会使受众产生厌烦心理，产生一些不良的负面印象。因此，企业需要根据目标市场国营销环境的变化及时调整广告主题。

小贴士☞

某企业曾登出这样一则广告："这种手表走得不太准确，每24小时会慢24秒，请君购买时三思！"但消费者似乎不买账，手表销售量竟因这则广告扶摇直上。美国俄勒冈州的一家饭馆前竖起了这样一个大广告牌，上写："俄勒冈最差的食物！"该饭店的老板也直言不讳地说："我是一个最差劲的厨师。"可消费者并未被这"最差"二字吓跑，而是越来越多了，甚至连世界各地的游客也来这里凑热闹。

想一想：上述案例运用了哪些策略使广告取得成功？

2. 广告信息表达形式

常用的广告信息表达形式有以下几种：

（1）生活片段：以人们日常生活的情境显示正在使用广告产品。

（2）生活方式：强调广告产品符合人们的生活方式。

（3）想象：根据产品的特点和用途创造出能唤起人们美好联想的意境。

（4）人格化：用拟人的手法来展示产品人格化的特征。

（5）音乐：用音乐的形式来表达产品的性能、特色、荣誉等内容。

（6）科学证据：通过提供调查结果或科学证据，表明广告产品符合科学原理或优于其他同类产品。

（7）技术专长：表明本企业生产的产品所拥有的专长和经验。例如：某一保健品的广告宣传其是以高级人参为原料，通过现代化的生产线制造的高级滋补品。

（三）国际广告的媒体选择决策

广告媒体是广告信息传播的中介。在国际市场广告促销活动中，使用最多的广告媒体是报纸、杂志、广播、电视、网络五大媒体。前四种被称为传统媒体，而网络广告是随着互联网的发展而快速兴起的一种新广告形式。另外还有户外广告媒体，如广告牌、灯箱广告、车身广告等。世界各国的广告媒体类型基本相同，但又各有其特点，所以媒体的选择是国际广告中十分重要的问题。

小贴士☞

日本大阪新电机日本桥分店有个独特的广告妙术——每逢暴雨骤至之时，店员们马上把雨伞架放置在商店门口，每个伞架有30把雨伞，伞架上写着："亲爱的顾客，请自由取用，并请下次来店时带来，以利其他顾客。"未带雨伞的顾客顿时愁眉舒展，欣然取伞而去。当有人问及，如果顾客不将雨伞送回怎么办？经理回答说："这些雨伞都是廉价的，而且伞上都印有新电机的商标。因此，即使顾客不送回也没关系，就是当作广告也是值得的。这对商店来说，是惠而不费的美事。"

想一想：本例中的广告有何特点？其独到之处何在？

在选择广告媒体时，应着重考虑以下因素：

（1）产品的性质。

（2）消费者的媒体习性。

（3）媒体的可获得性。例如：阿曼、挪威、瑞典等国限制播放或没有商业性的电视、广播广告。

（4）媒体的覆盖面。

（5）媒体的费用。

（6）各国政府对媒体的管制。例如：比利时、挪威等国禁止播放国际电视、广播广告；瑞士规定广告播放时间每天不能超过15分钟。

小贴士

捷豹汽车曾携手美国艺电公司（EA）主打游戏《极品飞车》，依托《极品飞车》广泛的用户群，借助智能手机游戏平台，结合捷豹汽车品牌特点，在游戏中选取适当的时间、特定的位置进行捷豹品牌的广告弹出。用户通过点击游戏页面上的广告互动，就能试驾虚拟捷豹XKR，并在游戏体验中认识捷豹、感受捷豹，并最终爱上捷豹。

想一想： 捷豹汽车采用的是何种广告策略？

（四）国际广告的机构选择决策

这里所指的广告机构，就是许多国家的广告法中所说的广告经营者，即受委托提供广告设计、制作、代理服务的法人、其他经济组织或者个人。一般而言，广告主为推销商品或提供服务，自行设计、制作、发布广告的很少。在国际市场营销中，更普遍采取的是委托广告经营者，即广告代理机构代理的做法，因此广告代理商的选择是广告计划能否成功的最关键因素之一。

1. 广告代理商的类型

企业的广告代理商主要有三大类型：

（1）国际性广告代理商，如奥美、电通、麦肯·光明、智威汤逊、盛世长城等。

（2）目标市场国广告代理商。

（3）本国的国际广告公司。

2. 国际广告代理商的选择

如上所述，国际广告代理商有多种。实施国际广告委托代理业务时，应就如何选择代理商慎重考虑以下问题：

（1）广告主与广告代理商的广告理想是否一致。广告理想是指广告主与广告代理商在对待广告的原则与态度上是否相同，在创意上是否意气相投，在态度上是否诚恳，在人际关系上是否和谐。这些条件如果具备，就是国际广告踏上成功之路的第一步。要了解这些问题就必须与该广告代理商进行面谈，具体了解对方的观点和态度。

（2）广告代理商是否具备作业能力。作业能力包括设备、人力、创意、制作、实施和调查测定等。广告代理商的作业能力是广告代理商的根基，广告主付出费用所要求的就是这种能力。既可以通过目前的广告主，也可以通过广告媒体等其他方式来了解广告代理商的作业能力。

（3）广告代理商的经验与实绩如何。一个有口皆碑的广告代理商总是有其成功的实绩。但是，对广告代理商只从“名气”上了解是不够的，因为广告代理商虽能代理一切商品广告，但其也是有所专长的。因此，要知道代理商过去的客户是哪些领域的，对哪些行业比较熟悉，所经办的主要是哪些产品，广告公司的经验与业绩是否有利于本公司的广告代理活动。

（4）广告规模的大小。假如广告的项目多、要求高，便需要相当规模的广告代理商方能胜任；假如广告的项目较少、规模不大，那就不一定要找大型代理商。小代理商的重要客户可能胜于大代理商的一个附加小客户，小商品也不必做大广告。

（5）广告代理商是否具备一定资金能力。广告代理商资金薄弱有多种原因，可能是先天投资不足，也可能是后天的经营失调。不管是什么原因，代理商的规模很小，资金困难很大，也就难以向广告主提供良好的服务。因此，企业应当寻找那些有资金实力、善于经营的广告代理商做广告。

此外，企业还要了解代理商的收费标准和收费方式。委托代理商开展调查研究或代办某项服务，各企业的收费标准与方式是不相同的，必须事先调查和对比，择优选用。

小贴士

广告界有句名言：“用于广告上的钱肯定有一半打了水漂，但不清楚的是，到底哪一半打了水漂。”美国市场研究机构根据对近 300 种品牌广告的调查得出结论：广告开支的增加在超过半数的个案中并未使销售额上升。

想一想：你对此有何理解？

任务三 进行国际市场营业推广

任务概述

在国际市场上，营业推广是一种十分普遍的促销方式。它作为广告和人员推销的一种补充形式，一般服务于某种特定的短期市场目标。广告对消费者购买行为的营销往往是间接的，营业推广则能刺激消费者立即做出购买决定。根据导入案例，假设你是亚马逊的营销决策人员，针对中间商和消费者，可以分别推出哪些营业推广方式？

知识储备

一、国际市场营业推广的含义与特点

（一）国际市场营业推广的含义

营业推广即销售促进（Sales Promotion），是指旨在刺激消费者迅速购买和大量购买的各种短期促销活动。国际市场营业推广是国际市场营销企业为了刺激市场需求、扩大产品销售，在目标市场国采取的能迅速产生激励作用的促销措施，是针对国际目标市场上一定时期、一项任务，为了某种目标而采取的短期的、特殊的促销方法和措施，如为了打开产品出口的销路、刺激国际市场消费者购买、促销新产品、处理滞销产品、提高销售量、击败竞争对手等。

小贴士

宜家曾在豆瓣网举办"电影里的梦想空间"活动。网友只需要上传电影、电视、MV等影视作品中自己喜欢的空间装饰风格的截图到活动相册，并添加描述，分享它出自哪里以及喜欢的理由，就有可能获取幸运礼物。此外，网友还可以通过微博、SNS等互动平台分享自己展示的"梦想空间"，充分发挥不同平台的区位优势。短短一个月的时间内，豆瓣宜家小站访问量达5万多次，粉丝数增长到12 000人之多，活动参与度也非常高。

想一想：你赞同宜家的这种营业推广策略吗？请说出你的理由。

（二）国际市场营业推广的特点

（1）辅助性的促销方式。典型的营业推广不像广告、人员推销、公共关系那样作为一种常规性的促销活动出现，而往往是短期和额外的促销工作，一般不能单独使用，常常需要配合其他促销方式使用，以更好地发挥作用。

（2）短期促销效果显著。一般而言，只要选择合理的营业推广方式，就会很快收到明显的促销效果，而不像广告和公共关系那样需要一个较长的时期才能见效。

（3）灵活多样。营业推广可以针对不同的对象（包括消费者、中间商、推销人员）采用多种多样的促销方式，如赠送样品、赠券、价格折扣、红利提成、代销试销、订货会等。这些方式各有其长处和特点，可以根据需要灵活加以选择和运用。

小贴士

如果你有幸买到雀巢旗下的KitKat巧克力中的中奖产品，你无须做任何工作，奖金就会主动找上门来——在这个名为"We will find you"的活动中，雀巢公司在新出厂的6盒KitKat巧克力中放入GPS追踪器，一旦有人买到了其中的一盒，撕开包装后GPS装置便会启动，主办方便会在24小时内追踪到获奖者，然后亲自送上一张1万美元的支票。

除此之外，雀巢还在公共场所张贴了近3 000张印有二维码的宣传海报，人们只要用智能手机扫描一下二维码就可以登录到雀巢有奖活动的网址，将有机会获得2 000个10美元的小额奖金，并且查看还有多少个GPS巧克力没有被吃掉。

想一想：这种追踪获奖者和二维码互动的方式能起到什么作用？

（4）长期使用会降低消费者对产品的价值认知。营业推广的一些做法常会使消费者对产品的质量、价格产生怀疑。因此，企业在开展营业推广活动时，要注意选择恰当的方式和时机。

二、国际市场营业推广的对象、方式和作用

国际营业推广的对象包括消费者、中间商和推销人员。根据对象的不同，其推广的方式和作用也有区别。

（一）针对消费者的营业推广

针对消费者的营业推广，如样品试用、附送赠品、产品展示、降价促销、组合、捆绑式销售、趣味类促销、以旧换新等。其主要作用是鼓励现有的消费者购买更多，吸引未使用者试用，吸引竞争对手的消费者。

小贴士☞

美国西屋电器公司曾经开发了一种保护眼睛的白色灯泡。为了打开销路，该公司采取了免费赠送策略，两周后再派人到用户家中收集使用意见。在反馈意见中，86%的家庭主妇认为，这种灯泡比别的灯泡好，眼睛的感觉更舒服；78%的主妇认为，这种灯泡光线质地优良。于是，西屋电器公司以此作为实验性广告资料，将用户的评论意见公之于众，立即引起了消费者注意，西屋电器公司的白色灯泡一下子成为畅销品。

想一想： 西屋电器公司为什么采取免费赠送策略？免费赠送会对企业产品销售发挥何种作用？你认为免费赠送产品的方法有哪些？试列举。

（二）针对中间商的营业推广

针对中间商的营业推广，如价格折扣、推广补助、销售竞赛、合作广告、推销奖励、陈列资助、免费赠品、会展展销等。其主要作用是吸引中间商经销企业的产品，鼓励中间商大批量进货、提高库存水平；鼓励中间商购进并储存非季节性产品；抵消竞争对手的促销活动。

（三）针对推销人员的营业推广

针对推销人员的营业推广的主要方式是开展销售竞赛，另外还有发超额奖金、进行推销补助、给予提升机会、培训进修、旅游度假等。其主要作用是鼓励推销人员努力推销产品，寻找更多的潜在客户；鼓励推销人员广泛搜集市场信息；鼓励推销人员提供更佳的服务。

三、国际市场营业推广策略的制定

企业要制定一套良好的国际市场营业推广策略，不只是选择一种或几种推广方式，还要结合产品、市场等方面的情况，慎重确定营业推广的规模、推广对象的条件、推广的途径、推广的时机和期限、推广的目标等。在营业推广实施过程中和实施结束以后，企业还有必要不断地进行营业推广效果评价，以调整企业的营业推广策略。

（一）营业推广的规模

营业推广面并非越大越好，推广的规模必须适当。通常情况下，应选择单位推广费用

效率最高时的规模，若低于这个规模，营业推广不能充分发挥作用；若高于这个规模，或许会促使营业额上升，但其效益会递减。

（二）营业推广对象的条件

在国际市场上，营业推广对象既可以是任何人，也可以是部分人，通常是商品的购买者或消费者。但企业有时可以有意识地限制那些不可能成为长期顾客的人或购买量太少的人参加。

（三）营业推广的途径

企业在确定了上面两个问题以后，还要研究通过什么途径向国际市场的消费者开展营业推广。营业推广的途径不同，推广费用和效益也不一样，企业必须结合自身内部条件、市场状况、竞争动态、消费者需求动机和购买动机等进行综合分析，选择最有利的营业推广途径。

（四）营业推广的时机和期限

不同的商品，在不同的市场、不同的条件下，营业推广的时机是不同的。市场竞争激烈的产品、质量差异不大的同类产品、老产品、刚进入国际市场的产品、滞销产品等，多在销售淡季或其他特殊条件下运用营业推广策略。至于推广期限，企业应根据消费的季节性、产品的供求状况及其在国际市场的生命周期、商业习惯等确定。

（五）营业推广的目标

推广目标主要是指企业开展营业推广所要达到的目的和期望。推广目标必须依据企业的国际市场营销战略和促销策略来制定。营业推广的目标不同，其推广方式、推广期限等都不一样。

四、影响国际市场营业推广的因素

企业在国际市场采用营业推广这一促销手段时，应特别注意不同国家或地区政府对营业推广活动的限制、经销商的合作态度及当地市场的竞争程度等因素的影响。

（一）当地政府的限制

许多国家或地区政府对营业推广方式在当地市场上的应用加以限制。例如：有的国家或地区规定，企业在当地市场上进行营业推广活动要事先征得政府有关部门的同意；有的国家或地区则限制企业营业推广活动的规模；有的国家或地区对营业推广的形式进行限制，规定赠送的物品必须与推销的商品有关。

小贴士

美国的宾夕法尼亚州有一个小餐厅只售卖与美国有冲突国家的风味美食，每半年变换一次菜单和店面，每次都与冲突国家的著名餐厅合作。随着主题国家的转变，餐厅还组织与该国文化政治相关的活动或演出，为国际冲突的讨论提供了平台。

想一想：该餐厅这样做的目的是什么？会产生何种效果？

（二）经销商的合作态度

企业国际市场营业推广活动的成功，需要得到当地经销商或者中间商的支持与协助。

例如：由经销商代为分发赠品或优惠券；由零售商来负责交易处理，进行现场示范或者商店陈列等。对于那些零售商数量多、规模小的国家或地区，企业在当地市场的营业推广活动要想得到零售商的有效支持与合作，就要困难多了，因为零售商数量多，分布散，不容易联系，商场规模小，无法提供必要的营业面积或者示范表演场地，加上营业推广经验缺乏，所以难以收到满意的促销效果。

（三）当地市场的竞争程度

当地市场的竞争程度及竞争对手在促销方面的动向或措施，将会直接影响企业的营业推广活动。例如：竞争对手推出新的促销举措来吸引消费者以争夺市场，企业若不采取相应的对策，就有失去消费者而丧失市场的危险；同样地，企业在国际目标市场的营业推广活动也可能遭到当地竞争对手的反对或阻挠，甚至会通过当地商会或政府部门利用法律或法规的形式来加以禁止。

小贴士☞

有一年，为庆祝中国农历新年，麦当劳在全亚洲同时推出了“招财进宝”新年新品推广活动，与全亚洲的消费者共同庆祝“春节”这个华人最盛大的传统节日。“招财进宝”推广活动在北亚和东南亚的9个市场展开。麦当劳遍布中国、泰国、菲律宾、新加坡、马来西亚、韩国和印度尼西亚的多家餐厅也各自在当地开展相关活动。

想一想： 麦当劳的全亚洲新品推广活动会成功吗？为什么？

任务四 开展国际公共关系活动

任务概述

企业和产品的知名度、信誉和形象对于一个企业的生存和发展至关重要。良好的公共关系可以提高企业的知名度和在国际公众中建立良好的信誉。只有企业公共关系状况良好、形象优秀，企业的产品才能畅销不衰。试分析导入案例中亚马逊进入国际目标市场应如何开展国际公共关系活动。

知识储备

一、国际公共关系概述

（一）国际公共关系的概念

公共关系（Public Relations，PR），简称公关，是指一个企业为了增进公众对自身的信任和支持，树立良好的声誉和形象而采取的各种活动和策略。其基本目标是在公众中树立良好的形象，谋求公众对企业的理解、信任、好感和合作，并获得共同的利益。良好的公共关系可以保证企业经营的稳定性和较强的凝聚力，提高企业的销售业绩。开展公共关系活动是企业营销活动中必不可少的重要环节。公共关系被称为“塑造企业形象的艺术”，其实质是一种促销手段，其最终目的是促进和提高企业的产品销售。

（1）公共关系由三大要素构成，即主体、客体和主要手段。主体是各类社会组织，客体是与各社会组织密切相关的各种社会公众，主要手段是双向信息沟通。

（2）公共关系是一种管理职能，是一种有计划、有目的的活动。

（3）公共关系的直接目标是建立和完善各种社会关系，塑造本组织的良好形象。

小贴士

20世纪50年代，法国某白兰地公司把名酒白兰地打入美国市场时，并没有采用常规的推销手段进行宣传，而是在美国总统艾森豪威尔67岁寿辰之际，赠送其窖藏69年之久的白兰地酒作为贺礼，并特邀法国著名艺术家设计制作专用酒桶。该公司将这一消息通过各种新闻媒介传播给美国大众并进行了连续报道。这些报道吸引了千百万人，成为华盛顿市民的热议话题。当贺礼由专机送到美国时，华盛顿竟出现了万人围观的罕见现象。关于“名酒驾到”的新闻报道、专题特写挤满了当天各报版面。法国白兰地就在这种氛围中“昂首阔步”走上了美国国宴和市民餐桌。

想一想：法国白兰地如何巧妙利用国际公关策划成功打入美国市场？

国际公共关系是企业在国际市场上的公共关系的应用，主要是指企业要树立自身在国外的良好印象。公共关系是国际市场营销活动中必不可少的促销手段，也是企业在国际竞争中取胜的重要策略之一。企业跨越国界进行营销活动，目标市场国政府和公众对企业的接纳在一定意义上决定了企业产品的出路。只有通过有效的公关策略配合其他促销方式，及时克服国际经营中的文化及其他障碍，才能最终实现占领国际市场的目的。

（二）国际公共关系的作用

具体而言，公共关系在国际营销活动中的作用主要表现在三个方面：

（1）沟通信息。这是指在国际市场上，通过一系列公关活动，利用各种传媒，通过信息的传播与沟通，来弥补目标公众由于社会文化环境的差异等因素造成的对企业的陌生感，促进双方的相互了解。

（2）提升企业形象。这是指在国际市场上，通过一系列公关活动，在扩大企业知名度、提高企业美誉度的同时，逐步塑造公众认可的企业形象，使企业品牌成为国际著名品牌。

小贴士

古代有个卖酒的人，酿制的酒香味醇厚，做生意诚实公平，待客殷勤周到，店外的酒旗迎风招展，可酒就是卖不出去。时间一长，酒都变质了。卖酒的人很是不解，就去请教邻里的一位长者。这位长者告诉他：“你养的那条狗太凶猛了，人们害怕被狗咬，谁还敢来买你的酒。”

想一想：提升企业形象应注意哪些方面？其对企业营销有哪些影响？

（3）发展关系。在国际市场上，企业通过一系列的公关活动，一方面能够取得包括目标市场国政府、组织、公众的好感，消除误会，排除矛盾，以减少公众对企业的抵触情绪，促进各方面关系和谐发展；另一方面，既可以使分散在世界各地的子公司间增强沟通，也可以使来自不同社会文化背景的员工同心协力，增强企业的凝聚力。

小贴士

亚马逊在公共关系方面所做的工作有：一是处理好企业和公众的关系，如设有专门的礼品页面为网上购物的用户提供小礼品；二是做好企业和公众的消息沟通，如虚心听取、搜集各类公众以及有关中间商对企业和其商品、服务的反馈，并向他们和企业的内部职工提供企业的情况，经常沟通信息；三是专门为首次上该网站的用户开设一个页面，提供各种网上使用办法的说明，帮助用户尽快熟悉。

想一想：你是否认同亚马逊的以上做法？请说明理由。你还有哪些切实可行、有效的建议？

二、国际公共关系活动的开展

（一）公共关系原则

每个国家或地区都有其独特的社会环境、生活习惯和消费标准，都是一个独特的市场。开展国际公共关系工作必须坚持以下几项原则：

1. 加强调查研究，增强针对性

承担开展国际公共关系任务的组织，要全面深入地了解自己将要与之交往的外国公众的情况，包括他们的需求，对本国所持的态度，其社会、经济、政治、文化状况及风俗习惯等。

2. 善于运用国外公众经常接触的新闻传播媒介

当今世界各国，尤其是发达国家的公众，主要是通过新闻传播媒介获取信息，了解国内外情况的信息。

（1）要了解目标市场国的新闻传播媒介的基本情况，如主要的刊物、广播、电视、出版商、知名记者、编辑、政府管理机构、有关法律规定、广告收费标准等。

（2）在选择新闻媒介进行广告宣传、提供新闻资料和邀请记者采访时，既要考虑新闻媒介的视听对象、发行范围和信誉程度，也要结合企业本身的形象和产品、服务的范围来加以确定。

（3）无论企业在国外传播何种信息，都要注意运用当地的语言，适应当地的风俗和文化背景，尽量能够为当地所接受。绝不能触犯当地约定俗成的政治、宗教、文化等方面的禁忌，避免引起当地公众的反感，防止弄巧成拙，得不偿失。

（4）加强和目标市场国的公众代表、社会知名人士和公共关系机构的联系。

（二）国际公共关系活动的内容

1. 企业内部的国际公共关系活动

（1）做好企业国际市场营销人员的工作，调动其工作的主动性、积极性和创造性，以实现国际营销目标。

（2）理顺与其他机构、员工的关系，使其理解国际营销的重要性，支持国际市场营销人员的工作。

2. 企业本土国的国际公共关系活动

企业开展国际营销活动，会直接或间接地受到企业本土国有关政府机构、商业和民间组织、其他公众的影响和制约。

3. 目标市场国的国际公共关系活动

对国外市场的目标公众开展的公共关系活动，是国际营销公关中最为重要的部分。

小贴士☞

一群商务精英集聚敦煌，组成了两支勇敢者队伍，每队携带一部飞利浦手机作为唯一的通信工具和摄影工具，开始了为期六天的“商务精英野外生存挑战赛”。之后，类似的活动又在新疆北部的喀纳斯举行。

想一想：飞利浦的这一营销策划用意何在？会产生什么效果？

（三）国际公共关系的活动方式

1. 事件策划

国际营销公关人员的一项重要任务是发现和创造对企业及其产品或人员有利的新闻。企业对一些特殊事件进行策划与宣传，借以制造新闻，以引起目标市场国公众与消费者对企业的广泛关注，增进彼此之间的了解，提升企业及其产品形象。如安踏在成为2022北京冬奥会官方合作伙伴后利用报纸、电视、网络对此事件进行了详细的报道，对企业形象的建立起到了良好的推动作用。

2. 公益服务活动

很多企业热心赞助目标市场国的社会公益事业，如“希望工程”“烛光工程”“阳光工程”等，这些活动往往成为社会的热点事件，引起各种媒体的广泛和深入讨论，有利于企业树立热心公益的形象。

3. 演讲和游说

演讲和游说是提升企业及其产品知名度的另一种手段。这是演讲者在特定的情境中，面对广大听众发表意见，抒发情感，从而达到感召听众的一种营销活动。李・艾柯卡（Lee Iacocca）在众多的听众面前具有超人魅力的演讲，大大推动了克莱斯勒汽车的销售。搜狐的总裁张朝阳利用到各地进行演讲的机会和公众进行广泛接触，对搜狐年轻、富有朝气的企业形象的树立起到了很大的帮助。

4. 社会理念营销

企业国际市场营销活动不仅要满足企业利益和消费者需求，而且要兼顾社会的长远发展。例如：一些企业刊登公益广告呼吁保护野生动物、减少环境污染等，并积极采取一些实际行动，都是企业社会理念在国际市场营销中的体现。通过这种形式，企业不仅能达到社会营销目标，还有利于维持自身的良好形象。

5. 开展联谊活动

为消除误解，或增进了解，培养感情，企业既可邀请特定的公众代表对企业进行考察，利用这个机会获取公众的理解和支持；也可安排一些特殊活动来吸引公众对公司及其产品的注意，如召开研讨会、展览会、举办周年庆祝活动、有奖比赛等。

6. 建立企业识别系统（CIS）

在高度发达的社会里，企业要想获得公众的广泛关注，就需要建立一个公众能够快速认知的企业识别系统，并将识别标志广泛应用于企业的经营活动中，借此传递企业的经营理念，促使社会公众对企业产生一种的认同感。

小贴士

菲利普·科特勒（Philip Kotler）以“PENCILS”（铅笔）的比喻，形象地提出了公共关系所涉及的七个领域：

（1）P（Publication）——出版物。

（2）E（Event）——事件。

（3）N（News）——新闻。

（4）C（Community Relation）——社区关系。

（5）I（Identify Media）——确定媒体。

（6）L（Lobby）——游说。

（7）S（Social Cause Marketing）——社会事业营销。

想一想：这七个领域分别具体指什么？

（四）国际营销公关策略

在实际的营销工作中，企业须根据不同时期具体的条件，确定公关策略。

1. 导入型公关策略

导入型公关策略适用于企业初建时期或新产品投入期。此阶段开展公关活动的主要目的是尽快提高企业和产品的知名度，形成目标市场公众对企业和产品良好的第一印象。公关工作的重点在于宣传、沟通，向公众介绍企业及其产品或服务，使公众对企业、企业的新产品或服务有所认识，引起兴趣，并争取尽可能多的公众信任、支持企业和产品。导入型公关一般可借助开业庆典、开业广告、新产品展销、新服务介绍、免费试用、免费招待参观、赠送宣传品、折价酬宾、社区活动等形式来进行。

2. 稳定型公关策略

稳定型公关策略的目的在于与公众保持长期的、稳定的、良好的相互关系。具体的实施策略有以下几种：

（1）通过优惠服务和感情联络来维系与公众的关系。企业通过提供各种优惠服务吸引目标公众的再合作，如对购买企业产品超过一定数量者免费赠送一定价值的礼品或服务等。这种做法适用于已经建立了业务往来的组织和个人。

（2）保持企业和产品一定的提及率。例如：定期广告、组织报道、提供新闻等方式可以使公众不致淡忘企业。这种做法不是直接宣传企业、促销产品，而是以低姿态的宣传为主，公众在不知不觉中了解了企业的情况，有利于加深其对企业及其产品的印象。

（3）参与或组织一些影响较大的公关宣传或活动，如捐资助学、资助文体活动和社会公益活动等，进一步强化企业的良好形象，更好地维系与公众的关系。

在实际操作中，企业既可以单独采用一种方法，也可以将不同方法加以组合运用。例如：可以通过某一公关活动，提高企业形象；通过报道，向公众宣传企业和产品；通过优惠服务，使公众得到实惠；从自身利益需要出发去主动维持与其他组织的关系等。

小贴士

2001 年 7 月 13 日，萨马兰奇一宣布北京为 2008 年奥运会举办城市，可口可乐北京分公司就立即开工生产特别纪念金罐装的可口可乐。该产品很快就在北京许多超市出现。该罐以代表喜庆的金、红两色为主调，加上长城、天坛等北京标志建筑以及各种运动画面。此外，罐身图案的上端印有“为奥运牵手，为中国喝彩”等字样，下端则强调其“从 1928 年起即为奥运会全球合作伙伴”的光荣历史。纪念金罐装可口可乐限量 3 万箱，共 72 万罐，由于其具有很高的纪念意义和收藏价值，上市几天内就被一抢而空。

想一想：可口可乐采用的是何种公关策略？效果如何？

3. 冲突型公关策略

冲突型公关策略也称危机公关策略。当企业与公众、企业与环境之间发生摩擦或冲突事件，进而影响企业经营或品牌声誉时，为挽回不利影响或提升自身形象，企业必须考虑采取一定的冲突型公关策略加以应对。国外最新研究表明，如果企业未预先制定完善的公关战略，并且未在危机的最初阶段对其态势加以控制的话，危机造成的连锁反应将是一个加速发展的过程——从初始的经济损失，直至苦心经营的品牌形象和企业信誉毁于一旦。

三、危机公关

（一）危机公关的含义

企业在跨国经营中，随时可能出现一些意外情况，和企业的目标或利益产生冲突。遇到这种情况时，企业就要善用公共关系，加强与目标市场国政府的联系，了解其意图，懂得其法律，处理好突发的事件，协调好和目标市场国以及目标市场消费者的关系，以求得企业经营活动的长期发展。

当企业与公众、企业与环境之间发生摩擦或冲突事件，进而影响企业经营或品牌声誉时，为挽回不利影响，企业必须考虑采取一定的策略加以应对。

（二）危机公关的策略

危机公关的策略有以下四种：

（1）创新。企业可以开拓新的领域，改变对旧的环境的依赖。例如：采取开发新产品、开拓新市场、组建新的合作关系等方式，吸引新的消费者群体，从而摆脱不利因素的影响。

（2）合作。企业可以主动交朋友，加入同业协会或举办协作性的交流会议，减少与竞争对手的冲突、摩擦。

（3）转移。为避免环境中的消极因素给企业带来的不利影响，企业可以采取迂回策略，转移公众的注意力。

（4）矫正。当冲突或危机的出现对企业和产品形象造成损害时，企业应及时发现问题、纠正错误、改善不良形象，如用实际行动或通过自我批评或借助权威等来矫正形象。

小贴士

2000 年 11 月 15 日，国家药品监督管理局发布了《关于暂停使用和销售含苯丙醇胺的药品制剂的通告》。通知要求，国内药品生产销售企业暂停生产销售含有苯丙醇胺（PPA）的药品制剂。该通知使国内多个感冒药生产厂家受到影响，中美史克公司首当其冲。面对突发的危机，中美史克公司处变不惊、有条不紊地采取积极措施解决问题，针对不同公关对象采取不同举措。

想一想：中美史克公司该如何进行危机公关？

思考练习

一、简述题

1. 试比较人员推销、广告、营业推广、公共关系活动四种促销方式的特点。

2. 联系实际说明促销手段在诱导消费方面发挥的作用。它与“过分推销”有何区别？

3. 国际广告的主要形式有哪些？

4. 国际营业推广策略包括哪些内容？

5. 国际公共关系活动方式有哪些？我们应该如何策划活动内容？

小试牛刀八

趣味阅读八

二、案例讨论

阿里巴巴国际站发布 B2B 品牌出海方法论

阿里巴巴国际交易市场是阿里巴巴集团最先创立的业务，是领先的全球批发贸易平台。阿里巴巴国际交易市场上的买家来自全球 200 多个国家和地区，一般是从事进出口业务的贸易代理商、批发商、零售商、制造商及中小企业。阿里巴巴国际交易市场同时向其会员及其他中小企业提供通关、退税、贸易融资和物流等进出口供应链服务。

全球贸易新形势下，海外采购需求发生新变化，中国外贸高质量发展面临重要窗口期。为了帮助国内外贸商家增强全球批发采购领域的品牌影响力，2022 年 12 月，阿里巴巴国际站首次发布了中国 B2B 品牌出海方法论，着力整合全站资源，重点扶持一批有竞争力的优质供给，量身定制一整套品牌出海解决方案，孵化出 100 个 B 类跨境标杆品牌。

近年来，中国外贸总体规模不断扩大，贸易质量稳步提升，不断从外贸大国向外贸强国迈进。在出海浪潮下，越来越多的中国商家加速从“中国制造”到“中国品牌”的转型。早在 2020 年，中国机械设备出口首次超过德国，位居世界第一。国产激光切割机械也打破海外垄断，逐步建立国产激光品牌影响力。

阿里巴巴国际站 B2B 品牌出海方法论认为，B2B 品牌建设的核心在于产品力和服务力，做好这两点，中小企业也有机会出海创牌。近几年，阿里巴巴国际站上涌现出许多优秀的中小企业品牌出海标杆案例。例如：新特丽是广东中山的一家灯饰公司，以产品力见长，拥有多项中国及欧美专利；ADO 是一家做品牌出海的电动自行车商家，靠服务力取胜，精准差异化切入欧洲市场的同时，深度打造了本地市场售后服务体系，目前业务范围已覆盖欧盟主要国家，出口额破亿。

面向海外建立中国 B2B 品牌，是中国外贸高质量出海转型的标志，也是以阿里巴巴国际站为首的数字化平台的使命。阿里巴巴国际站通过领先的数字化能力在产品力、服务力等方面对 B2B 品牌出海进行全方位赋能，助力企业在全世界讲好中国品牌故事。

阿里巴巴国际站认为，B2B 品牌出海，应注重品牌思维、本土化思维以及合规化思维。企业应从流量视角迈入经营视角，不断累积品牌资产。本土化思维，即品牌应根植本土，善用数字化的方式把握趋势与本土洞察，夯实本土化产品力与服务力。此外，品牌走向全球要有严格的底线思维，加强合规建设。

受地缘冲突、物流波动、海外合规趋严等因素影响，全球贸易面临诸多不确定性挑战。阿里巴巴国际站升级全流程一站式出海解决方案，先后推出数字化混展、真人视频接待、数字化物流、跨境收付款等一揽子新产品新服务，帮助中小商家接得到单、发得出货、收得到款，把“数字化出海口”开在商家家门口，通过更加确定性的体验增强中国外贸品牌竞争力。未来，阿里巴巴国际站将整合这些产品和服务，为平台上优质商家量身定制一整套 B2B 品牌解决方案，加速孵化一批具有全球影响力的中国 B2B 品牌。

资料来源：国际站首次发布 B2B 品牌出海方法论：明年先打 100 个样［EB/OL］. 阿里巴巴国际站 .

试讨论：

（1）试析阿里巴巴国际站 B2B 品牌出海方法论。

（2）品牌出海对中小型外贸企业高质量发展发挥了哪些作用？试举例说明。

三、拓展训练

1. 我国家电生产企业格力集团生产的格力空调除了在国内市场销售，也在不断打开国际市场。现该企业决定在“一带一路”沿线国家加大宣传力度。如果你是格力集团的营销总监，你将采用哪些促销策略来加强宣传？

2. 寻找 1～2 个企业的广告、公关促销案例，运用本情境所学策略进行分析评价。

学习情境九　实施数字营销

国货出海九

一睹为快九

学习目标

【知识目标】

■ 掌握新媒体行业的基本知识；了解各种数字营销方式；熟悉各种数字营销策略。

【能力目标】

■ 具备一定的新媒体图文编辑与短视频制作推广等操作技能，能够结合实际为企业选择合适的数字营销方式，并制定合理的数字营销推广方案。

【素养目标】

■ 国际市场营销人员应当具备开拓创新的数字营销理念，树立正确的数字营销观，了解数字营销的社会主流价值理念及相关法律知识，具有一定的数字信息安全素养，具备爱岗敬业、精益求精的工匠精神。

导入案例

“双十一”购物狂欢节：电商界的造节神话

自2009年阿里巴巴首创淘宝“双十一”购物狂欢节以来，每年的“双十一”已经成为名副其实的全民购物的盛大节日。2009年“双十一”有27个品牌参加，销售额5 200万元。2010年“双十一”销售额达到9.36亿元，同比增长1 772%；2016年销售额突破千亿元大关，达到1 207亿元；2021年销售额在5 403亿元；2023年“双十一”，淘宝和天猫的总销售额达到4 013亿元。据第三方数据统计机构星图数据发布的数据显示：2023年“双十一”全网累计成交额达11 386亿元，同比增长2.1%；综合电商平台销售总额为2 777亿元，其中天猫渠道占比最高，为60.02%，京东为27.86%，拼多多为7.34%，其他渠道为4.77%。这些成绩标志着阿里巴巴的“双十一”依然是全球最大的线上购物狂欢节之一。阿里巴巴“双十一”巨大的交易额得益于其卓越的营销策略。

1. 广告全面覆盖

“双十一”的成功与阿里巴巴的广告宣传是分不开的。每年“双十一”到来的前一个月，天猫就开始进行广告宣传，“双十一”的优惠信息在各大社交媒体上不断跳动刷新，公交站牌、地铁站等户外媒体也纷纷换上了“双十一”的宣传海报，不断唤醒和加深消费者对“双十一”的认识，使之成为购物狂欢节中的一员。

2. 微博互动营销

微博作为一个有效的双向沟通平台，特别适合品牌与消费者进行互动，从而增加营销内容到达率和转化率。从2015年10月20日开始，天猫专门进行“双十一”活动宣传推广，效果十分显著。天猫准确把握微博的平台特性，将粉丝经济和购物节绑定，关注消费者的主体性和群体性，进行互动营销。不仅满足了消费者的表达欲，提高其参与度，而且由明星、“网红”等共同组成的“卖手天团”更是激发了消费者的购买欲。

2018年，天猫在微博上发起“十年一转眼”的话题，邀请了影视、文化、体育等多个领域的明星，由他们讲述自身十年来的变化和坚持的故事，以此来呼应2018年天猫“双十一”10周年的广告口号——“精彩，才刚刚开始”。多位明星的十年故事更是换来了粉丝的应援。在明星矩阵和社交裂变的共同影响下，活动上线5天便吸引了近千万消费者参与，晒出超过150万张十年对比照。

3. “明星+晚会”直播模式

2015年，天猫首次举行“双十一”晚会直播，邀请了众多国内外高知名度的明星，获得了极高的收视率和关注度。晚会强化互动体验，从“摇一摇”抢红包变成“一块摇”“一元购”，与观众全场互动。“明星+晚会”的直播模式，巧借电视和网络的传播力度，让线上线下百万人共同参与活动，进一步强化了“双十一”购物狂欢节品牌。

4. 分层运营，消费者为先

电商是个多边市场，平台、消费者和商家本就是不可分割的整体。当流量时代切换至“留”量时代，平台要如何服务好目前已经体量庞大的存量消费者，是商家长效经营的关键。价格力被认为是“消费者为先”战略的直接体现。现在，消费者消费变得理性化，更加注重“高性价比”。2023年天猫“双十一”对价格力的强调更加鲜明，在跨店满减的基础上，首次大规模推出“官方立减”频道和“天天低价”频道，8 000万商品实现全年最低价。价格力既刺激了消费者的购买热情，也驱动了商家生意规模的显著扩大。

值得指出的是，天猫认为，“低价”不是“廉价”，而是在价格和价值之间找到一个平衡，在每一条价格带都为消费者争取最好的价格。以手机为例，有些消费者肯定会希望在平台上买到同型号下最便宜的手机，针对这种消费需求，天猫会通过各种营销活动，满足消费者的心愿。但还有一些消费者追求的是华为手机、潮鞋、手办等尖货，甚至愿意为此支付溢价。针对这些消费需求，天猫要做的就是加强与品牌的合作，让其他平台可能需要加价买的尖货，能在天猫原价发售。平台上拥有众多品牌商家，而每个品牌在平台上都拥有众多消费者，这些消费者需求各不相同。针对不同的消费者需求，淘宝天猫采取了分层运营的策略，有的是价格直降，有的是满减，保证每个消费者都能在天猫“双十一”拿到最期待的性价比最高的商品。

5. 销售多元化

2023年的“双十一”，销售平台和方式多元化，线上与线下实体结合、即时零售；综合电商趋缓，直播电商等新兴类平台增势较快。“双十一”逐渐从单纯的线上延伸至线下各大零售场景，主打本地化差异服务。营销方式更注重满足即时体验感，线下实体店凭借场景体验优势吸引大量客流，线上店以最快速度送货到家。线上线下联动，打出一套“线上+线下”组合拳，满足了消费者对购物优惠和配送时效性的双高要求。

如今的“双十一”大促，随着平台和商家出海的脚步，也逐渐辐射到全球，世界各地的消费者在“双十一”期间的购物热情和支出也在不断提高。公开资料显示，法国市场举办的首次海外“双十一”万人猫晚，全媒体曝光突破13亿。在沙特市场，“双十一”首日中东客单价更是高居全站第一。“双十一”销售数据的增长折射出海外消费者涌动的消费活力，如何长期稳定打开海外市场，拥有渠道建设能力与定价权，则具有更加深远的意义。

资料来源：阳翼．数字营销［M］．3版．北京：中国人民大学出版社，2022.

请思考：

“双十一”成功的原因是什么？如何利用“双十一”促销活动去开拓海外市场？

任务一　认识数字营销

任务概述

我们身处一个技术飞速进步、经济快速发展的时代，每隔一段时间，就有新名词来描述这些新的变化，帮助我们理解正在发生的变革和未来可能的趋势。5G、大数据、人工智能、虚拟现实（Virtual Reality，VR）、增强现实（Augmented Reality，AR）等新技术的广泛应用，为数字营销行业带来了革命性的变化，各种新颖的数字营销工具、方法和策略不断涌现，成功的实战案例层出不穷，政府、企业、消费者和整个社会又该如何适应营销方式的变化呢？

众所周知，随着智能手机等数字设备的逐渐普及，消费者在数字媒体上花费的时间日益增加。对于以消费者为中心的现代营销而言，“消费者在哪里，营销就要到哪里”的基本原则始终未变。为了更好地接触和影响消费者。企业需要充分研究消费者使用数字媒体的习惯以及数字营销的各种工具和策略，加大在数字营销领域的投入力度。

知识储备

20 世纪 90 年代中期以来，随着互联网的广泛应用，数字科技在突破传统技术的基础上创造出庞大的数字媒体渠道，消费者的生活方式也发生了巨大的变化。传统的营销模式已跟不上时代的步伐，适用于互联网时代的数字营销应运而生、快速发展并逐渐走向成熟。

一、数字营销的概念

数字营销理论的发展与互联网的商业化应用基本同步，最早可追溯到 1994 年乔比（Giobbe）发表的《数字时代的营销计划》。此文指出，虽然彼时“信息高速公路尚未完全建好，但报纸等媒体应该做好拥抱互联网的计划，因为数字时代迟早要到来”。加拿大的比尔·毕晓普（Bill Bishop）在 1995 年发表的《数字营销从战略规划开始》一文中使用了“数字营销”的概念，并讨论了互联网时代数字营销的兴起以及数字营销成功的十大策略。从此以后，数字技术日新月异，数字营销工具更是层出不穷，数字营销的研究也在不断发展。经过约四分之一个世纪的推进，数字营销理论的“大厦”已经颇具规模。

随着时代的变迁和技术的发展，数字营销的内涵和外延也在不断更新。本书对数字营销的定义是：借助互联网络、计算机通信技术，通过数字交互式媒体推广产品和服务，实现营销目标的一种营销方式。这是一种可以实现营销精准化，营销效果可量化、数据化的高层次营销活动，主要包括社会化媒体营销、移动营销、短视频营销、直播营销、搜索引擎营销、电子商务营销等。

二、数字营销的特点

数字技术的强大驱动力推动产品、价格、渠道、市场、企业自身以及媒介组织形式等方面的更新和迭代，促进各种形态的数字媒体的产生。在此背景下，媒介从传统媒体走向数字媒体，渠道由线下转为线上成为总体趋势，并形成了以精准化、个性化、定制化为特征的数字营销。作为数字时代的一种独特的营销方式，数字营销拥有营销技术化、深度互动性、目标精准性、平台多样性、服务个性化与定制化、重实效及转化率等特点。

（一）营销技术化

营销技术化的演进几乎重构了整个营销体系。从云原生、大数据到人工智能和区块链，营销技术正在不断地向前发展。随着人工智能、AR、VR、物联网、大数据等技术的成熟，部分领先的营销企业已经开始应用这些数字技术提升用户的体验，并降低运营成本。例如，在实体店内部署人工智能设备，结合摄像头、智能货架、移动支付等手段，店铺可以对用户的外貌特征、产品偏好、情绪变化、消费记录等信息进行汇总，实现线下流量的数据化。苏宁的无人快递车“卧龙一号”、小米的智能音箱“小爱”等正是数字技术的产物。

从人工智能到新零售，数字技术在驱动消费变革的同时，也在驱动品牌营销的升级，形成了技术与营销逐渐融合的新局面。利用大数据来“读懂”每个用户的需求，企业能够进行更精准的个性化营销，更好地提升消费者体验。

（二）深度互动性

互动性是数字营销的本质特征。在数字技术的推动下，绝大部分数字媒体都具有互动的功能，信息在其中沟通交互，使用户能够拥有双向或多向的信息传播渠道。在这里，互动与传统传播模式中的反馈有一定差别，它是存在于信息传播过程中的一种特性，互动双方通过媒介完成信息的传达后，用户不仅用信息反馈的方式做出回应，而且在此基础上完成与传播者之间的信息交流。传播模式由直线模式转变为循环互动模式，使创意、营销与传播协同一体化。用户在拥有更多权利的情况下，可以完成从信息的搜集、参与互动到购买、反馈的一系列行为。

（三）目标精准性

随着技术的发展，数字营销背景下的互联网个性化传播特征明显，从传统的大众化“一对多”广播式传播到如今的通过媒介属性定位消费者特征传播，以及通过消费者属性定位目标受众传播；从传统的注重渠道曝光的营销模式到如今的以用户需求为核心的营销模式，企业正通过多维数据驱动形成精准营销，并在场景化、电商化的背景下，形成完整的营销闭环系统。目前，众多营销平台借助专业大数据分析技术，通过对渠道的投入产出比进行数据分析，再依据不同品牌的推广需求，对渠道进行再评估及整合优化，实现最大限度的精准营销。

精准营销的核心是用户画像，而用户画像的核心是标签。那么，标签是什么呢？具体来讲，某些用户喜欢健身，他的标签就是“喜欢健身”；某些用户穿的是修身的衣服，他的标签就是“修身”。若系统为某个用户贴上了这个标签，那么等他下次来的时候，系统就会为他推送这类产品，如健身器材、修身的衣服。这里所说的标签来自大量用户的基本数据，主要包括用户数据、消费数据、商品数据、行为数据和客服数据等，任何和用户有关系的数据都可以作为数据源。数据源可能会涉及数据交换，即从其他网站等渠道通过一定方法拿到需要的数据。数据管理平台得到用户基本数据后，就要做标签的管理，包括定义、编辑、审核、查询以及对应的分析工作，在此基础上再建立各种模型，包括用户购买力模型、群体画像模型、购买兴趣模型、促销敏感度模型等。通过系列模型得出的结果就是用户的标签，包括品类偏好、品牌偏好、促销偏好、价格偏好等。

近年来，大数据及人工智能技术使数字营销的作用发挥得淋漓尽致。依托为行业垂直深度定制的标签体系及大数据推荐算法，智能匹配系统完全可以通过营销端、客户端的用户画像和人工智能推荐算法，共同提炼一个包含用户心理、品牌、产品、媒体渠道等多种维度的创新型 IP 标签库，并进行动态交叉匹配，以进行最合理的资源匹配及制定传播策略。

（四）平台多样性

随着消费需求的迭代升级，消费者看中的不再仅仅是产品本身，还包括其背后的情感化满足与个性化匹配。数字时代，数字营销的渠道和平台逐渐多样化，除了传统的网站、App、微博、微信等社交媒体，还有迅速走红的移动直播平台、短视频等。移动互联网的崛起，使得媒体进入了社交化时代。人人都是内容生产者，任何一个移动终端都可以成为传播渠道，而微信、微博、今日头条、抖音、快手等各种移动化应用成为用户交流消费信息的平台。媒介融合的生态环境下，数字化信息的承载与表达呈现多样化的特征，话语权的下放推动“人人都是自媒体”时代的来临。

（五）服务个性化与定制化

服务个性化与定制化是伴随网络、电子商务、信息等现代数字技术的发展而兴起的数字营销特征。随着市场环境与用户需求的变化，个性化消费、品牌体验式消费已成为消费升级趋势，企业和产品营销需要企业与用户进行更为深入的沟通及交流，打造“千人千面”的营销服务体验。服务个性化与定制化是在大数据分析基础上，从策略层面精准定位数字时代的用户，从而制定适合用户的最佳营销方式。数字时代，用户不仅是信息的接收者，而且是信息的传播载体，而不同用户的需求正是精准进行用户画像之后制定营销策略的本源。

（六）重实效及转化率

微博、微信、直播、短视频等新型移动社交互动平台的兴起，使所有的传播效果可以阅读数、转发量、点赞数等直观的数字形式展现。大数据技术的发展使所有营销方法的可行性、广告投放取得的实际效果都可以在短时间内被验证。阿里巴巴集团旗下互联网广告交易平台阿里妈妈在 2017 年提出了“品效协同”的概念，以此为卖点来吸引广告主。2018 年，全球最大的广告主之一的宝洁公司调整与代理公司合作的模式，以获得更具本地化、时效性、高质量、低成本的广告。

三、数字营销的价值

（一）信息获取渠道多样化

随着互联网普及率不断提高，基础建设不断优化升级，互联网接入设备也日趋多样化，如手机、电脑、平板等。互联网平台上的应用更是数不胜数，传统媒体也在朝数字化方向转型，如开设微博、微信公众号和抖音号等，打造新媒体矩阵。同时各种自媒体层出不穷，改变了用户获取信息的方式，他们由传统的被动接受转变为主动筛选。在数字化时代下，一方面，消费者可以随时随地获取自己需要的信息；另一方面，消费者可以通过数字媒体接触更符合自己的兴趣和爱好的信息。

（二）“互联网+”融入用户生活

在“互联网+”的大环境下，人们的生活形态发生了质的变化，用户的衣食住行依靠一部手机就能解决，如网上购物、网上订票、网上订餐、网上缴费等。用户的日常生活高度依赖互联网，给数字营销带来了旺盛的生命力。

（三）数字媒体使用时间长、频率高

综观全球，移动互联网的发展促使用户对于网络的依赖性越来越强，数字媒体的使用时间越来越长，使用频率越来越高。机不离身已经成为人们生活的常态，人们在数字空间的行为甚至比在物理空间更加丰富多彩。

（四）互联网打破空间局限

如果说互联网门户打破了物理空间的现状，移动终端则打破了互联网使用场所的限制，数字空间的无限性大大拓展了营销空间。移动终端的大规模普及使得人们摆脱了空间限制，高度移动化的生活方式成为人们的主流选择。

（五）广告主在数字营销领域的投入逐年增加

如果说 20 年前的营销策略是广告主费尽心思占据报纸杂志最显眼的版面以及电视台的黄金时段，那么现在，广告主早已将重心转向数字营销。各类数字媒体取代传统媒体成为营销投放重点。全球媒介投资品牌及智库 MAGNA 盟诺发布的 2023 年 12 月版全球广告预测报告显示：2023 年全球传统媒体广告收入萎缩 4%，仅为 2 660 亿美元。纯数字媒体（DPP）广告收入取得了 9.4%的增长，达到 5 870 亿美元，占广告销售总额的 69%；Meta、TikTok 等社交媒体广告收入增幅达到 15%，至 1 820 亿美元；Youtube 等纯短视频平台广告收入增长 9%，达到 700 亿美元。

中国是全球第二大广告市场，2022 年 12 月 20 日，秒针营销科学院联合 GDMS、媒介 360 共同发布的《2023 年中国数字营销趋势报告》显示，社会化营销投资引领 2023 年中国营销投入：移动互联网的增投比例最高，77%的广告主将增加移动互联网营销投入；互联网端增投资源类型，主要体现在社交、短视频、直播；社会化营销费用预期高于整体投资水平，社会化营销费用预期增长 17%。

人工智能的发展、物联网的建立、元宇宙的兴起，都昭示着人们的数字化生存仍在持续深化。这样的背景下，企业唯有跟上时代的步伐，充分利用这些变化，才能够顺利高效地与用户进行对话，从而更好地实现企业的营销目标。

任务二　进行移动营销

任务概述

在移动互联网时代，受众主动性增强，人们不再满足于单向接收音效信息，更愿意参与其中，因此移动营销的互动方式更受到市场的青睐。

知识储备

一、移动营销

移动营销是基于手机、平板等移动通信终端，利用互联网技术基础和无线通信技术来满足企业和用户之间的交换产品概念、服务、产品本身的过程，通过在线活动创造、宣传、传递用户价值，并且对客户关系进行移动系统管理，以达到一定营销目的的新型营销活动。简单来说，移动营销是在强大的数据库支持下，利用手机通过无线广告把个性化即时信息精确有效地传递给个人，达到“一对一”互动营销目的的活动。

当下，智能手机与移动互联网在人们的生活中扮演着非常重要的角色。移动新闻客户端、微信、抖音等移动应用的出现，使得人们开始从传统的电视、报纸、广播以及PC互联网转入移动互联网；微信、QQ等即时通信工具正逐步取代传统的语音通话、短信业务；团购、地图应用、移动支付、二维码、旅游App等的出现，更是将移动的触手伸向了人们衣食住行的各个方面。总而言之，人们的生活正在迅速移动化，手中的智能移动终端具有无与伦比的重要性。我们将分别对二维码营销、LBS营销、移动广告营销、App营销这四种主要移动营销形式进行介绍。

二、二维码营销

（一）二维码的含义

二维码在我们的生活中随处可见。上班的路上，你只要拿出手机扫一扫路边的二维码，立马可以在离自己一千米远的咖啡厅买到一杯打折的咖啡；在等地铁时，你只要拿出手机扫一下广告里的二维码就可以马上获得关于该产品的详细信息……

何谓二维码？二维码是一种矩阵形式的编码图形，是一种通过图像来传递信息的技术。它由多个黑白相间的方格组成，并且可以根据编码方式和结构特点来存储、传递和解码信息。二维码可以存储较多的信息，包括文字、网址、电话号码等，且具有信息容量大、易读取、易制作、易传播、可存储多种信息等特点。

（二）二维码营销的含义

二维码营销是指通过传播二维码图案，引导人们扫描二维码来推广相关的产品资讯、商家促销活动，从而刺激人们产生购买行为的新型营销方式。

二维码营销的核心功能就是将企业的视频、文字、图片、促销活动、链接等植入在一个二维码内，再选择投放到名片、报刊、展会名录、户外、宣传单、公交站牌、网站、地铁墙壁、公交车身等。当企业需要更改内容信息时，只需在系统后台更改即可，无须重新制作投放，方便企业随时调整营销策略，帮助企业以最小投入获得最大回报。人们通过手机扫描即可随时随地体验浏览、查询、支付等，达到企业宣传、产品展示、活动促销、客户服务等效果。

(三) 二维码营销的形式

1. 线下虚拟商店

电商是最早使用二维码进行营销的。其具体操作是：在展示产品的旁边贴上二维码，人们通过扫描二维码进行移动支付，进而完成对产品的购买。线下虚拟商店的发展，使得人们可以随时随地进行购买，提供了极大的方便。

2. 二维码广告

常用的做法就是在产品的平面广告中印上二维码，人们通过扫描二维码，可以从线下转入线上，进入企业的官网或者产品的页面，了解更多更全面的信息。

3. 实体包装

很多电商卖家会使用实体包装形式的二维码，刺激用户进一步到线上去了解相关产品的信息，从而进行二次购物。各种快递包装盒，包装袋上都会印上含店铺地址信息或者微信公众号的二维码。卖家承诺扫码二次购买会有优惠，以此刺激用户返回线上购物。

4. 线上预订，线下消费

用户通过在线完成对二维码的扫描之后，以二维码作为凭证，转移到线下进行消费。例如：麦当劳、哈根达斯的天猫旗舰店以及很多团购网站都采用了这种形式，这是一种快捷环保的营销操作方式。

(四) 二维码营销的策略

1. 设计生动有趣的二维码

二维码营销的首要思路是抓住人们的眼球，让人们对它产生兴趣，进而有扫描的欲望。普通、呆板的二维码会令人产生视觉疲劳。在二维码呈现方式上的创新已成为许多商家营销的突破点。

小贴士

E-mart是在韩国拥有多家连锁店的大型连锁超市。为了提升中午时段的营业额，E-mart将二维码搬到了大街上。但特别之处在于，当正午的阳光洒在“二维码墙上”时，真正的二维码才能出现，所以这个二维码又被称为影子二维码（Shadow QR），该营销活动被称为“Sunny Sale”。在活动期间，E-mart在韩国首尔多个地方放置了影子二维码，人们只要打开二维码识别器，就可以通过二维码进入E-mart的手机商城进行购物，当然也会收到特别的邀请，比如以优惠价购买购物卡等。后来因为反响良好，E-mart又增加了二维码放置地点。在活动进行的一个月里，E-mart的会员数同比增长了58%，而午餐时间的销售额也增加了25%，当然，让E-mart最为骄傲的是这次的营销活动让参与的人们开心。就像广告语最后说的，“Sunny Day，Sunny Sale，Sunny E-mart”。

正是借助简单的二维码，E-mart巧妙地将自己的品牌理念渗入到受众的日常生活中，实现了拓客引流、售卖更多产品的目的，这也是其营销的高明所在。

想一想： 假设你是一名数字营销人员，你将如何进行二维码的创意营销？

2. 创建方便、快捷、实时获取的二维码

二维码营销的特色就是便捷，让人们可以随时随地了解相关的信息。比如，中国进出口商品交易会上，“企业二维码专辑＋产品移动画册”的模式为参展商与采购商提供服务：与会者只要用手机扫描某个企业的二维码，就可以立即进入相应的移动画册，得到更加丰富的信息。如此一来，一本几十页的册子，可以汇集成百上千个企业产品的二维码，成为通向这些企业产品移动画册的“大门”。

3. 二维码巧链大事件

二维码营销如果同时能与事件营销等其他营销方式相结合，就可以创造出更好的营销效果。

4. 建立无处不在的二维码商店

二维码营销可以真正突破线上与线下的组合，让商业店铺随时随地开展经营。企业只需将产品二维码以印刷、喷印、粘贴、篆刻等各种方式添加到外包装或者传播媒体上，人们扫描这些二维码，就可以随时随地查看产品的介绍、图片、价格等信息，并且可以直接下单购买。一部手机就能让用户完成逛店、选购和支付的全过程。

三、LBS 营销

基于位置的服务（Location Based Service，LBS）是通过电信移动运营商的无线电通信网络或外部定位方式获取移动终端用户的位置信息（地理坐标），在地理信息系统（Geographic Information System，GIS）平台的支持下，为用户提供相应服务的一种增值业务。

LBS 营销就是企业借助互联网或无线网络，在固定用户或移动用户之间，完成定位和服务销售的一种营销方式。签到可以让目标用户更加深刻地了解企业的产品和服务，最终达到宣传自身品牌、加深用户市场认知度的目的。

（一）LBS 营销的形式

1. 生活服务模式

这一模式以生活服务为出发点，与人们的日常生活紧密地结合在一起，比如美团、饿了么等外卖应用都是基于人们的地理位置，为特定商圈内的用户提供相关服务。这种模式能随时记录用户的相关信息，并将服务渗透到用户生活的方方面面，使人们的生活更加便利。

2. 社交模式

社交模式的特点就是地点交友，即不同用户只要在同一时间出现在同一区域，就可以建立用户关联。用户可以通过视频、文字、语音、图片来展示自己，基于地理位置发现和认识周围的陌生人，并与其建立真实有效的社交关系。

3. 商业模式

LBS 在商业方面的主要应用是团购。例如，美国的 Group Tabs 的操作方式是：Group Tabs 的用户到达一些本地的签约商家后，使用 Group Tabs 的手机应用进行签到，当签到人数达到一定数量后，所有签到的用户就可以得到一定的折扣和优惠。除了团购以外，还有优惠信息的推送模式。比如，Shopkick是将用户吸引到指定的商场里，完成指定的行为后便赠送其可兑换成产品或礼券的虚拟点数。

LBS的两大发展趋势：一是平台化趋势。LBS的功能与生活服务电商融合，提供以位置为导向的周边生活信息推荐，使电商购买平台化。以百度地图、大众点评以及各种团购网站为代表，其中平台化特征最明显的就是地图信息、本地数据库都比较齐全的地图应用。二是垂直化趋势。移动终端上各种垂直的内容和应用与LBS服务相结合，主要应用在社交、品牌定制、游戏、出行软件等方面，其主要的功能就是使App更有趣，同时提供具有场景化效果的用户体验。

（二）LBS营销的策略

1. 基于地理位置的信息传播，有效提升营销精准度

在移动化的生活中，个人的地理位置信息非常重要，人们的大部分消费行为都集中在一定的地域范围内。用户提交位置信息后，通过LBS平台主动搜寻周边的生活信息，或者商家向一定范围的用户推送店铺信息。这种基于地理位置的信息传播是LBS营销最显著的特点之一。地理位置发挥着O2O的中间作用，能够匹配商家和目标用户，加速线上用户和流量与线下资源的聚合，帮助生活服务和电商企业实现基于智能终端的精准营销。例如，以百度、谷歌、高德为代表的地图软件除了指示地理位置，还承载着海量的生活服务信息，平台以地图软件为入口，通过开放API接口，吸引第三方应用对接，增强用户黏性，通过广告、电子商务等成熟的商业模式与商家合作来盈利。

2. 增加营销的实用性与娱乐性，提升用户体验

用户打开LBS应用是为了方便快捷地获取周边有用的生活服务信息，那么企业在进行营销时一定要注意营销活动的实用性、娱乐性，在达到营销目的的同时，也要为用户带来实实在在的优惠。

3. 结合品牌App，提供更具场景化效果的用户体验

LBS应用能够有效地为广告、活动、品牌、游戏、App等提供更具场景化的效果和更加真实的用户体验，有效推动用户的现实行为。例如，以阿迪达斯、新百伦为代表的大部分运动品牌都在App中使用LBS技术，这是因为基于运动品牌的天然属性及呼吁品牌用户运动起来的诉求比较适合运用LBS。

小贴士

新百伦为庆祝纽约新旗舰店开业发起的城市短跑接力活动，成功地刺激了人们参与品牌互动。新百伦利用App让人们寻找分布在纽约数百个地点的虚拟接力棒，通过奖励找到所有接力棒并最先跑到旗舰店的人一双“New Balance 574”运动鞋，来充分调动人们参与活动的积极性。

想一想：随着互联网技术的进一步发展，新百伦还可以进行哪些数字营销？

四、移动广告营销

移动广告是通过移动设备访问移动应用或移动网页时显示的广告。随着智能手机和移

动互联网的发展，移动广告行业呈现出多样化和快速发展的趋势。移动广告的形式不再局限于以往的文字、图片等简单形式，而是开始采用创意十足的视频、全景等多媒体形式，以吸引用户的注意。

（一）移动广告营销的形式

1. 短信广告

短信广告是指通过短信平台向用户发送广告以达到营销目的的方式。虽然方式比较古老，但短信广告依然具有极高的打开率和阅读率。短信广告的难点是如何合法合理地获取目标用户群体的手机号码。企业在发送短信时必须以用户的好感和愿意接受为基础，主要用在对品牌忠诚者的推销上。

2. WAP 广告

WAP 广告与互联网广告类似，拥有图文、Flash 视频、音乐等丰富的表现形式，主要利用企业自有媒体和 WAP 媒体合作进行广告推广。WAP 媒体包括门户网站、手机浏览器、搜索引擎、社区论坛等。

3. 语音类广告

语音类广告是指将广告主的语音类信息通过运营商的语音通道传递到终端用户手机上，包括彩铃、客服通道等。大家比较熟悉的集团彩铃就是语音广告的一种。该业务可以让拨打集团电话的主叫用户在接通等待时听到统一定制的音乐和语音，以展现集团的整体风采，拓宽集团与外界沟通的渠道。

4. 置入类广告

这类广告主要有两种表现形式。一种是终端置入型，通过 SIM 卡、RFID 芯片、客户端软件嵌入等方式实现，以通过屏幕保护、壁纸开关机画面、无线互联网接入画面、电源开关画面等方式来呈现，内容可以自由联网更新。另一种是内容置入型，包括手机游戏、手机电视、手机搜索等。例如，国外有一家手机游戏广告商，它能够在网页和手机游戏中创建契合场景的逼真的广告，为各大品牌提供游戏内置广告解决方案。Tap. me 会先让游戏开发者指定赞助广告的位置和功能，然后由广告赞助商在相应位置或功能处插入广告，当用户到某一位置或想要使用某种功能时，便可看到赞助商的广告。

5. VR 广告

VR 是一种可以创建和体验虚拟世界的计算机仿真系统。VR 广告可以实现定制化，能配合品牌设计不同的营销场景，将场景营销的效果发挥到极致。例如，沃尔沃推出了虚拟展示厅，允许人们观看虚拟汽车，查看内部构造。

6. AR 广告

AR 是一种将虚拟信息与真实世界巧妙融合的技术，广泛运用了多媒体、三维建模、实时跟踪及注册、智能交互、传感等多种技术手段，将计算机生成的文字、图像、三维模型、音乐、视频等虚拟信息模拟仿真后，应用到真实世界中，两种信息互为补充，从而实现对真实世界的“增强”。这是一种沉浸感更强的广告交互模式，人们能够和产品直接交互，会对产品留下深刻的印象，极大缩短了购买途径。

小贴士☞

可口可乐在亚美尼亚投放了一个AR广告来和用户互动。首先，可口可乐联合AR-LOOPA开发了一个叫作“可口可乐魔幻”的AR应用，用户在手机上安装此应用后，直接在可乐瓶、贴有可口可乐海报的公交站台，以及商城、剧院、咖啡馆等有可口可乐贴纸的地方进行扫描，会出现酷炫的动画效果（可口可乐称之为隐藏的快乐）：一个3D虚拟的圣诞老人跳出来，喝着可乐，背景音乐是圣诞歌；然后用户可以合影留念，摆出各种姿势，分享到Facebook和Instagram等社交网络。据统计，此AR广告投放的1个月内，该AR应用有5万次的下载，在谷歌Play应用商店的免费应用排行榜一度占据榜首，约有25万用户搜索这个AR包装广告，在YouTube视频网站上约有4万次的观看量，活动非常成功。

想一想：鉴于以上案例，假设你是百事可乐的数字营销人员，你将如何玩转AR互动营销？

7. H5广告

H5即HTML5，是HyperText Markup Language 5的缩写。H5页面是一种基于HTML5技术的网页设计形式，具有高度的互动性和可视化效果，可实现多种媒介元素的无缝融合，包括图片、音频、视频、动画等，适用于移动设备和PC端，目前在互联网营销、数字媒体、品牌宣传等领域被广泛应用。H5广告具有交互性强、视觉效果好等特点，能够吸引用户的注意、提高广告转化率。

小贴士☞

为了提升产品知名度和销售量，Nike决定使用H5广告宣传推广Air Max运动鞋系列。Nike Air Max H5广告采用了全屏视频背景，通过动感的音乐和奔跑的人群展示鞋子的舒适性和轻便性。用户可以通过滑动、点击等手势与广告进行互动，了解鞋子的特点和购买方式。其成功之处在于：（1）引人注目的创意设计——全屏视频背景和动感的音乐吸引了用户的注意力，增强了广告的记忆性；（2）丰富的互动体验——用户可以通过多种手势与广告进行互动，增加了参与感和用户留存率；（3）清晰的产品展示——广告通过展示鞋子的舒适性和轻便性，吸引用户的兴趣，提高了产品的转化率。

想一想：Nike的Air Max运动鞋系列成功的原因是什么？

8. 激励型视频广告

激励型视频广告是一种激励用户主动观看视频广告以获取特定奖励的广告形式，此广告需要用户主动触发。比如，在某些游戏结束后，用户可以通过选择观看广告来获取该游戏下发的对应激励，具体的广告触发场景与奖励内容则由游戏开发者自定义。

（二）移动广告营销的策略

1. 专为移动设备定制

在移动广告营销中，首先要确保广告形式专为移动设备定制。一方面，企业要设计针对本地的广告，利用智能手机的位置功能，支持相关店铺向附近的用户发送广告信息，吸引用户前来购买；另一方面，企业要设计移动富媒体广告，充分利用高端移动设备和平板电脑的性能，提供有吸引力的、可互动的广告，以吸引更多用户的关注。

2. 使移动广告具有兼容性

市场上从高端到低端的手机有很多种，可供广告主选择的移动广告形式也是多种多样的，包括文字、视频、移动横幅等。因此，移动广告应具有针对不同终端的兼容性，避免一则移动广告需要设计多种营销形式。

3. 扎根生活服务

互联网是一个兼容并蓄、包含丰富信息的数据库，移动广告应从繁杂的信息中选取有效的信息进行推送，满足特定用户的特定需求。比如，企业可以利用大数据精准获取目标用户，向他们推送所需的信息；商家可以向特定商圈的目标用户发送相关产品信息。这样的移动广告才能使用户摆脱在互联网上搜寻海量信息的烦恼，才能服务好目标用户，成为精准的用户生活指南。

五、App 营销

App 是 Application 的简称，是指智能手机的第三方应用程序。随着智能手机和平板电脑等移动终端设备的普及，人们逐渐习惯了使用 App 客户端上网的方式。

App 营销指的是应用程序营销，即通过 SNS 等平台上运行的应用程序来开展营销活动。App 营销是整个移动营销的核心内容，既是品牌与用户之间形成消费关系的重要渠道，也是连接线上线下的天然枢纽。

（一）App 营销的特点

1. 成本低

App 营销的费用相对于电视、报纸甚至网络都要低很多，只要开发一个适用于本品牌的应用即可。虽然 App 营销可能会产生一定的推广费用，但其营销效果是电视、报纸和网络所不能代替的。

2. 高黏性

合适的 App 可以使手机成为人们生活、学习、工作上的好帮手，其用户具有高黏性。App 一旦被用户下载到手机成为客户端，那么持续性使用可能成为必然。

3. 销售促进

App 能够全面展现产品信息，让用户在没有购买产品之前就已经感受到产品的魅力，通过发布产品信息，刺激用户的购买欲望。App 营销的竞争优势无疑增加了产品和业务的营销能力。

4. 品牌建设

App 可以提高企业的品牌形象，让用户了解品牌，进而提升品牌实力。良好的品牌实力是企业的无形资产，可以增强企业竞争优势。

5. 随时服务

用户通过 App 可以随时了解产品信息，进行下单和交流反馈。企业通过 App 能随时随地提供全球的营销服务。

6. 精准营销

App可以使企业保持和用户的密切互动沟通，从而不断满足用户的个性化需求，建立稳定的忠实用户群，实现用户链式反应增殖，从而满足企业长期稳定高速发展的需求。

7. 互动性强

当下最受年轻人欢迎的营销形式就是手机位置化“签到”与App互动小游戏相结合。

（二）App营销的策略

1. App的功能定位要明确

企业开发App时要考虑用户的喜好、需求、习惯以及兴趣点，充分洞察目标用户的生活方式特点，找到产品与用户的有效契合点，从而设计出既能体现产品或服务的特点，又可以吸引目标用户注意与兴趣的App，以促进后期产品的推广。现在国内用户体验较好的App有大众点评、小红书、有道词典、高德地图等。我们可以看到，这些运行成熟、有一定用户黏性的终端应用都有自己明确的切入点。

小贴士

小红书，2013年在上海创立，是年轻人的生活方式平台。小红书侧重于时尚、购物、旅行话题的分享，以“Inspire Lives 分享和发现世界的精彩”为使命，用户可以通过短视频、图文等形式记录生活点滴，分享生活方式，并基于兴趣形成互动交流，平台用户黏性高。小红书是以年轻用户为主体的生活分享类社交媒体，以生活和消费为内容焦点，营造出不同于微博、微信的一种消费世界景观。通过打造优质的垂直社交圈，小红书牢牢抓住了用户群。

想一想：小红书的目标用户群有什么特点？和小红书类似的App还有哪些？

2. 为用户提供最佳体验

是否具有超凡的体验，是App能否被用户认可和接受的重要因素。成功的App应当具有自己的特性。

（1）App的趣味性。富有趣味性的App可以提高用户的参与度。例如，知名化妆品公司丝芙兰在2017年开发了AR化妆应用，应用中化妆品品类颜色丰富，仅高光和阴影就有1 000多种，用户可以在App中随意选择化妆品进行化妆练习，保存后的化妆效果可以分享给家人和朋友，觉得满意可以直接下单购买产品。

（2）AR技术。AR技术的特点是可以利用计算机生成能产生逼真视觉、听觉、触觉和动觉的虚拟环境，通过各种传感设备使用户沉浸其中，实现用户与环境的自然交互。比如，沃达丰在德国设计了一款游戏类App，玩游戏的人可以捕捉分布在城市各个角落的虚拟怪兽，捕到怪兽就可以获得积分，积分可以到线下商店换取奖品。

（3）关注用户需求，不断更新App。用户卸载App的主要原因是：界面和用户体验差，内容同质化、漏洞频出，推送通知过多，广告窗口无法关闭等。所以App开发者要注重对App的运营和维护，收集用户反馈的问题，通过不断更新App进一步优化用户的使用体验。

3. 注重App的推广

目前市场上的App推广方式比较多，大体分为付费的广告宣传与免费的口碑营销两大类。常用的推广途径大致有九种：打入应用商店排行榜、投放PPC广告和PPR广告、代理发行、通过社交网络推广、传统互联网广告、公关公司推广、交叉推广、联合运营、IT端推广等。

任务三 进行短视频和直播营销

任务概述

在信息广泛传播的网络时代，静态的图文内容越来越难以吸引用户的注意，而短视频和直播在向用户传递信息时，不仅表现形式立体化，还能实现实时互动，更容易吸引用户的注意，形成了新的商业模式。企业如何运用短视频和直播的形式来开展营销活动，实现销售渠道的开拓和销售额的提升，是值得思考和研究的。

知识储备

一、短视频营销

（一）短视频的含义

短视频是一种互联网内容传播方式，一般时长在1～3分钟，视频内容融合了技能分享、幽默搞怪、时尚潮流、社会热点、街头采访、公益教育、广告创意、商业定制等主题。随着移动终端普及和网络的提速，短、平、快的大流量传播内容逐渐获得各大平台、粉丝和资本的青睐。

在当下的国外短视频应用格局中，Facebook等社交媒体已在短视频领域深耕；图片分享应用Instagram也在2013年开始发展短视频业务；专业视频网站如YouTube、Netflix等也进行了短视频内容的拓展。短视频已经成为风行全球的流行文化。

（二）短视频营销的含义

短视频营销是指通过短小精悍的视频内容，向目标用户展示产品或服务的特点，吸引潜在用户的注意力，以提高销售量和品牌曝光度。短视频的长度通常在1～3分钟，通过视频画面和音频等多种手段，向用户传达企业产品或服务信息，引导用户进行购买或预约等行为。

（三）短视频的特点

短视频制作具有生产流程简单、制作门槛低、参与性强的特点，同时又比直播更具有传播价值。

1. 碎片化的影像文本

短视频发展初期提倡人们随时随地记录生活，抖音“记录美好生活”的广告语就是重要体现。在当下快节奏的社会中，人们已经很难抽出大段时间观看微电影等长视频来进行娱乐消遣，以娱乐为主的短视频，正是为了迎合当下用户碎片化娱乐的趋向。近年来，抖音、快手等短视频平台纷纷推出微剧、微综艺，剧情更为简单明快，受众反响强烈。

2. 适应终端的竖屏形式

以智能手机为代表的移动终端的兴起与发展造就了与电影、电视等宽屏截然不同的竖屏媒介形式，基于这些终端衍生出来的短视频也自然具有竖屏的特征。短视频的竖屏呈现出符合智能手机终端垂直空间的形式特点，不会造成屏幕面积的浪费。

3. 多主体形式的内容共建

信息技术与设备的普及让普通人具备了平等的媒体参与能力。以抖音视频平台为例，在社会身份方面，该平台既有“央视新闻”等官方号，也有“网红”，更多的则是普通用户；在职业方面，来自不同的行业领域、不同职业的用户比比皆是；在年龄分布方面，用户几乎覆盖所有年龄层，达到了“全民狂欢”。抖音实现了“人人都有麦克风，人人都是传播者”，极大丰富了短视频的内容。

4. 引发共鸣的“草根”文化

在新媒体时代，“草根”作为社会中的一个庞大群体，可以借由短视频平台源源不断地输出来构建新媒体文化。“草根”文化是普通平民的、非官方的、民间的文化，吸收“草根”文化的短视频更加接地气。“草根”文化不拘泥于严肃的叙事，而是注重趣味性，传播主体和传播内容是每一个人都可能遇到的人或事，具有地理和心理上的近似性，容易引发受众的共鸣。

（四）短视频营销的特点

1. 病毒式传播

短视频以其鲜明的视听特征以及短时间内信息的高效传达，成为培育病毒式营销传播的“温床”。例如，抖音平台洗脑的“抖音神曲”以及快手平台通俗的“土味”叙事，往往都能很快在用户的脑海里留下深刻印象，这是短视频病毒式传播的前提。而短视频天然“短小精悍”的特点，使用户不易受到外界因素的干扰，能够高效触达用户并引发共鸣和分享，为其病毒式传播提供可能。

2. 低成本营销

相较于其他的营销方式，短视频营销的成本优势十分明显。一方面，短视频比微电影等长视频的时长更短，内容更简单，策划和拍摄的周期更短，内容制作的成本也大大降低；另一方面，短视频制作完成后，既可以进行多平台推送，也能借助微信等社群进行转发，企业充分利用各个平台的流量优势来引流获客，内容分发传播的成本也大大降低。

3. 用户推送精准

随着大数据与人工智能技术的日趋成熟，各大短视频平台纷纷借助这些技术来构建用户画像和精准推送。在算法的助力下，短视频平台能够根据用户的内容喜好与行为方式等特征向其精准推送。而作为营销工具，企业也能借助短视频平台的用户数据，向其推送特定的产品与服务等信息，达到高效精准的营销效果。

4. 内容实时互动

短视频平台的互动形式简单且富有特色。以抖音平台为例，用户通过上滑、下滑即可切换视频内容，双击即可对内容点赞，点击头像下方的小加号就能关注短视频发布者。便捷的互动形式为用户积极参与短视频内容的互动提供了前提。此外，企业还可以在短视频内容的评论区与用户进行实时交流，传达更详细的营销信息，进而达到更好的营销效果。

（五）短视频营销的策略

1. 借助平台打造精品内容，提升内容营销质量

（1）短视频平台助力品牌内容营销。企业通过短视频平台寻求与 MCN（Multi-Channel Network）机构的合作，可以有效借助其优质内容进行营销，打造“品牌方-MCN 机构-短视频平台”三者共同构建的内容营销体系，提升内容营销的质量；同时短视频平台也创建了一系列内容营销工具。抖音推出的“DOU＋”以及快手推出的“快手粉条”等，均能为企业提供内容推广服务，使其发布的内容在短时间内获得巨大的流量曝光。

（2）品牌与短视频平台共创精品内容。企业可以考虑与短视频平台共同创作精品内容。例如，君乐宝携手抖音打造了跨屏互动音乐综艺《为歌而赞》，通过抖音短视频对综艺歌曲进行碎片分发，打破传统音乐综艺传播分发模式，其中由凤凰传奇演绎的歌曲《海底》成为现象级音乐作品，火爆全网，君乐宝也借此得到了巨大的流量曝光。

（3）品牌自创精品短视频。很多国产新锐品牌也将短视频平台作为品牌传播的主阵地，通过“优质内容＋达人种草”的内容营销模式，培养用户对于产品和品牌的认知和兴趣，实现销售转化。

2. 挖掘垂直化短视频受众，助力品牌精准营销

互联网满足了不同人群的信息和社交需求，形成了垂直化的细分网络群体，如古风爱好者、萌宠爱好者等。同时，信息智能分发技术加剧了社会群体的分割，使得每个人都拥有专属的网络空间。

（1）宏观层面垂直化平台。短视频平台的垂直化特征越来越明显。有以年轻人音乐短视频平台为定位的抖音；有专注于三线以下城市及农村市场的短视频平台快手；有以幽默搞笑为定位的短视频平台皮皮虾；有满足热爱明星娱乐的粉丝群体需求的短视频平台美拍……这些都充分体现了中国互联网用户的圈层化和内容偏好多元化的特征，也为针对不同用户群体的短视频营销提供了差异化的平台。

（2）中观层面垂直化圈层。当前短视频平台的内容主要以垂直化的兴趣垂类进行划分，主要包括生活娱乐、萌宠、美食、游戏、美妆、科技、汽车等，甚至涌现出钓鱼、文玩等小众内容垂类。每一个细分垂类都拥有大量的粉丝。垂类的内容带来了垂类用户的快速聚集，形成了一种趣缘群体，同一个圈层能有效帮助社群内用户分享交流兴趣爱好以及进行垂类相关产品的推广。

（3）微观层面垂直化意见领袖。在一个个垂直化的兴趣圈层中，那些乐于分享个人观点和信息的人，会以自媒体的形式，在自身专业能力、责任感、社会地位、人际关系等方面获得大家的认可，从而成为关键意见领袖，获得圈层成员的信任和好感，并根据粉丝数

量划分为不同等级，如头部博主、腰部博主、尾部博主，粉丝用户多的意见领袖极具商业价值。

对于企业来说，短视频营销要充分挖掘垂直化短视频受众，把传播内容精准送达目标受众。短视频垂直化营销路径主要有两种。一是垂直化平台营销。企业以垂直化视频平台的用户作为目标消费者，开展营销活动。例如，抖音作为一个主要面向年轻用户群体的短视频平台，是众多品牌年轻化营销的重要阵地。二是垂直化 KOL（Key Opinion Leader）营销。近年来 KOL 营销的三大策略是：选择垂直化、投放矩阵化和营销创意化。据统计，超过 42.5%的广告主会借力流量明星或者短视频社区达人的传播声量和号召力，调动关键意见领袖背后的粉丝资源，提升品牌效果。企业在选择关键意见领袖时，不仅要看重关键意见领袖所拥有的粉丝数量，更要关注关键意见领袖所在的内容垂类是否与企业品牌和产品契合，若契合则能带来较高的广告到达率和转化率，在内容传播效果方面往往更具有优势，同时大大缩短了用户的购物路径与选择时间。

3. 借助平台数字技术，打造品牌互动营销

（1）打造品牌专属特效，增强品牌曝光。短视频特效主要分为两类。一类是对外界打造创意特效。平台利用 AR 技术计算地标形状轮廓和用户所在的空间位置，虚拟叠加 3D 互动形象，实现品牌与和产品的互动。例如，快手联合洛阳文旅推出以洛阳旅游景点为创意特色的三款地标 AR 魔法表情：隋唐幻境、鱼跃龙门和紫气东来，将虚拟与现实紧密连接，为游客带来沉浸式体验，同时也让景点打卡记录变得更加生动有趣，受到短视频创作者的欢迎。另一类是对人体自身打造的特效。平台利用 AR 技术实时获取图像中人体的骨骼轮廓姿态和相机的空间位置，人物做出特定动作姿态可以触发虚拟形象互动，实现虚拟产品和真实人物的合拍，增强用户和品牌的互动性。

（2）技术赋能产品体验，强化产品认知。短视频平台开发的营销技术产品，不仅能使用户拍摄出创意十足的短视频，还能使用户进行虚拟产品体验，从而更好地感受产品的特点。例如，快手通过 AR 沉浸式产品体验的方式为品牌打造营销事件，在与完美日记的合作中，快手磁力引擎通过发起“完美日记试色代言人”活动，为用户带来 AR 沉浸式彩妆试色体验，用户可以通过快手 App 选择完美日记口红进行试色，选择合适自己的口红色号。该活动极大提升了品牌的知名度。

（3）技术驱动内容共创，激发用户互动。对于企业而言，运用短视频平台的技术，不仅能生产有创意的内容使品牌更加年轻化，而且能激励用户生产与品牌相关的优质内容，扩大品牌的传播声量。以抖音和快手为代表的短视频平台就以视频特效为支撑，发起品牌话题挑战赛活动。平台与企业定制专属的视频特效，通过任务玩法将挑战赛完整地曝光给全部内容创作者，并利用标准化奖励机制，刺激更多的创作者运用品牌专属视频特效参与创作，在推动品牌曝光的同时，与用户产生互动，拉近用户与品牌之间的距离。

小贴士

中国联通与快手磁力引擎合作打造“专属魔表+挑战赛”活动，以推广联通 5G 视频彩铃为创意原点，融合春节元素打造品牌专属视频特效。用户选用视频特效时，会显

示中国联通视频彩铃呼叫中，手指触发火苗点燃爆竹后，即可掉落烟花、财宝及中国结，深度契合春节节日场景和产品形态。实现品牌价值与产品卖点最大范围的传播。

想一想：企业在进行海外营销时，如何选择短视频平台？

4. 发掘企业营销自由，整体构建长效营销生态

随着短视频产业发展的日趋成熟，越来越多的企业在短视频平台注册账号并认证成蓝 V，方便用户识别。vivo 作为最早在抖音平台注册、运营企业号的品牌之一，通过品牌官方账号所发挥的内容聚合、粉丝留存、流量承接、数据管理等作用，将账号打造成传播品牌、沟通用户的桥梁。

企业除了搭建注册蓝 V 账号，还要结合自身品牌特色进行短视频的内容生产和传播。

（1）打造人设标签和品牌个性。企业量身打造连续性主题内容或活动，强调内容的风格化和系列化，以此形成自身的标签性传播内容，形成品牌个性，并拉近与用户的心理距离。在进行短视频内容营销时，为了提升企业号的粉丝黏性，企业通常会将品牌拟人化，塑造出一个与企业理念、文化、使命等契合的形象，建立品牌与用户之间的联系关系，避免传统营销单向化的弊端。

小贴士☞

电子阅读品牌掌阅的官方账号精准锁定了短视频中喜爱读书的群体，选择一位知性优雅的女生都靓作为账号的出镜人物，她有感情地念出一段节选自某本书中的精华文字，视频下方则嵌入了相关书籍的链接，用一种舒服自然的形式完成了产品的宣传和有效转化。都靓优雅的姿态和知性的谈吐与掌阅极为契合。其旗下的子账号“都靓读书”也迅速在抖音收获百万粉丝，成为读书垂类头部 IP。

想一想：掌阅选择“都靓”作为人设标签的原因是什么？

（2）根据品牌定位进行差异化内容生产。许多企业会结合自身品牌定位和产品特色，进行差异化的内容生产，利用新鲜有趣的内容，吸引粉丝的关注。例如，办公软件品牌飞书就以年轻人的职场成长作为切入点，生产制作类似于“如何避免职场中的踢皮球现象”“为什么有人爱找老板私聊”等短视频内容，并植入飞书的产品，吸引用户点击观看。

（3）紧跟平台热点，创作短视频。企业可以及时借助平台热点话题进行营销，创作优质内容，以调动用户的参与热情，引发用户的情感共鸣，进而达成良好的传播效果。可供借势的话题主要包括重要节日、重大事件以及热门元素等。

小贴士☞

抖音平台上“金毛喊你出去玩”的视频素材一度火爆全站，许多官方抖音号也紧跟热点进行拍摄。泡泡玛特使用 Molly 的形象对“作业没写完”的段子进行复刻；动画 IP“喜羊羊与灰太狼”则使用“灰太狼”和“红太狼”的动画形象进行创作，以此吸引用户点赞，进而获得平台的流量推荐。

想一想：如果你是国际市场营销人员，你将如何借势热点素材打造企业活动？

5. 创设线上电商消费场景，激发用户消费行为

短视频平台的电商营销主要有以下两种形式：

(1) 短视频内容＋产品的植入。这种方式主要表现为通过在短视频中插入与视频内容相关的产品链接，以优质的内容吸引用户观看，并引导用户点击链接购买。比如，在母婴博主分享的宝宝生活玩耍短视频中，通常会植入玩具、母婴类产品或服务；在美食博主分享的美食短视频中，通常会植入相关的美食品牌或者美食店铺信息等。

(2) 短视频平台＋电商直播。电商直播逐渐成为企业进行短视频营销的重要发力点。短视频电商直播具有及时性、交互性的特征，在产品的呈现形式、购物体验、时间成本、社交等多个维度具有很大的优势。此外，短视频与直播形成了良好的促进循环，一方面，短视频能够为直播提供流量，可以推广直播间的入口；另一方面，直播过程中产生的有趣行为可以成为短视频的制作素材，有助于二次传播。

6. 基于平台打造社交裂变，激发私域价值增量

在当下的短视频行业中，以抖音、快手为代表的平台以公域流量为主；而微信旗下的视频号平台不仅包含公域流量，也包含私域流量。因此，企业在微信视频号平台的短视频营销具有一定的独特性，具体如下：

(1) 基于社交平台生态打造品牌商业闭环。微信视频号除了具有短视频的属性优势，还具有微信生态的资源优势。视频号营销打通了公私域流量池，依托视频号裂变、社群分发、朋友圈分发、公众号分发、搜一搜等触点，帮助企业实现微信社交平台的全方位营销。因此，企业选择微信视频号进行短视频营销时，更能在微信生态中打造自身的商业闭环：“短视频平台＋电商直播”帮助企业挖掘新流量，公众号承接流量留存新老客户，微信朋友圈与微信群实现社交裂变，小程序负责销售转换，然后通过企业微信为用户提供更加专业优质的服务。例如，快餐品牌麦当劳通过视频号发起了多场限时优惠活动，每一条视频的下方都附有麦当劳公众号的链接，为麦当劳线下门店进行有效引流，最终该促销活动使得麦当劳官方视频号与公众号在全国范围内获得数十万的粉丝。

(2) 利用复合流量入口，促进品牌社交裂变。微信视频号与其他短视频平台的最大差异在于私域流量。企业在视频号发布视频后，当某位用户点赞，该视频就会出现在微信好友的内容池当中，如果微信好友继续点赞该内容，还可以不断进行扩圈裂变。这种裂变式的传播可以让短视频不断突破用户个人的社交圈，从而获得更多的曝光量。此外，微信视频号的转发功能可以让运营人员直接将内容转发到用户社群，同时还可以激励用户转发短视频至微信朋友圈，领取相应的奖励，这也间接打破了朋友圈视频分享只有 15 秒的时长限制，给予品牌短视频更大的流量入口和曝光度，同时也极大缩短了营销转换链路。

小贴士

2020 年瑞幸咖啡开始布局私域，该品牌视频号主要内容是产品介绍，通过拍摄精美的咖啡饮品视频来突出饮品的新鲜原料和优质制作工艺。随后瑞幸咖啡通过在上万个社群中群发视频号内容，吸引社群粉丝点击视频领取视频中的优惠券，进入小程序下单，实现营销信息的社交裂变。仅 3 个月的时间，瑞幸咖啡的私域用户就突破 180 万，

其中110万用户加入了近万个以门店为运营主体的用户福利群，直接带来了每天约3.5万杯的订单，普通用户变成社群用户之后，月消费频次提升30%，周复购人数提升28%，MAU提升10%左右。目前，App、小程序、社群已成为瑞幸咖啡首要的订单来源。通过不断拉新裂变，瑞幸咖啡目前的企业微信好友已达800万～900万人，拥有3万多个社群，覆盖450万群成员，平均每月新增群成员50万～60万。通过有效的社群运营，用户在进群后的消费频次比进群前提高了30%。

想一想：假设你是星巴克的营销人员，你该如何应对瑞幸的各种社群运营活动？

二、直播营销

（一）直播营销的含义

直播购物是指通过电子媒介渠道的线上直播间完成交付过程的一种方式，在法律上属于商业广告活动，基于此模式而开展的营销活动就是直播营销。直播营销的核心是粉丝经济，通过增加粉丝黏性与提升信任度达成购买行为。主播根据具体行为还要承担“广告代言人”、“广告发布者”或“广告主”的责任。如果消费者买到假货，不仅卖家要承担法律责任，主播和电商直播平台也要承担相应的连带责任。

（二）直播营销的特点

1. 强交互性

直播通过临场感的传输技术、“面对面”的主播、亲切近距离的互动语言大大拉近了人与人、屏幕与产品间的距离。

2. 强IP特性

根据粉丝经济的运行逻辑，人们往往信任一个主体（主播），在其强烈鲜明的人设驱使下，更容易产生消费行为。近些年，一些带货主播纷纷建立自己的超级IP，人们往往会在看见IP符号后产生关联信任感，但也可能造成头部主播一家独大的马太效应。

3. 强沉浸感

电商直播往往通过创新直播形式，增强娱乐对话，提升视觉效果来打造直播间的强沉浸感。例如，鸭鸭羽绒服进行了“雪山直播”，做到了“人、货、场”三者合一。佰草集主播的“延禧宫直播”也同样吸引眼球，让观众仿佛进行了一场穿越。

4. 主体多样性

随着电商直播的技术依赖导向加强，手机等移动设备越来越普及，成为主播的门槛也进一步降低。“懂直播技术＋手机＋人”已经成为一场直播的基本条件，不只是明星、达人才能获取流量，“草根”也能卖货。

5. 高效率

直播作为一种互动式营销模式，通过低价策略和花式主直播间玩法，可以让用户感受到强烈的感官刺激，近距离了解产品品质。对碎片化时代不愿意做深度思考、花时间了解产品的用户来说，直播迎合了他们的购物惰性，可以帮助其精准挑选产品，减少选择障碍，快速做出购买决策。

（三）直播营销的策略

1. 联合达人主播实现品效合一

联合达人主播是适用于直播带货的首要策略。立足于传统电子商务提出的“人-货-场”矩阵，直播增加了用户剧本的要素节点，将原始的“人”的定义拓展至达人主播与用户两侧，其中达人为直播带来初始粉丝流量，用户则重视消费体验，通过剧本设置为直播间表演增加互动效果和戏剧冲突，从而进一步拓宽流量渠道，呈现出主播、用户、货品和剧本共同发力、品效合一的局面。

2. 选品阶段善用精准营销

一场直播应面向不同人群，提供不同类型的精准货品。具体而言，从价格精准化策略来看，选品可以分为：九块九包邮（普适大众的引流促销品设置）；客单价高的手机及客单价低的数据线（关联产品的组合设置）；限量销售（针对较高消费群体的精品压轴设置）；等等。从人群精准化策略来看，选品应囊括男女老少的爱好类别。例如，一场品牌大促直播，应有针对男性的数码产品，针对女性的美妆产品，瞄准年轻人的时尚风格产品和契合中老年人诉求的保健养生品。对于每一类潜在用户群体都应进行完整的前期市场洞察，再凝练出最具有吸引力的产品利益点，推广最具有销售潜力的品类。总之，在选品前洞察不同年龄、不同职业和不同地域用户的偏好和需求，更有助于主播把握直播节奏，从而抓住用户痛点。

3. 关联大事件，提高知名度

当前人们关注热点事件，为热点事件买单的心理更为明显。节日选品、达人邀请、主题造势、剧本构建有助于直播间在竞争红海中提高知名度，形成出圈、破圈营销。例如，2020 年，天猫“3·8 女王节”的主题设定为“爱自己就是了不起”。天猫平台鼓励女性爱护自己，推出一系列海报，并在直播间设置契合相应概念的类目：颜值补己——化妆品、有型补己——服装品、呵护补己——母婴用品等多系列产品，赢得了女性群体的青睐。

4. 注意直播问题与隐患

随着法律、行政法规的发布、实施，对于产品与实物不符、低俗媚粉直播表演行为和带有最高级的“最”“第一”招牌字眼的直播行为等有所约束。为避免出现此类问题，直播间在进行价格策略营销时应避免使用“最低价”等相关字眼，可改用“产品小样赠送”“售后返现”等其他表述方式。主播更应该提前熟悉平台规范条款，提前知悉红线内容，在进行商业营销的同时恪守职业道德，共同促进电商直播行业的良性发展。

思考练习

一、简述题

1. 数字营销的特点是什么？
2. LBS 营销的形式有哪些？
3. App 营销有什么特点？
4. 短视频营销的策略有什么？

小试牛刀九

趣味阅读九

二、案例讨论

京东＋快手“双超级品牌日”：探索品牌营销“内容＋电商”新模式

京东联合快手打造“双超级品牌日”活动。二者发挥各自平台优势，打通“内容生态”与“电商卖货”链路。最终销售额突破3.5亿元，全场景覆盖用户超3亿。

1. 深耕粉丝黏性，最大化实现社交与卖货互补

作为一家传统的电商平台，京东拥有更高的成交效率和品牌曝光率，同时在售后、物流以及供应链方面也更加完善。《快手平台电商营销价值研究报告》显示，快手用户在新消费市场占比高达61%。同时“老铁经济”让用户与主播之间的黏性更高。相较于京东，快手的用户更加多元，粉丝更乐意为KOC、KOL买单，购买转化率更高一些。在这次营销活动中，京东和快手形成了强互补、“京东商铺入驻＋快手老铁主播卖货”的模式既为电商零售提供了充足的货源，也注重粉丝红利，在直播间加入粉丝互动游戏，孵化网红主播IP，以其个性加深用户对京东的品牌形象认知，充分挖掘“关注”背后的隐藏福利链路，提高了人群覆盖，同时也促进了用户的转化。

2. 立足全渠道营销趋势，精准匹配用户

本次营销活动实现了用户线上和线下购买行为的融合，传统货架电商平台京东不仅联合了品牌自营店铺和生态店铺，借力京东之家、京东政企、京东优质POP店铺等，多渠道全方位助力“双超级品牌日”活动，同时，人气快手主播也来到京东线下门店开启快手直播，线上线下同步带动气氛，再运用大数据和算法推送至“附近的人”，以同一视觉、同一主旨、不同人群、不同玩法，为全渠道场景的创新形式探索更多的可能。这一策略在刺激流量增长的同时，也提升了产品销售量。

3. 重视用户权益保障，增强平台用户信任度

在本次活动中，平台方策划重心回归至用户体验模式，希望解决用户痛点，增强用户黏性。例如，平台事先对用户进行了专项调研，根据用户在网购中可能遇到的各种问题，打造“放心购”服务。以“全场景以旧换新”“30天无忧退货”“365天免费换新”等多项购前安心服务保障项目，为用户购物全程保驾护航，最大限度保护用户权益，增强用户对平台和产品的信任度。

试讨论：

（1）该“双超级品牌日”活动成功的原因有哪些？

（2）直播在该活动中的作用是什么？

（3）你认为该活动还有哪些可以改进的地方？

三、拓展训练

1. 分组活动，选择一款新能源汽车，运用数字营销方式，进行营销推广策划。

2. 每组选择一个数字营销典型案例，进行分析评价。

学习情境十 国际市场营销组织与控制

国货出海十

一睹为快十

学习目标

【知识目标】

■ 了解国际市场营销组织结构的设计原则及影响组织结构的因素；掌握国际市场营销组织结构的类型及国际市场营销的控制程序及内容。

【能力目标】

■ 能够设计国际市场营销组织；能够运用某些控制方法完成目标任务。

【素养目标】

■ 国际市场营销人员应当具备全球视野和战略眼光，坚持国家利益至上，在百年未有之大变局中抢抓机遇，迎接挑战，增强做中国人的志气、骨气和底气。

导入案例

雀巢之路——进化而不是革命

雀巢公司奉行“思想上全球化，行动上本土化”的观念，从成立伊始，雀巢公司作为婴儿奶粉的制造商就执行全球化战略，如在美国、巴西等地建厂，与中国香港地区进行出口贸易。雀巢公司所生产的 8 500 多种产品，如速溶咖啡、巧克力、矿泉水、冰激凌等，是分布在 193 个国家的 489 个工厂生产的，它的产品不仅出现在纽约的超级卖场里，也出现在尼日利亚的市场中。雀巢的成功之处在于能够主宰市场，其总体战略是：第一，思考和计划上的长远化；第二，分权化；第三，专心本行；第四，迎合当地口味。

雀巢公司在中东的计划和努力值得很多跨国公司借鉴。该地区虽然市场不大，且地区间冲突不断，但雀巢预计这种敌视状态将最终消除，届时就可以向整个地区供货。雀巢已在该地区 5 个国家建立了工厂，在阿联酋生产冰激凌，在沙特阿拉伯生产汤和谷物，在埃及生产酸乳酪和肉汤，在土耳其生产巧克力，在叙利亚生产番茄酱和方便面等，以便未来能够提供各种产品。一旦该地区国家之间贸易障碍消除，雀巢将拥有向该地区所有国家提供各种产品的工厂网络。这样的长远战略对许多公司也许无利可图，雀巢却仍能获利。因为它充分利用了当地原料，且所销售的产品价格都在消费者的承受范围之内。例如：叙利亚工厂生产过程中所需要的番茄和小麦就是当地的主要农产品，即使叙利亚限制贸易，但仍有 1 400 万人购买番茄酱、方便面和雀巢在当地生产的其他产品。

雀巢把自己看作“真正致力于提供完整的系统食品，以满足世界各地的人们一生的日常需要和口味的企业”。

资料来源：凯特奥拉，吉利，格雷厄姆．国际市场营销学：原书第 5 版 [M]．赵银德，沈辉，张华，译．北京：机械工业出版社，2012.

请思考：

雀巢公司在中东地区是如何进行营销组织布局的？

任务一　进行国际市场营销组织

任务概述

任何一个进行国际市场营销的企业都必须建立一个与国际目标市场相适应的组织机构，使之与企业的国际化战略相适应，并应参照市场环境等要素进行适应性调整。职责分明、权责分明、精简高效的组织结构是企业国际市场营销活动能够顺利实施的有力保障和进行营销控制的基础。在导入案例中，你认为雀巢公司应该设计什么样的营销组织结构？在设计营销组织结构时应该考虑哪些影响因素？

知识储备

从管理的角度来看，组织是一种管理职能，是指企业为协调内部的各项活动而设置的管理结构体系；从企业营销活动的发展过程来看，组织是一个随着企业战略目标的调整而动态演进的过程。组织结构（Organization Structure）是指组织内部各级各类职务、职位的权责范围、联系方式和分工协作关系的整体框架，是组织得以持续运转、完成经营管理任务的体制基础。国际市场营销组织是组织中的一种具体形式，是指按照一定的宗旨和系统建立起来的从事国际市场营销活动的集合体。它主要包括组织形式和组织内部关系，以及组织的运行机制等内容。企业组织工作的根本目的就是保证战略目标的实现，国际市场营销组织有一个不断发展、不断完善的过程，至今仍在不断优化和发展。

为了使企业的营销活动不断适应市场的变化，企业应该建立一个与国际目标市场环境相适应的组织结构。当一家公司的国内业务不断发展壮大，准备由国内市场向国际市场扩张时，就会遇到如何去组织国际市场营销活动的问题。要解决这些问题，关键就是要建立能适应公司目标和任务、适应国际市场营销环境的国际市场营销组织。

一、国际市场营销组织设计的管理导向

国际市场营销组织结构设计的首要原则就是要与企业的国际化战略相适应。根据企业国际化的程度、目标和倾向，可将国际市场营销组织分为以下四种管理导向：

（一）本国中心主义

企业以本国中心主义作为管理导向，即将国内的业务放在第一位，而将国际业务放在第二位，主要抓住本国市场。只有在国内市场竞争激烈、产品过剩或者国际市场出现相当好的机遇时，企业才会开展国际业务，开拓海外市场。采用这种管理导向的企业的决策权可能集中于总公司，企业在管理国际市场时所采用的方式与国内的基本一致，不会花太多的精力在国际业务上。企业的高级管理人员绝大部分由本国人担任，很少聘用外国人。

（二）多中心主义

企业以多中心主义作为管理导向，即将国际业务与国内业务同等对待，把国际业务看作企业整个业务中不可分割的一部分，充分认识不同国家或地区的差异性，制定不同的营销战略，有针对性地开展营销活动。在不同的国家或地区的子公司独立地开展活动，独自制定相应的营销计划与目标。与采用本国中心主义管理导向的企业相比，采用多中心主义管理导向的企业的母公司在国际市场营销战略的决策权方面相对弱一些，各子公司可以在当地聘用高级管理人员，并且采用当地的标准制定子公司的一些制度。

（三）地区中心主义

企业以地区中心主义作为管理导向，即根据某些地区内各市场所具有的一些共性的特征来开展营销活动。这种管理导向认识到某地区的成员国之间既有差异，也有相似之处。地区经理有较大的决策权，许多从事多角色经营的国际企业采用这种管理导向。如美国的公司把其营销活动集中在美国、加拿大、墨西哥，因为这些国家在文化、经济等领域有许

多相似的地方，消费者有相似的消费行为习惯。

（四）全球中心主义

企业以全球中心主义作为管理导向，即把全球作为自己的市场，从全球的角度通盘考虑，而不是只着眼于某一个市场。实施全球战略的企业，国际业务的规模较大，内部分工水平也很高，企业组织结构复杂。在管理决策方面，母公司与海外子公司之间要求高度合作。这种管理导向只有发达国家的大型跨国公司才采用。

在国际市场营销管理中，奉行本国中心主义的企业往往是中央集权的企业，奉行多中心主义的企业往往是地区分权的企业，奉行地区中心主义的企业往往是在地区范围内实行集权和分权相结合的企业，奉行全球中心主义的企业则往往是在全球范围内实行集权和分权相结合的企业。上述不同的中心主义的关键区别在于对每一取向的基本假设不同，本国中心主义的取向基于母国优越性，多中心主义的取向基于各国的文化、经济、市场基本情况的差异性，地区中心主义的取向基于某地区的共性，全球中心主义的取向基于各国的共性与差异性。不同管理导向将导致企业在国际市场营销中采用不同的组织结构。

二、影响国际市场营销组织结构的因素

组织结构的设计及运行，总是发生在一定的环境中，受制于一定的技术条件，并在组织总体战略的指导下进行，因此，组织结构的设计必须考虑这些因素的影响。此外，组织的规模及所处阶段不同，也会对组织的结构形式提出相应的要求。组织结构设计应主要考虑以下因素：

（一）产品因素

企业经营的产品品类、产品本身的特色、产品项目之间关联性以及产品技术服务方面的要求等，都会影响国际企业营销组织结构的设计。例如：麦当劳通过成功运作已成为全球的消费者都喜欢的快餐食品，公司采用连锁店的统一管理模式，是由其产品的通用性与普及性决定的，又由于麦当劳食品在保鲜、运输上的特点，只能在本土加工，因此其组织结构不得不考虑地区的特殊性。

（二）市场因素

市场的稳定程度和目标市场的差异化程度，影响企业国际市场营销组织结构的设计。首先，市场越不稳定，营销组织就越需要具有高度的灵活性，必须随着市场的变化及时调整内部结构和资源配置的方式。例如：食品和原材料市场就比较稳定，而一些时装、流行用品市场，因为市场变化快、不稳定，所以需要营销组织结构随时调整来适应变化。其次，企业的国际市场营销活动一般在不同的国家或地区进行，目标市场的差异化程度也不一样。如果企业的目标市场设在文化、经济、政治环境相差很大的不同地区，那么企业应按地区来构建组织结构，充分放权，进行本土化管理；如果某些国家（如加拿大、美国）在一些产品的需求上有很大的共性，可以向两国市场提供某一类产品，而向其他国家市场提供另一类产品时，企业的组织结构就可以按产品来建立。

（三）竞争因素

国际市场上竞争对手的情况会影响企业对组织结构的选择与改变。如果产品价格竞争

激烈，组织就要降低运营成本，并在考虑精简结构、人员的同时，强化成本管理部门的职能；当产品或服务的同质化竞争越来越激烈，竞争对手对产品不断创新与发展时，会迫使企业增设新产品开发部门或按产品来构建组织结构。

（四）企业因素

开展国际业务的企业在刚开始涉足国际市场时，规模不大，企业的营销重点还在国内市场，其组织结构应该比较简单。但随着企业规模的扩大，资金实力、管理能力的增强，其组织结构会变得较为复杂，营销重心会向国际市场偏移。

小贴士

飞环酒业在成立之初，其销售目标是在三年内实现销售量逾万吨。要完成这一销售目标，必须建立起行之有效的组织架构。根据“智生堂”的课题研究，飞环酒业应相应成立销售公司，并设立“四部一室八大处”，即销售管理部、市场策划部、市场促销部、储运部、销售办公室，并在北京等八大城市成立销售办事处。各机构的基本职能是管理与服务，外派职能是销售执行。在销售渠道的建设上，飞环酒业遵循“短宽一体化”网络配置，既有直营模式，又有代理模式。在市场运作上，飞环酒业特别强调终端建设和终端维护，并设计了终端开拓方案。

想一想：飞环酒业采用的是何种组织结构？

三、国际市场营销组织结构的类型

企业在设计国际市场营销组织时，一般要考虑企业的目标、企业参与国际营销的程度、企业的性质、企业的产品等各种因素。由于各个企业的情况不同，其国际市场营销组织结构也不尽相同，不同的发展阶段有不同的组织结构。但总体来说，企业通用的国际营销组织结构主要有出口部、国际部、职能型、区域型、产品型和矩阵型组织结构，各种类型都有其适用的条件和优缺点。企业应根据本行业的特点、目标市场国的特定环境以及企业的自身成长阶段的要求，选择最适合自己的组织结构。

（一）出口部组织结构

当出口业务不多时，国内导向型企业在对外扩张的初期通常会设立一个小型的出口部作为一个单独的职能结构负责处理国际业务，具体如图 10－1 所示。但在实践中，随着销售业务的展开，出口部往往缺乏公司总部和其他职能部门强有力的支持，影响其海外业务的扩展。因此，公司的出口部应随着业务量的扩大而扩大。

（二）国际部组织结构

随着国际业务的不断发展，企业进入国际市场的方式日趋多样化，协调国际市场活动的职责超出了出口部的范围。由于出口部在国际业务方面与日俱增的权力会引发其与国内营销部之间的摩擦，因此原有的出口部已不足以解决这些问题，此时企业需要建立一个能统一管理和协调生产、财务等职能部门的机构，这个机构在许多公司里被称为国际部，具体如图 10－2 所示。

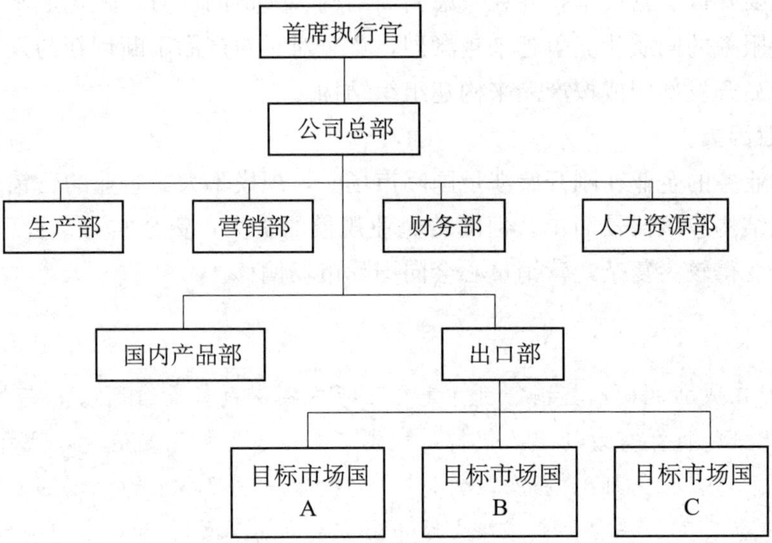

图 10-1　设有出口部的企业组织结构

在这种结构下，公司活动分为两部分：国内部和国际部。其中，国际部的主要职责是分管公司在国外的业务活动，它由生产、营销、财务以及人力资源等部门组成，由国际部经理负责。

与设有出口部的企业组织结构相比，这种组织结构的主要优点是：国际部经理拥有更大的权力，能更大程度地引导企业拓展国际市场，使企业充分利用自己的资源和能力在国际市场上施展拳脚。但是这种组织结构也有缺点：首先，国际部仍然是从属于公司的一般业务部门，那些国内市场占绝对重要地位的企业可能会限制其国际部在国外市场的拓展；其次，国际部往往不能参与企业整体战略的制定，这就使得国际部得不到足够的资源用于开发特殊产品、实施促销计划和开拓海外市场；再次，随着海外业务的发展，高层管理者之间的摩擦也将增加；最后，由于企业的研发以国内市场为导向，海外市场的研发往往是简单的产品改良。因此，到一定阶段时，这种组织结构形式就不能适应国际业务进一步发展的需要了。

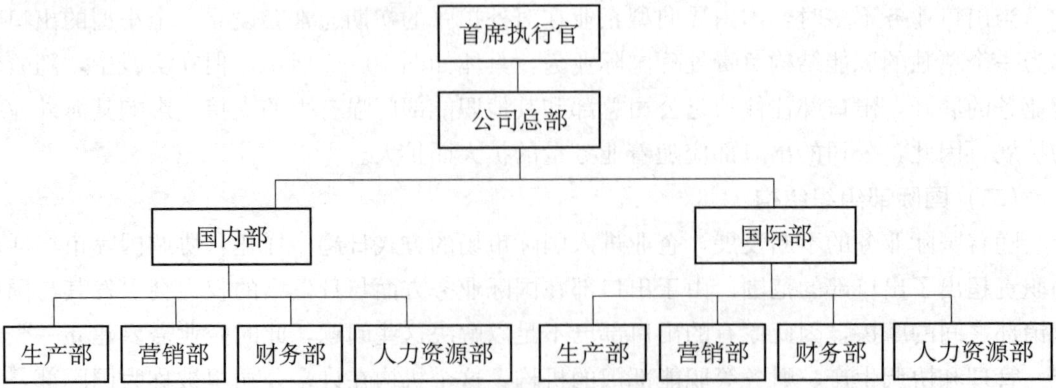

图 10-2　设有国际部的企业组织结构

小贴士☞

西门子是多国多分部管理的最初代表之一。第二次世界大战后，该公司经历了两次重大的结构变化。第一次结构变化发生在1966—1969年，西门子起初组建了6个事业部，后来增加到了7个，另有5个总部职能部门，分别是计划、组织、财务、人事和分配。这一结构实行到1989年。由于规模的扩张以及电气和电子市场的快速变化，西门子于1989年采纳了一种修正结构，即引入更小、更为专业化的事业部。值得注意的是，和许多其他组织（如奔驰）不同的是，这种事业部大多数不具有独立的法律地位。

想一想：西门子的事业部制组织结构发生了何种变化？

（三）职能型组织结构

这是最常见的营销组织结构之一。采用这种组织结构的企业按人力资源、财务、市场、生产及研发等职能分部，各部由一位副总经理负责该项职能在全球范围的活动，具体如图10－3所示。

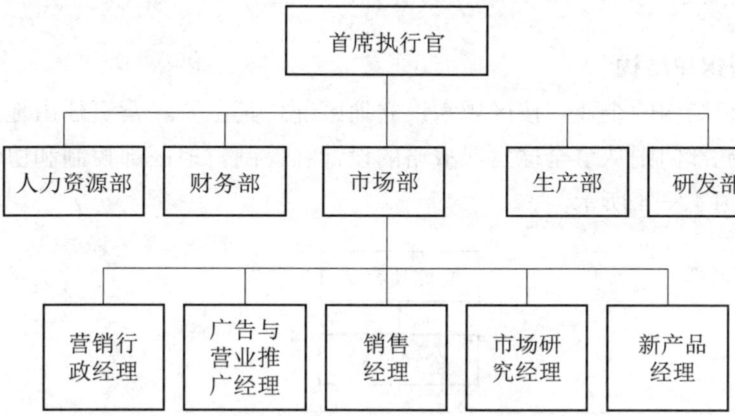

图10－3 职能型组织结构

企业的市场营销活动包括市场调研、销售计划、广告推销、新产品开发等，因此企业的营销组织机构就由各种营销职能专家组成，他们分别对营销经理负责，营销经理负责协调他们的活动。具体来说，营销行政经理主管营销日常工作，广告与营业推广经理主管产品的促销工作，销售经理主管推销人员的招募和管理，市场研究经理主管市场调查、分析与预测等工作，新产品经理主管新产品的开发与研制工作。

这种组织形式适用于产品系列不多、企业规模不大的国际企业。其特点是对各种职能本身控制很紧，但各种职能之间互不联系。由于采用这种组织结构的企业对其所属的各子公司进行多头控制，因此有些国际企业转而采用按地区划分的组织结构。

职能型组织结构的主要优点如下：

（1）贯彻专业分工的要求，有利于在人力资源利用上提高效率。

（2）职责分明，落实各类人员对各类工作成果的责任。

（3）集中管理、统一指挥，有利于维护领导对指挥和控制活动的权力和威信。

不过随着企业产品增多、市场扩大，这种组织结构可能暴露出其效益较差的弱点，因为没有一个职能组织为具体的产品或市场负责，每个职能组织都力求与其他职能组织对等的地位，所以这种组织结构面临着如何进行协调的问题。

小贴士☞

蓝贝尔公司是一家质量一流的家制冰激凌的厂家。随着市场上高质量家制冰激凌的需求增加，蓝贝尔冰激凌供不应求。蓝贝尔公司的主要部门有销售、质量控制、生产、维修和分销，另外还有会计部门和一个规模不大的研究开发小组。蓝贝尔的产品之所以很少有变化，是因为该公司的导向是仅生产经过食用试验证明的、口味纯正的产品，环境稳定，用户的基础相当牢靠。蓝贝尔的质量控制部门测试所有进入生产过程的原材料成分，确保只用最好的材料生产冰激凌。质量控制部门同样也测试生产出的冰激凌产品，公司的质检员能以多年的经验为基础尝出最轻微的偏差。因此，蓝贝尔公司能一直成功地保持其高质量家制冰激凌的形象。

想一想：蓝贝尔公司的这种组织结构有何优缺点？

（四）区域型组织结构

采用这种组织结构的企业，按区域来设立地区部，其主要经营责任由地区部负责，总部及其所属的职能部门则从事全球发展战略的设计和控制，地区部控制和协调该地区的所有职能，具体如图 10－4 所示。

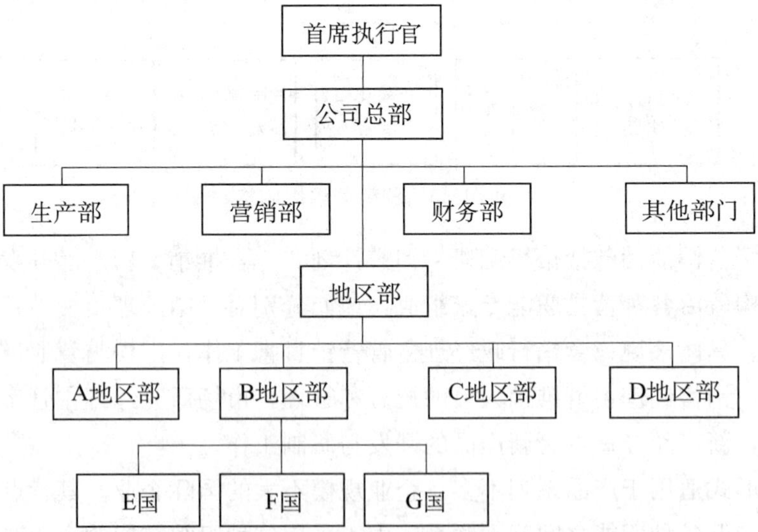

图 10－4　区域型组织结构

在这种组织结构中，国内市场也被视为一个与其他国外地区并列的区域。这种组织结构一般适用于产品种类较少，且市场销售条件、技术基础、生产方式较为接近的国际企业，特别是一些产品需求地区差异性较大的企业，如食品加工、医药和石油等企业。

该组织结构的优点是：公司总部层面集中管理的压力减少，具体的管理和控制放在各地区部，能够对每个地区有针对性地开展营销活动，使营销更加有效。例如：20 世纪 80 年代晚期，苹果公司以基于地理分布的区域型组织结构来代替原来的职能型组织结构，以便生产和销售一系列的计算机给世界范围内的广大用户。一些老牌的欧洲公司，如壳牌、帝国化学工业和英国石油，较早时大多采用区域型组织结构来发展。

该组织结构的缺点是：各地区各自设立营销、生产、财务等职能部门，导致机构重叠、资源浪费，还可能导致各地区各自为政，影响企业的全局利益。

(五) 产品型组织结构

采用这一组织结构的企业按产品系列划分部门，各产品部的经理负责该产品在全球范围内的各种职能，具体如图 10－5 所示。这种组织结构适用于产品种类繁多、市场分布广泛、技术要求较高的国际企业，其特点是国际企业总部首先确定企业的总体目标和发展战略，然后各产品部据此制订各自的业务发展计划。

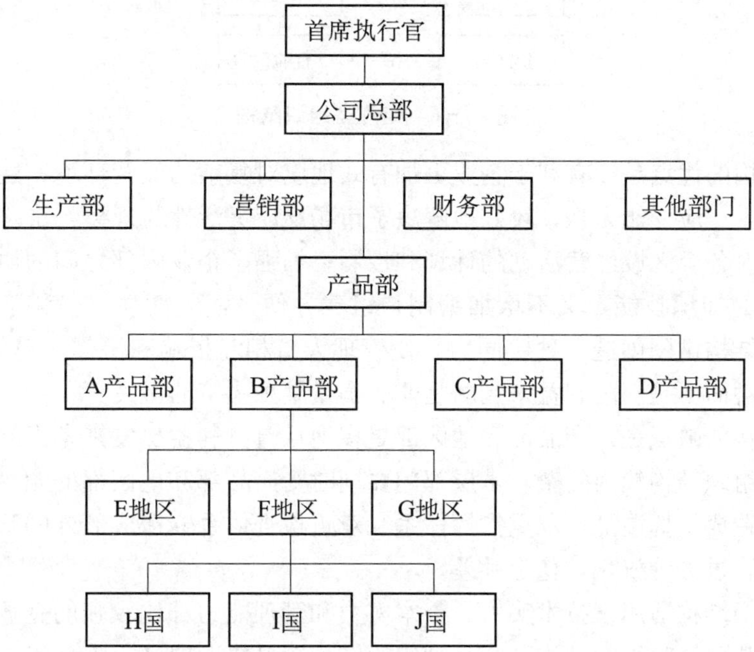

图 10－5 产品型组织结构

该组织结构的优点是：产品经理能够更好地协调营销组合的各个要素，更快地掌握市场变化的情况并做出快速的反应。由于每一产品的经营都要涉及营销的每一个领域，因此产品型结构对于经理来说是一个好的锻炼机会。在这种组织结构下，有些产品因为有专人管理、不受忽视而可能慢慢成长起来。

该组织结构的缺点是：一方面，产品经理与其他职能部门会产生一些摩擦，要做大量工作来争取他人的配合，而且产品经理只能成为自己所经营产品方面的专家；另一方面，产品经理任期一般较短，做营销计划通常没有连贯性，管理费用高。

产品型组织结构适合用于具有下述特点的企业：企业有多种最终用户，既生产工业品又生产消费品，实行国外市场本土化生产，有多条产品线和高层次的技术能力等。

（六）矩阵型组织结构

企业在生产多种产品并向多个市场销售时，会同时设置产品经理和市场经理，这种同时按两个或两个以上因素设置的组织结构称为矩阵型组织结构，具体如图 10－6 所示。

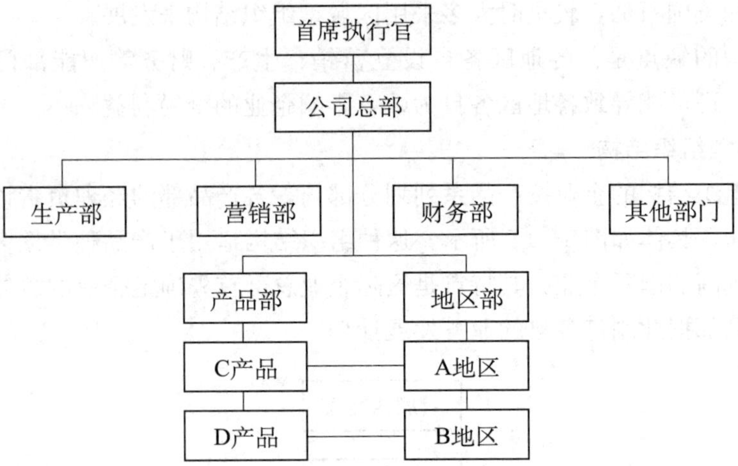

图 10－6　矩阵型组织结构

该组织结构的优点是：有利于企业更加有效地应对复杂的经营环境；能综合分析和处理各种环境因素；应变能力强，较好地解决了市场反应灵活性与规模经济之间的矛盾；加强了公司总部对各个区域经营活动的计划和控制；加强了企业内部之间的协作，既能集中各种专业人员的知识技能，又不增加编制，组建方便，适应性强，有利于提高效率。此外，这种组织结构试图创造一种协同力，使管理人员相互依赖和协作，建立起整体观念，能根据整体利益而不是部门利益来判断是非、衡量某项决策的得失。

该组织结构的缺点是：产品部和地区部更多地从自身利益出发来考虑问题，容易引发矛盾和摩擦；组织结构较为复杂，基层部门要同时受产品部和地区部的领导、监督、检查和评估，容易造成指挥混乱；双重指挥体系和双重检查体系会造成额外的管理费用，抵消了一部分效率；过分分权化，稳定性差。

矩阵型组织结构适用于技术实力、资本实力和管理能力都比较强的企业。例如：飞利浦的组织结构从区域型组织结构到产品型组织结构，最终发展到矩阵型组织结构，结合了区域型组织结构与产品型组织结构两者的优点。

小贴士

史密斯公司是美国的一家大型企业，主营产品涉及医疗、电子、通信等。公司产品于 20 世纪 80 年代进入中国，采用了事业部制，其医疗产品事业部的产品主要有内窥镜、X 光机、手术床、电刀、监护系统等。史密斯（中国）有限公司在国内共有 4 个办事处，产品的销售采用授权各个分销商销售为主、本公司直销为辅的方针。公司成立之初，由于其产品在国内已有相当的品牌基础，且进行了一系列的宣传推广，因此销售额及市场占有率都大幅提高。但是，从 1997 年到 2000 年，公司业绩逐年下滑。

想一想：史密斯公司的组织结构应该怎样改革以适应市场变化？

四、国际市场营销发展不同阶段的组织结构变化

（一）间接出口阶段

企业向国外出售的产品与在国内销售的产品相同。如果仅限于等待买方上门，就不需要专门的国际营销组织结构；如果需要寻找买方，企业就可以利用外贸公司之类的服务机构与海外市场建立业务关系。因此，这一阶段的企业组织结构与一般的国内企业并无实质性差异。

（二）直接对外销售阶段

在这个阶段，企业倾向于积极主动、直接地寻找海外客户，与之保持联系，建立销售网络，开拓海外市场。因此，在这个阶段，企业需要建立相对独立的出口部来处理其国外业务。出口部隶属于营销部，与国内销售属于平级。只要企业能在国内生产并向若干个国外市场销售，这种结构就能产生较好的效果。这时国内市场与国外市场生产之间的协调可通过加强出口部和生产部之间的协调得以实现。如果企业在国外设立生产基地或销售网络，则应采用另一种组织结构。

（三）与国外市场相结合阶段

在这一阶段，企业以各种投资和非投资形式进入国际市场，将大量的人力和物力投入海外经营，在海外建立若干个生产性和销售性的子公司，并与海外经营单位建立正式的联系，这就更需要紧密地协调研发、财务、生产和国际市场的活动，因此，有必要在国内母公司的组织框架内设置国际部，代替原来的出口部，以加强与海外子公司的联系和协调。

（四）全球战略阶段

当国际企业发展到一定程度时，国际部对繁多的业务已不堪重负，也无法协调和处理母公司与子公司之间的矛盾冲突，因此有必要建立新的与公司战略相适应的组织结构，将国内经营和国际经营融为一体。在这种战略思想的指引下，企业或建立区域型组织结构，或建立产品型组织结构，或建立职能型组织结构，或建立矩阵型组织结构，以追求全球利益的最大化。

小贴士

英国钢铁公司由 14 个国有化钢铁生产商组成。公司尝试过多种组织形式——按区域或者按产品构造，但为了整合其凌乱的业务，一直在加强总部的控制。到 1983 年，英国钢铁公司拥有了“事业部”，但权力仍牢固地保留在总部，贸易、购买和工业关系职能都是集中化的。在事业部缺乏对投入或产出政策控制的情况下，英国钢铁公司实际是以职能型结构组织的。1988 年，公司进行了私有化，因而转向一种更注重盈利的组织结构。1990 年，英国钢铁公司收购了英国主要的钢铁批发商 Walker Group，随之组成了批发事业部。1992 年，英国钢铁公司发动了部门重组计划，该计划旨在大幅度削减总部职能和成本，并将管理责任分散到 12 个业务单位，其中关键的一条是业务领导不再在董事会任职，而是向相对独立的执委会成员报告。

想一想：英国钢铁公司组织结构变化后属于哪种类型？

任务二　进行国际市场营销控制

任务概述

控制国际市场营销活动是国际市场营销管理过程中的重要环节，控制的目的是使企业的营销活动朝着既定的目标进行。在导入案例中，你认为雀巢公司应该如何对国际市场营销活动进行控制？应按照什么程序来进行？

知识储备

控制作为一项重要管理职能，是指管理者确保企业资源的有效利用，实现组织目标的过程。国际市场营销控制就是对企业在世界范围内的营销活动进行检查、监督，看其是否按计划进行，及时发现问题，并采取必要的措施确保企业目标的实现。

国际市场营销的控制系统主要由控制程序和控制内容两大部分组成。

一、国际市场营销的控制程序

（一）确定控制目标

控制目标是指被控制对象应该实现的目标，即在一定时期内企业经营应该达到的目的。一般而言，控制目标就是企业计划的目标，但与计划目标相比，控制目标有具体性、可操作性、详细性、明确性的特征。国际性企业，特别是有众多子公司的企业，一般将控制目标制成目标说明书通知具体的业务单位。目标说明书上清楚地阐述企业的总体营销目标和业务目标，使相关人员既能明确企业的发展前景，又能了解任务的详细内容。目标说明书一般包括一些具体的指标，如销售额及利润、市场占有率与市场增长率、新产品的开发、分销网络的建立、企业知名度与品牌知名度的创建等。只有把控制目标说得明白无误，控制才能有的放矢。

（二）选择关键控制点

关键控制点是指在组织系统的运行中受限制的那些因素，或是对计划的完成更具有影响力的因素。有了这些关键控制点，就能扩大管理人员的管理幅度，从而使管理人员能管理更多的下属。这样不仅节约了成本，还增进了沟通。因此，为了进行有效的控制，需要特别注意那些对衡量工作绩效有关键意义的因素。

（三）确定衡量指标

衡量指标就是一系列的控制标准，这些标准既可以是定量的，如销售额、市场增长率、市场占有率、成本等；也可以是定性的，如客户满意度。确定国际市场营销控制标准时要注意的问题包括：一是金额、数量要明确，确定等级范围；二是要充分考虑企业的经营环境，特别是当地政府的政策、币种及汇率等因素；三是要从企业的战略目标出发通盘考虑，避免顾此失彼、得不偿失。

（四）指定具体负责人员

无论计划与控制标准制定得多么完善，如果没有人去执行并加以管理，那么一切都是徒劳。因此，对控制任务进行分解并指定责任人至关重要。责任人分三个层次：公司总经理及各职能部门；国际事业部，或地区部，或产品部的副总经理及各职能部门；子公司或其他下属机构的经理及职能部门。责任人管理应该遵循责、权、利三者结合的原则。

（五）收集有关资料

责任人对控制对象进行管理，需要掌握控制对象相关情况。责任人要通过企业设计的常规信息系统来获取有关资料。常规的信息系统包括：（1）定时的业务报告；（2）定时的财务会计报表及其分析报告；（3）不定时的某项业务发展情况报告。企业内部常规信息系统应讲究实效，不能只求数量而不顾质量。责任人要及时处理资料所反映的问题，要顾全大局，不能只顾本部门、本地区而忽略其他部门与其他地区，或者只顾企业内部而不了解竞争对手的情况等。

（六）评估审查结果

评估就是将被控制对象的经营业绩与公司的有关目标进行比较，明确哪些目标如期完成或超额完成，哪些目标没有完成或完成较差。如果经营业绩与目标之间发生偏差，需要找出具体原因，评估时既要严格依照固定标准来进行，又要充分考虑当地的经营环境，如当地汇率变动、通货膨胀、政府政策变动等不可抗拒的外部因素对经营业绩的重大影响。

（七）及时纠正偏差

纠正偏差是控制的直接目的，也是控制的关键环节。控制部门只有建立比较完善的纠正机制和充分利用发达的国际通信设备，才能起到良好的纠正偏差的效果。由于国际业务单位有不同的文化背景，组织复杂，因此实际操作难度较大。

控制是一个循环往复的过程，纠正既是上一控制周期的终点，又是下一控制周期的起点，只有经过多次循环过程，偏差才会不断地缩小，达到预期的目标。

二、国际市场营销的控制内容

（一）产品控制

企业只要做好以下几项工作，就能对产品进行有效的控制：

（1）建立统一的产品质量标准。

（2）在公司总部及地区总部或产品总部设立质检部门。

（3）各特约经销商必须提供完善的售前售后服务。

（4）各控制管理部门建立完善的信息反馈系统。

（二）价格控制

价格是一把双刃剑，一方面价格的高低直接影响产品销路及市场的竞争力，另一方面价格又影响企业的收入与利润，因此，价格控制意义重大。为了保持竞争所需要的灵活性，公司总部可为国外市场规定一个价格浮动范围，要求子公司在超出规定范围的价格时向公司总部报告，以确保控制的有效性。为了保证企业的利润目标的实现，总部又要注意各地区差价、各销售环节间差价的灵活变动。

（三）渠道控制

产品的分销渠道不仅会影响企业的收益，还会影响企业在海外市场的形象，因此国际营销的分销渠道相当重要。分销渠道控制主要是对中间商的控制，主要有以下几个方面的内容：

（1）公司订货量的大小。

（2）转售价格的合理性。

（3）售前售后服务的质量及履行其他职能的情况。

（4）交货速度。

（5）经营范围。

（四）促销控制

国际企业的促销主要是广告宣传与人员推销。总部对于各国子公司的广告工作的控制要按照一定的程序进行，子公司广告目标策略的初步方案要报总部审查，子公司应该做好广告的投放实验，总部根据广告效果提出修改意见，子公司再制定详细的广告方案交总部审查，经总部批准后，子公司最后开展具体的准备工作，如做好广告片、安排好广告媒体等。人员推销的控制主要采取以下控制方法：子公司的推销人员要经过总部的严格训练；将推销人员的收入与本人的业绩挂钩，并下达一定的指标，实施奖惩制度；开展人员推销竞赛，将成绩与晋升、晋级联系等。

（五）销售额控制

销售是企业经营活动的中心，销售额的大小反映了企业的发展规模。销售额的增长是企业经济效益提高的前提，是企业利润的重要源泉，可见，对销售额的控制十分重要。总部对销售额的控制要细致一点，各子公司对每周、每月或每季度的销售数字进行汇总，并与预期指标进行比较，如果差异太大，就要找出原因，对症下药。

（六）市场占有率控制

销售额的绝对值并不能说明企业与竞争对手相比的市场地位怎样，还要进行市场占有率控制。市场占有率分析有以下三个指标：

1. 全部市场占有率

全部市场占有率用企业的销售额占全行业销售额的百分比来表示。利用这一指标必须做以下两项决策：

（1）要用单位销售量或以销售额来表示市场占有率。

（2）正确认定行业的范围，即明确本行业所应包括的产品、市场等。

2. 个别市场占有率

个别市场占有率是指企业在某个市场（即某个销售区域）内的销售额占全行业在该地区市场销售额的比重。

3. 相对市场占有率

相对市场占有率是将本企业的市场占有率与行业内领先的竞争对手的市场占有率进行比

较：大于1，表示本企业为行业的领先者；等于1，表示本企业与最大竞争对手平起平坐；小于1，表示本企业在行业内不处于领先地位。如果相对市场占有率不断上升，则表示本企业正不断接近行业领先的竞争对手。

（七）利润控制

企业的主要经营目标是最大限度提高企业的利润。利润表上的销售收入减去成本得到毛利，毛利再减去营销费用得到净利润。可见，要提高利润总额，除了要增大销售额，还要降低生产、运输、开发、管理、营销等成本，开源节流。另外，就是要考虑资金的流转周期，即使资金周转一次获得的利润大，如果投资时间很长也是不划算的。因此，要把追求短期的最大利润与追求长期的最大利润区分开来。国际企业还应对不同类型的海外子公司区别对待，这些类型有成本中心、销售中心、投资中心、利润中心等，不同类型的子公司控制的重点是不一样的，总部要顾全大局，对不同类型子公司按实际情况制定不同的考核标准加以控制。

利润控制旨在测定企业不同产品、不同销售地区、不同顾客群、不同销售渠道以及不同规模订单的盈利情况的控制活动。它包括以下几项：

1. 营销成本控制

营销成本包括直接推销费用、推广费用、仓储费用、运输费用和其他营销费用。

2. 盈利能力控制

取得利润是所有企业最重要的目标之一。常用的盈利能力考察指标如下：

（1）销售利润率。销售利润率是指利润与销售额之间的比率。其计算公式为：

销售利润率＝利润/销售额×100％

（2）资产收益率。资产收益率是指企业所创造的利润与资产总额的比率。其计算公式为：

资产收益率＝利润/资产总额×100％

（3）净资产收益率。净资产收益率是指税后利润与净资产平均余额的比率。净资产是指总资产减去负债总额后的净值。这是衡量企业偿债后的剩余资产的收益率。其计算公式为：

净资产收益率＝税后利润/净资产平均余额×100％

3. 资产管理效率控制

（1）资产周转率。资产周转率是指产品销售收入净额与资产平均占用额之比。其计算公式为：

资产周转率＝产品销售收入净额/资产平均占用额

（2）存货周转率。存货周转率是指产品销售成本与存货平均余额之比。其计算公式为：

存货周转率＝产品销售成本/存货平均余额

（八）效率控制

效率控制的目的是监督和检查企业多项营销活动的进度与效果。如果企业的某些产品或某个地区市场的盈利状况不好，就有必要进行效率控制，发现问题，加以改进，从而提高企业的营销效率和经济效益。效率控制的任务主要是提高人员推销、广告、促销、分销等工作的效率。

1. 销售人员效率控制

衡量销售人员效率主要有以下指标：

（1）每天的销售访问次数。

（2）每次销售访问的平均访问时间。

（3）每次销售访问的平均收益。

（4）每次销售访问的成本。

（5）每次销售访问的订购量。

（6）每个访问周期增加或减少的顾客量。

（7）销售成本对总销售额的百分比。

企业可以从以上分析中发现一些重要问题，例如：销售人员访问次数是否太少，每次访问的时间是否太长，是否增加了新顾客且保留了原顾客等。企业在分析后，能采取有针对性的改进措施。

2. 广告效率控制

企业应该做好以下统计：

（1）每一媒体类型、每一媒体工具接触每千名顾客所花费的广告成本。

（2）顾客对每一媒体工具注意、联想和阅读的百分比。

（3）顾客对广告内容和效果的意见。

（4）广告前后对产品态度的衡量。

（5）受广告刺激而引起的询问次数。

企业高层管理人员可以采取若干措施来提高广告效率，包括进行有效的产品定位，确定广告目标，利用较佳媒体，以及进行广告后效果的测定等。

3. 促销效率控制

为了改善销售促进的效率，企业管理层应对每一次促销的成本和对销售的影响进行记录，注意做好如下统计：

（1）由于优惠而销售的百分比。

（2）每一次促销的陈列成本。

（3）赠券收回的百分比。

（4）因示范而引起询问的次数。

企业还应观察不同促销手段的效果，并使用最有效果的促销手段。

4. 分销效率

分销效率主要是对企业存货水准、仓库位置及运输方式进行分析和改进，以达到最佳配置并寻找最佳运输方式和途径。

市场环境和企业内部环境都处于动态发展的过程中，任何策划完备的计划都可能因环境变化导致实施结果偏离预期，甚至完全失败。同时，由于执行人员对计划的理解不同或者执行力度不均，策划的营销目标可能不能很好地实现，因此营销管理者对营销活动的监督和控制十分必要。

（九）战略控制

战略控制是指由企业的高层管理人员专门负责，不断根据最新的情况重新评估计划和战略执行进展。营销管理人员通过采取一系列行动，使市场营销的实际工作与原战略规划尽可能保持一致，在控制中通过不断评估和信息反馈，连续地对战略进行修正。企业战略是总体性的和全局性的，而且更加关注未来，因此，战略控制也更难把握。在企业战略控制过程中，企业应主要采用营销审计这一重要工具。

三、影响国际市场营销控制的因素

因为不同企业的条件和所处的环境不同，所以采取的国际市场营销控制手段也不完全相同。一般而言，影响企业国际市场营销控制的因素包括以下几个方面：

（一）国内营销控制方法

大多数国际化经营的企业都是首先在本国市场上取得成功后再开拓国际市场的，在国际营销控制中，这些企业便继续沿用那些在国内市场营销中已被证明为行之有效的控制方法。现在许多企业已经在传统的国内营销控制方法的基础上建立起了一整套标准化的控制制度，用以控制企业在全球范围内的经营和销售。企业的总部要求国外子公司定期提交标准格式的有关经营状况的报告，如果国外子公司的规模较小，则定期报告的内容可以简略，报告的周期可以缩短。这种标准化的报告控制制度有利于企业在全球范围内比较各子公司的经营状况，有利于人才和信息的流动。

（二）交通和通信

影响国际市场营销控制的另一个主要因素是交通和通信设施的发展水平。一个世纪以前，由于交通和通信设施很不发达，企业不得不采取高度分权化的管理。今天，交通和通信设施已经得到了飞速的发展，除了陆上交通和海上交通，飞机已经成为世界上主要的远距离交通手段，这使得企业总部的管理人员能定期和国外子公司管理人员进行面对面的商谈，电话、电传和传真等电子通信手段使企业总部和国外子公司能保持不间断的接触。发达的现代交通和通信使企业加强国际市场营销控制成为可能。

（三）母公司和子公司间的距离

在其他条件都一样的情况下，母公司和子公司间的距离越远，母公司对子公司的控制力就越小，子公司享受的自主权也就越大。这是因为遥远的距离不仅增加了差旅费用和使用电话、电传和其他通信设备的费用，而且也可能延误决策的时间，因此，随着子公司与母公司距离的增大，母公司对子公司的授权范围也在扩大。

（四）产品的性质

产品的性质直接影响国际市场营销控制的方法。技术复杂的产品由于在世界各地的用途很接近，因此可以由总部集中制定，如计算机和许多工业产品都属于对文化环境不敏感的产品，可以采取统一的国际市场营销控制方法；而药品和食品以及许多日用商品（如衣服等）属于对文化环境敏感的产品，对这些产品的控制不能一刀切，要对具体情况做具体分析，采取分权式的控制方法。

（五）环境差异

母公司和子公司所处的政治、经济、社会、文化、技术、法律等环境相差越大，母公司对子公司的授权范围就越大，子公司所受的控制也就越小。

例如：由于加拿大和美国在政治、经济、社会、文化等方面很相似，因此许多美国跨国公司对设在加拿大的子公司进行高度集权化的控制。许多企业为了加强对国外子公司的控制便采用了区域型组织结构，成立若干个区域总部，使得各区域之间环境差别较大，而每个区域内各国之间环境差异较小。

（六）环境的稳定性

子公司所在国环境（尤其是政治和经济环境）越不稳定，母公司对子公司的控制力就越小。在子公司所在国环境动荡不定时，对母公司来说比较明智的办法是放手让处在第一线的子公司独立决策、自主经营。

（七）子公司的计划效率

当国外子公司能圆满完成母公司制订的营销计划、绩效显著时，母公司对其控制将放松，国外子公司的自主权将加大。相反，当国外子公司完不成计划、屡遭败绩时，母公司对其控制将加紧，国外子公司享受的自主权不可避免地要被削弱。

（八）国际业务的比重

国际业务的比重越大，企业总部的职能管理人员也就越多，对子公司的控制力相应地就越大。反之，国际业务的比重越小，企业总部所能雇佣的职能管理人员就越少，对子公司的控制力也就越小。

思考练习

一、简述题

1. 跨国公司应该如何建立适当的国际市场营销组织结构？

2. 简述矩阵型组织结构的优缺点。

3. 企业在国际市场营销发展不同阶段的组织结构应该如何变化？

4. 简述国际市场营销的控制程序。

5. 企业应从哪些方面进行国际市场营销控制？

小试牛刀十

趣味阅读十

二、案例讨论

联合利华的组织变革

联合利华由荷兰人造黄油公司与英国利华兄弟制皂公司合并而成。联合利华的冰激凌、冷冻食品、茶饮料、调味品、人造奶油和食用油生产位于世界前列，同时也是全球第二大的洗涤用品、洁肤产品和护发产品生产商。

消费品巨头联合利华在2022年1月25日发布了全新的组织架构调整方案，并于同年7月实施。重组后的最新架构将公司划分为五大业务部门——美容与健康、个人护理、家庭护理、营养品和冰激凌，传统的矩阵型组织结构被彻底打散。

联合利华此举的核心目的是从原先的矩阵型组织结构转变为一种能提高企业敏捷性、改善品类重点并加强问责制的运营模式，进而提高业绩。公司组织架构调整为5个专注于品类的业务部门，每个部门都将会为其全球战略、增长和利润负责，能对消费者和渠道趋势做出更灵敏的反应，对目标实现有明确的责任。

联合利华新架构会“更简单、更专注于品类业务”。在这一新架构下，五大业务部门不仅可以自行规划全球战略，还自负盈亏。在五大业务部门之外，联合利华还升级了企业中心和业务运营部，这些部门以“中台”形式协助新五大业务部门。联合利华运营部（Unilever Business Operations）将为五大业务部门提供支持，包括技术、系统和流程，而精简后的联合利华企业中心（Unilever Corporate Centre）将继续负责制定集团整体战略。

在引进新的品牌方面，联合利华旗下的植物肉品牌“植卓肉匠”（The Vegetarian Butcher）在2020年12月正式进入中国市场，最初与汉堡王合作推出“真香植物基皇堡”，2021年4月在B端发售6款契合中餐需求的新品；2020年5月，联合利华旗下日式高端护肤品牌ATCHA开设了天猫国际海外旗舰店，以跨境电商模式正式进驻中国大陆市场。

联合利华不断加快其在中国的业务布局，引入更多新品牌并且加速在供应链方面的投资。联合利华位于江苏太仓的冰激凌新厂已正式投产；2020年6月，联合利华耗资1亿欧元扩展升级联合利华太仓生产基地，这也是该公司在中国近10年来最大的投资之一。

很显然，联合利华想要与中国市场涌现的新消费品牌展开竞争。新品牌可以为消费者带来更多的新鲜感，刷新他们对于联合利华这一消费品巨头的认知；而供应链方面则是快消品竞争的核心，新消费品牌多以代工模式起家，在供应链方面的优势不足以与这些巨头抗衡，这或许也是联合利华加大供应链投入的原因所在。此次组织结构的调整显然会影响联合利华在中国市场的业务表现，在细分消费领域中，消费品巨头与新消费品牌的竞争也会更加激烈。

试讨论：

（1）联合利华公司原先的矩阵型组织架构的利弊有哪些？

（2）联合利华公司于2022年对其组织架构进行改革的目的和内容是什么？有何作用？

三、拓展训练

选择一家跨国公司，通过各种途径收集该公司的有关资料，编制该公司开展国际市场营销的组织结构图、控制流程图，并提出相关改进措施。

参考文献

［1］金润圭．市场营销［M］．3版．北京：高等教育出版社，2010．

［2］杨浩．国际营销［M］．北京：中国华侨出版社，2002．

［3］闫国庆．国际市场营销学［M］．北京：清华大学出版社，2004．

［4］罗国民，刘苍劲．国际市场营销［M］．大连：东北财经大学出版社，2001．

［5］甘碧群，曾伏娥．国际市场营销学［M］．3版．北京：高等教育出版社，2014．

［6］刘红燕．国际市场营销［M］．3版．重庆：重庆大学出版社，2019．

［7］吴晓云．全球营销管理［M］．北京：高等教育出版社，2008．

［8］刘芸．网络营销与策划［M］．北京：清华大学出版社，2010．

［9］庞鸿藻．国际市场营销［M］．北京：对外经济贸易大学出版社，2006．

［10］李世嘉．国际市场营销理论与实务［M］．2版．北京：高等教育出版社，2008．

［11］李永平．国际市场营销管理［M］．2版．北京：中国人民大学出版社，2010．

［12］叶敏．市场营销原理与实践［M］．北京：国防工业出版社，2008．

［13］科特勒，洪瑞云，梁绍明，等．营销管理：亚洲版：第3版：英文［M］．吕一林，王俊杰，译．北京：中国人民大学出版社，2011．

［14］李尔华．国际营销实务［M］．2版．北京：中国人民大学出版社，2010．

［15］王纪忠，方真．国际市场营销［M］．北京：清华大学出版社，北京交通大学出版社，2004．

［16］李海琼．国际市场营销：理论与实训［M］．2版．北京：中国人民大学出版社，2019．

［17］方光罗．市场营销学［M］．3版．大连：东北财经大学出版社，2008．

［18］樊文娟．消费心理学［M］．北京：中国纺织出版社，1998．

［19］凯特奥拉，吉利，格雷厄姆．国际市场营销学：原书第15版［M］．赵银德，沈辉，张华，译．北京：机械工业出版社，2012．

［20］查尔斯·希尔，等．国际商务：第11版［M］．郭雨诞，等译．北京：中国人民大学出版社，2019．

［21］阳翼．数字营销［M］．3版．北京：中国人民大学出版社，2022．

［22］莱文森．软利器：信息革命的自然历史与未来［M］．何道宽，译．上海：复旦大学出版社，2011．

［23］李桂芳．顾客是最好的产品设计师［N］．经济日报，2005-07-13．

［24］杨汝生．家乐福的"变色龙"战略［J］．环球财经，2002（B11）：57-59．

［25］胡定平．企业营销中的危机管理［J］．重庆三峡学院学报，2004，20（2）：67-68，74．

[26] 杨志宁．构建营销渠道优势角逐中国加点市场：LG 的启示 [J]. 经济与管理，2002 (7)：26 - 27.

[27] 李锦魁．移动物联时代的二维码品牌营销 [J]. 中国广告，2013 (2)：156 - 157.

[28] 张旭东．二维码逆袭：终极利器还是纸老虎？ [J]. 销售与市场（管理版），2013 (1)：69 - 71.

[29] 匡冬芳．LBS“第二春”[J]. IT 经理世界，2012 (14)：62 - 64.

[30] 豆瑞星．移动广告的三种玩法 [J]. 互联网周刊，2013 (Z1)：24 - 25.

[31] 周茂君，闫泽茹．VR 营销：现状、问题与对策 [J]. 西南大学学报（社会科学版），2018，44 (3)：58 - 65.

[32] 庞博．浅谈 AR 技术在新媒体营销领域中应用的案例分析 [J]. 新闻传播，2012 (7)：154.

[33] 豆瑞星．App 营销的技术桎梏与突围 [J]. 互联网周刊，2012 (20)：38 - 39.

[34] 郑晓芳．App 推广的九种途径 [J]. 商学院，2012 (5)：40.

[35] 沈晶．网络影像“碎片化”叙事表达维度研究 [J]. 社会科学研究，2019 (3)：183 - 191.

[36] 伍思斯，岳璐．网络段子剧中的草根文化内涵及反思：以《陈翔六点半》为例 [J]. 青年记者，2017 (15)：46 - 47.

[37] 宋戈，张亦弛．内容、场景与用户有机结合的抖音营销传播 [J]. 传媒，2019 (15)：50 - 52.

[38] 易艳刚．“私域流量”崛起？[J]. 青年记者，2019 (24)：96.